少数民族地区人力资本研究

——兼论云南省少数民族教育问题

Human Capital Research for Minority Areas

Yunnan Provincial Minority Education Problems Argumentation

◎刘寒雁　著

云南大学出版社

Yunnan University Press

图书在版编目（CIP）数据

少数民族地区人力资本研究：兼论云南省少数民族
教育问题/刘寒雁著．—昆明：云南大学出版社，
2007.5（2009 重印）
　ISBN 978 - 7 - 81112 - 324 - 1

　Ⅰ．少…　Ⅱ．刘…　Ⅲ．①少数民族—民族地区—人力资
本—研究—中国②少数民族教育—研究—云南省　Ⅳ．
F249.21　G759.2

中国版本图书馆 CIP 数据核字（2007）第 063760 号

少数民族地区人力资本研究

——兼论云南省少数民族教育问题

刘寒雁　著

责任编辑：宋　武　蔡红华
封面设计：刘　雨
出版发行：云南大学出版社
印　　装：昆明耀骏印务有限公司
开　　本：850mm×1168mm　1/32
印　　张：9.375
字　　数：220 千
版　　次：2007 年 5 月第 1 版
印　　次：2009 年 10 月第 2 次印刷
书　　号：ISBN 978 - 7 - 81112 - 324 - 1
定　　价：25.00 元

社　　址：云南省昆明市翠湖北路 2 号云南大学英华园内（邮编：650091）
发行电话：0871 - 5033244　5031071
网　　址：http：//www.ynup.com
E - mail：market@ynup.com

序

如何加快少数民族地区的经济发展，选择什么发展路径，采取什么样的投资策略以及实施什么样的公共政策来支撑少数民族经济的持续发展，一直是理论研究与实践的难题。

人力资本理论正确解释了现代社会存在的诸多令人困惑的经济现象和经济增长之谜，构架了认识现代经济增长源泉的方法论，用一个"完整的资本"概念及理论体系引领人们思考和探索经济现象与经济问题。借用这种理论架构对现代经济的解释效率，我们可以获得认知少数民族经济与教育发展之间逻辑关联性的理论工具。人力资本理论提供了解释和认识少数民族经济发展的有效理论工具，人力资本投资提供了推动少数民族经济快速发展战略选择的关键性途径。

以人力资本理论梳理两者之间的关系，使我们进入了一个新的认知结构。首先，将两者关联起来的主要"介质"是真实场景中的"人"，即现代社会的"人"真实属性的变化。解释现代经济增长源泉的关键因素是在现代化过程中"人"的质量的极大改善，而人的质量提高源于现代教育的发展。因此，在人力资本构架的理论体系中，体现了现代经济增长的"人本"取向与贡献作用。人取代物成为现代经济增长的主要源泉表明了现代经济增长的动力机制发生的本质变化，而现代教育就是实现这种转变的"孵化器"。其次，现代教育以培养符合现代社会就业需求的合格劳动者为价值取向，要求教育投入对实现经济增长的最大支持。因此，在既定的经济增长目标模式下，人力资本投资与效率就成为判断教育效用最大化的客观标准，成为我们考察经济增长与教育发展之间关联性与密切程度的重要内容。第三，由此引发的进一步思考是：少数民族地区的学校教育体制在现实的国民教育体系中，能否培养出符合少数民族地方经济发展所需要的劳动者，或者说，少数民族地方经济的发展是否能够在现代教育体制下获得人力资本的支持，这是一个需要考虑的理论与现实问题。而且我们还需要基于少数民族经济发展的路径，选择所具有的特定历史条件和处境，选择少数民族地区的教育发展模式。另外，我们处在全球化的过程中，少数民族的地方经济又被或者将被深深地裹挟在全球经济中；少数民族文化也将陷入多元文化的相互影响、融合和冲突中，少数民族人口需要在一个开放性的社会体制中选择自己的发展方向，实现自我职业预期和劳动创造。

少数民族地区的学校教育怎样实现上述复杂社会背景下的人才培养目标，怎样满足少数民族社会发展的要求，怎样体现教育发展与人才培养的国际化和本土化选择的需要，如何关照少数民族群体的"寻根情愫"，解除少数民族"文化流失"的忧虑，怎样既推动开放又保护本土文化，既参与国际竞争又留住本土人才，并由此推动少数民族经济的可持续发展，是一个深远而重大的研究课题。在多重交织的复杂关系结构中，在多种"两难"选择中何去何从，值得我们深入思考与探究。

刘寒雁博士的《少数民族地区人力资本研究——兼论云南省少数民族教育问题》专著，对上述问题进行了深入的、系统的、颇有创新观点的分析和研究，为我们认识和理解上述问题，提供了新的理论视角和丰富的实证素材。

云南大学发展研究院
吕昭河
2007 年 4 月 25 日

目　　录

第一章 导 论

第一节 研究的背景、内容和方法

一、研究的背景

社会变革的实践证明，经济发展的实质是人的发展，是人力资本不断形成、更新并逐步提高效率的过程。人力资本不同于其他资本形态的根本特性，就在于它与作为经济主体——人的不可分性，是体现、凝结和贮存在特定人身上，并经由个人形成、支配和使用才能发挥职能的一种特殊资本。从经济总量增长来看，人力资本投资是经济持续增长的决定性因素和长久性动因。专业化人力资本的加速积累，使人的"内生比较利益"规模递增，并且通过外部效应使其他要素产生递增收益，从而使总体经济实现规模收益递增和长期持续增长。从经济结构演进来看，人力资本的形成和配置是产业结构合理化演进的主要诱导因素和推动力量。根据产业结构的演进和变动，人力资本的智能含量不断提升和专业化积累不断加快，市场配置日趋合理。因此，适应地区经济发展需求的专业化人力资本是使地方经济结构稳定高速发展的关键。从经济制度演进来看，人力资本的激励及使用是制度创新与变革的关键因素和根本矛盾。任何制度安排，只有充分考虑和适应人力资本的产权特性和激励性特点，才能达到"充分调动人们生产积极性"的制度目标。不断进行制度创新，有效提高地区性人力资本的效率，是经济发展过程中的一个关键因素。从经济福利改善来看，积累和发展人力资本意味着人们自由选择空间的扩展和改善自身福利机会的增大，是实现人类全面发展的必经之路。目前，人力资源丰富（人口数量众多）而人力资本稀缺（人口素质较差）是中国经济发展的根本性矛盾。[①] 对于少数民族地区来说，除了人力资本稀缺的矛盾以外，还存在着地区性特殊人力资本的形成和效率提高的困难，地区经济社会发展所必需的人力资本支撑严重不足。

人力资本，作为体现在人身上的一种资本形式，它是在人类自身的生产和再生产过程中通过相应的投资而形成的。[②] 人类自身的生产是以家庭为基本单位，以教育培训为主要手段，以医疗卫生为保障措施而进行的一种投入产出活动。[③] 因此，人力资本的形成是借助于家庭、教育和医疗卫生等人类自身再生产的活动来实现的。由于人力资本的异质性，使不同性质的人力资本在不同的经济社会条件下体现的功能各异。目前，经济社会部门所需的专业化或非专业化人力资本主要经由现代教育来实现，教育对人力资本存量的多寡，人力资本的专业种类和人力资本在经济社会中实现的效率，都起着关键性的作用，使教育成为人力资本形

---

① 李宝元：《人力资本与经济发展——跨世纪中国经济发展及其战略选择的人本视角与考察》，北京师范大学出版社2000年版，第36—38页。

② ［澳］阿恩特：《经济发展思想史（1987）》，商务印书馆1997年版，第73页。

③ ［英］穆勒：《政治经济学原理及其在社会哲学上的若干应用》，商务印书馆1991年版，第54~55页。

成的主要途径或主导方式，教育投资成为人力资本投资的主体内容或基本形式。① 由于人力资本存量的测度存在统计资料欠缺的困难，国际上通用的测量方法大都局限于教育投资金额和所接受教育的年份，这一测量方式更加突出了教育对人力资本形成的重要性。

　　教育，泛指改善人的思想品性、增进人们知识技能的一切社会行为或活动。现代教育，作为人类自身生产的一种主导性部门，主要从事有组织和系统地传授科学文化知识和训练相关的专业技能，并以提高个人的精神素质、培养各种专门人才为基本目标和任务。现代教育的主要形式是学校教育，学校教育一方面肩负着传播现代科学文化知识和培养社会所需求人才的重任；另一方面还担负着传承与发扬民族文化和民族意识的责任。目前，随着知识经济和全球一体化时代的来临，教育也和其他社会意识形态一样将面临来自国际化和本土化的选择。"本土化"一词，英文为 indigenization，可译为"本国化"、"本地化"和"民族化"，从语意上说，是使某事物发生转变，适合本国、本地、本民族的情况，在本国本地生长，具有本国、本地、本民族的特色和特征。② 教育本土化，是指外来教育思想与本国教育实际的会通、融合，并使外来教育思想转化为本国教育实际的一个组成部分，从而体现出本土特征的过程。③ 各国的教育在面向世界的过

---

　　① 李宝元：《人力资本与经济发展——跨世纪中国经济发展及其战略选择的人本视角与考察》，北京师范大学出版社 2000 年版，第 64 页。

　　② 郑杭生、王万俊：《二十世纪中国的社会学本土化》，党建读物出版社 2000 年版，第 10 页。

　　③ http://www.fqqz.com/qz/d100/else/lunwen02/13822.htm. 2004 年 10 月 10 日。

程中，越来越注重乡土文化的培植和熏陶，反映了教育走向国际化过程中的"寻根意识"和"文化流失危机"，是多元文化背景下，各民族保留自己民族文化和民族意识的一种积极方式。

全球化与现代性整合成为一个整体，① 以"一种独特的文明模式，将自己与传统相对立，也就是说，与其他一切先前或传统的文化相对立：反对传统文化在地域上或符号上的差异，它从西方蔓延开来，将自己作为一个同质化的统一体强加给全世界"②。当"发展中"的第三世界循着这种"现代化"概念的目标而上路，在近50年的过程中，第三世界（的现代化实践）并未取得持续的进步，努力和预测十之八九落空，带来的往往是心酸的失望。在20世纪的最后年代中，展布了世界性的发展危机。③ 特别是近年来世界各国在现代化的实践中，遇到了诸如越来越恶劣的环境问题，愈演愈烈的种族冲突……这许许多多的危机，更增加了世人对多元文化发展的关注和独特现代化发展道路的实践。目前，许多国家和地区的民族，为了在延续本民族文化传统的同时，不错过经济和社会发展的机会，纷纷开始了具有本民族特色的现代发展道路实践。其中，教育的本土化实践，以求使民族文化以教育为媒介，以培养地方建设所急需的人力资本和提高人力资本效率为目标，而融入了地方经济社会的发展过程之中。

---

① Immanuel Wallerstein, *The Modern World System*, 3 vols (New York：Academic Press. 1974，1980，1989).

② 参见［美］斯蒂文·贝斯特，道格拉斯·凯尔纳《后现代理论》，中央编译出版社1999年版，第145页，转引自陈庆德《资源配置与制度变迁——人类学视野中的多民族经济共生形态》，云南大学出版社2001年版，第278页。

③ 陈庆德：《资源配置与制度变迁——人类学视野中的多民族经济共生形态》，云南大学出版社2001年版，第278页。

二、研究的基本内容

对于中国的少数民族地区而言，一方面，随着具有国际化趋势的汉族主流文化的渗透，渐渐与主流文化相融合的趋势在所难免；另一方面，为了维护本民族的民族意识和民族文化，对外来文化的排斥和改造也不同程度地存在。随着与外界的逐步接触，现代的生活方式和文化意识，时不时地呈现在少数民族地区的各个角落，不断推进着地区的经济发展和社会变革，这已成为少数民族地区不可避免的现实。在经济水平参差不齐、经济类型各具特色、地理环境和自然资源丰富多彩、对主流文化认同程度深浅不一的民族地区，用单一的教育模式培养人才和引进常规人才，必然引起人力资本与当地的生产资料难以结合（这类人才一方面难以融入当地的文化习惯之中，生活和工作困难重重；另一方面所具备的知识在特殊的少数民族地区发挥程度受限，对地方经济社会的发展贡献有限），① 人力资本高速推进经济社会发展的潜力无法实现。因此，在当前常规教育无法完全满足地区内特殊人力资本需求的条件下，在原有的教育模式基础上，适当建立符合地方经济发展需求的具有地方特色的少数民族教育体系不失为一种在延续少数民族文化传统的同时，取得社会多元发展机制的方法。以各少数民族地区的文化认同程度为标准，在地方人文、经济和环境和谐发展的基础上，以少数民族地区人力资本的提高为目标，建立适合本地区经济社会发展的少数民族教育体系和模式，并在社会发展过程中逐步与主流社会教育体系接轨，使少数

---

① 进入少数民族地区的外来援助人员难以融入当地社区的现状，很大程度上说明文化的异质性构成了人力资本的异质性，使人力资本的发挥程度受到了地域和文化的限制。

民族地区在获得特色发展的同时，不被排斥到主流社会之外。

　　少数民族地区由于历史发展和自然地理的原因，政治、经济、文化、地理和环境等各方面存在着相当丰富的多样性。因此，在多元文化背景下，少数民族地区经济社会的发展必然对所需求的人才提出一些特殊的要求。对人力资本的特殊需求，必然要求地区内的学校教育体系与常规学校教育体系相比存在一定的差异性。然而，面对全国各地几乎完全一样的教学大纲（虽然有的地区已进行着乡土化的改革，使用少数民族语言教材和小学部分阶段使用双语教学，但教学的方法和教学的效果都不尽如人意），少数民族人口多样性的受教育需求无法得到满足，受教育的积极性不高。同时，由于受教育的社会和个人成本较之当地的收入来说较高，教育投入的回报周期过长和回报率过低，严重制约了少数民族地区人口受教育程度的增长。因此，进行少数民族地区多样性与教育关系的研究，要求我们有针对性地进行区域文化研究和经济发展分析，从个性中发现共性，从普遍性中发现特殊性。从目前我国的少数民族教育体系中不难看到，居住在贫困农村地区的少数民族儿童，在入学的第一天就得面对语言的障碍和文化的冲突，面对主流文化在经济和社会领域的强势存在，本民族语言文化在现实生活中的不断弱化而形成的低实用性，面对现行的教育体制和少数民族教育尝试中"双语教学"等实践的低效益性，为了能融入主流文化社会和使学业获得最大限度的延伸，少数民族儿童不得不放弃业已形成的语言文化积淀而选择主流文化教育。随着学业的发展，孩子和家庭又不得不面对高额的学习成本，其中包括儿童放弃帮助家庭生活生产的机会成本（虽说儿童不应具有进入生产领域的权利，但对于贫困地区的农村家庭而言，儿童的辅助性劳动是家庭收入中不可忽视的一个部分），远距离求学的交通成本和学生家庭支付的教育投入（在地区内教育的社会投入不足的情况下，转移由学生家庭支付的教育投入）等等，严重影响了学生的学习积极性和教育的效率。顺利完成基础教育后，少数民族地区学生如果能考取普高并幸运地进入高等院校，首先，遇到的往往是远远高于家庭年收入的学费和生活费；其次，巨大的文化差异势必对其心灵产生严重的冲击；第三，顺利毕业时，就业信息的缺失、身份的歧视，使其在城市就业困难重重。而且，因为已具备的知识与家乡地区的经济社会发展状况严重脱钩，回乡就业的前途也不令人乐观。经过高等教育而千辛万苦培养出来的人力资本，要么处于不得其用的状态，要么就流失在经济发达地区。还有的情况是，当少数民族地区的学生完成了基础教育，如果失去继续深造的机会，花费9年时间接受的知识将由于在目前的乡村经济中使用频率过低，要么逐渐遗失而返盲，要么因为无用而受到具有乡土生产生活技能的乡邻的嘲笑。因此，深入到少数民族地区村寨和学校的田野调查，使我们更加清楚地了解到少数民族地区现有教育发展的迫切需求，以及作为人力资本投资主体的学生家庭生存现状，社会与个人的人力资本投资收益状况。

建立符合地方经济社会发展需求的教育体系和教育资源的合理配置是解决少数民族地区教育效率低下、促进地区性人力资本形成、提高人力资本效率、发展地方特色经济的一种有效手段。学校教育作为人力资本投资的主要途径，如果能利用现有的地区性优势（国家的优惠政策、民族区域自治法赋予的创新尺度和丰富的自然与人文资源等），逐年增加中央和上级财政教育投入的比例，提高当地居民对教育投资的积极性；尽可能地提高教育效率，在不断提高地区内人力资本存量的同时，不断减缓少数民族地区人力资本向经济发达地区的流失，引进外来高层次人力资本，是保证少数民族地区经济社会持续稳定发展的前提。

三、研究的基本方法

在以知识为经济发展主要推动力的今天，物质资本已不再是制约经济增长的主要要素。经济学家舒尔茨（Theodore W. Schultz）等人经过研究发现，随着经济的发展，物质资本投资的回报率将越来越低，人力资本投资的回报率将越来越高，具有高知识含量的人力资本已成为经济增长的强劲动力。然而，时至1995年，中国的人力资本投资只占到国内生产总值的2.5%，实物资本投资占30%，而同期美国的人力资本投资占GDP的5.4%，实物投资占17%，印度的人力资本投资占3.3%，泰国的占4.1%，德国的占4.8%。其中，20世纪90年代中国人力资本的回报率只有4%，目前也只达到10%左右，与高达20%的物质投资回报率相比是相当低的。[①] 马克思将资本流通的过程总结为公式"G－W－G′"，任何资本（包括有形的物质资本和无形的人力资本），只有通过流通后获得增值的G′，投资才能持续。因此，人力资本投资如果投资不足将影响经济增长的速度，而人力资本投资如果不能取得相应的投资回报率，将很难维持投资的持续性。在知识经济成为中国经济发展重心的21世纪，如何提高人力资本的投资比例和投资回报率，[②] 是中国经济发展的重点

[①]　［美］詹姆斯·赫克曼：《中国的人力资本投资》，2003年演讲稿。

[②]　投资回报率，分为个人投资回报率和社会投资回报率。本文论述的少数民族地区由于各种因素限制，个人受教育后的就业率和收入水平不高，个人投资回报率较低。同时，地区培养的高等教育人才，由于种种原因回归率很低，对当地发展而言，其社会回报率也是很低的。

问题。因此，讨论少数民族地区人力资本必须以人力资本理论作为研究的出发点。

少数民族文化存在同质性的同时，也存在着相当大的差异性，各民族文化对主体民族文化的认同程度又存在着相当大的差异性。同一民族中的男性和女性，老者和青少年，具有不同的受教育程度者等，各类人群对异族文化（特别是主流文化）的认同又各不相同。而每个地区、每个家庭以至于每个人对主流文化认同程度的不同，势必影响其本人及子女进行人力资本投资，即接受现代学校教育的态度。新中国成立以来，为了尽快提高国民的知识修养和工作技能，国家致力于在全国范围内开办各类学校，以大致统一的教学大纲、教学计划和教材，对广大民众进行现代教育。目前，全国各地几乎已完成了普及九年义务教育工作，并着手加强义务教育巩固工作。但是，由于文化认同的程度、经济承受的能力、学校师资的素质、就业期望值的高低等系列原因的影响，使一部分少数民族地区民众接受教育的愿望并不高，教育的效率较低。许多完成义务教育地区的学生成绩合格率很低，而且接受教育后的返盲率偏高，地区内人力资本的保留能力普遍不足……人类学在进行社会问题研究时具有一整套独特而行之有效的方法，因此引入文化人类学田野调查的工作方法，能更加清楚地了解少数民族地区经济社会发展的真实需求，以及地区内的社会发展现状，使研究的内容更加翔实。①

——————————

① 通过深入村寨的田野调查发现，目前云南省许多少数民族村寨的各类人口与经济发展数据统计存在着相当的不确定性，许多地区由于没有安排专人专项负责这项工作，并且缺乏电脑等有效记录工具，统计数据的记录存在一定的随意性，为了应付统计任务而使统计数据中存在一定的拼凑现象。因此，在进行相关数据的定量分析时，必须充分考虑到误差值的存在。

　　孕育着丰富民族文化的少数民族地区，在拥有独特文化资源的同时，往往蕴藏着丰富的自然资源——优美的旅游资源、独特的矿藏资源、神奇的动植物资源等。如何克服地域偏僻、交通不便、经济发展程度较低等因素的影响，发挥地区内资源优势，发展地区经济，扩大地区内就业程度，使民众的教育投入能在较短的时间内取得回报，是少数民族地区人力资本投资能长期稳定增长的关键。发展经济学，是以发展中国家和地区的经济增长和经济发展问题为对象，研究经济欠发达地区现代化发展的经济学理论。现代发展经济学认为，发展中国家的人力资源问题主要表现为两个方面：从数量上说，大量的人力资源处于不得其用的状况；从质量上说，大量的劳动者素质很差。① 英国经济学家哈比森（Harbison, F. H.）认为："人力资源……是国民财富的最终基础。资本和自然资源是被动的生产要素；人是积累资本、开发自然资源，建立社会、经济和政治组织并推动国家向前发展的主动力量。显而易见，一个国家如果不能发展人民的技能和知识，就不能发展任何的东西。"② 对中国少数民族地区人力资本问题进行分析研究，是使少数民族地区人力资源有效转化为地区经济社会发展所需动力的基础。因此，以民族发展为目标，以发展经济学原理为指导，进行少数民族发展研究，是少数民族地区克服经济和地域局限获得高速发展的关键。

　　制度是人际交往中的规则。制度经济学是把制度作为研究对象的一门经济学分支，主要研究制度对于经济发展的影响以及经济发展如何影响制度的演变。新制度经济学的研究始于科斯

---

　　① 谭崇台主编：《发展经济学》，山西经济出版社2000年版，第152页。

　　② Harbison H., *Human Resources as the Wealth of Nations*, Oxford University Press, P. 3, 1973.

（Ronald Coase）的《企业之性质》。随后，诺思（Douglass C. North）在《经济史中的结构与变迁》中指出，意识形态是一种重要的制度安排。列宾斯坦（H. Leibenstein）也指出，企业之所以存在，是因为在企业中有一种"常规"存在。它作为一种传统，一种习惯，支配着人们的行为。而不同的企业，由于有不同的文化背景，"常规"所决定的努力水平也各不相同。尤其在不同国家，这种差距就会特别大。① 对于中国少数民族地区而言，历史沉积下来的文化中，包含着人们业已习惯的生活方式和规则理念，这些潜规则在一定程度上影响着地方政策和制度的制定与执行。少数民族地区特有的文化、经济和自然资源条件，使发展少数民族教育不得不面对许多特殊的问题。由于教育政策和制度往往是推动和制约教育发展的关键因素，因此，深入研究制度变迁与人力资本的关系，能更加有效地建立合理的制度模式，使少数民族地区的经济社会得到协调发展。

第二节　研究少数民族地区人力资本的意义

一、人力资本的要义

所谓"人力资本"，是指人们花费在人力保健、教育培训等方面的开支所形成的资本，是人所具备的体力、健康、经验、知识和技能及其精神存量的总称，它可以在特定的经济活动中给有关经济行为主体带来剩余价值或利润收益。简而言之，人力资本

---

① 盛洪：《走向新政治经济学——现代制度经济学》（前言二），北京大学出版社2001年版。

的基本特征有二：首先，它是凝结在人身上的"人力"；其次，它是可以作为获利手段使用的"资本"。人力资本是通过投资和生产而形成的，并借助市场流动和配置，最终进入特定的经济组织发挥作用。[①]

国民经济总量的增长，总的来说，取决于社会在一定时期投入的资本要素及其有效配置状况，简而言之，取决于社会资本生产率提高的潜力。而一个社会的资本生产率的提高是以一定的技术、经济关系和组织结构为基础的。在一定的制度背景下，社会的技术、经济关系和组织结构的状态及演进趋势，在很大程度上决定着资源配置的效益和社会资本生产率的水平及提高的潜力。[②] 因此，人力资本投资推动经济总量增长具有更深一层的结构根源，即专业化人力资本的形成与效率直接关系着物质资本的积累、相关产业部门生产率的提高和相应市场范围的扩大。

人力资本是在人类自身的生产和再生产过程中通过相应的投资而形成的，是以家庭为基本单位，以教育培训为主要手段，以医疗卫生为生理养护条件或社会保障措施来进行的一个投入产出活动。教育作为人类自身发展的一个主导部门，主要从事有组织和系统地传授科学文化知识和训练有关的专业技能，以提高和培养各类专门人力为基本目标和任务。现代教育由学校进行系统的初等、中等和高等常规教育，及由企业或社会部门组织一般或特殊的在职培训来实现。现代学校教育体系就是专业化从事人力资本生产的一种具有主导作用的社会分工体系，它与现代工业体

---

① ［美］西奥多·舒尔茨：《人力资本投资：教育和研究的作用》，商务印书馆1990年版，第40页。

② 李宝元：《人力资本与经济发展——跨世纪中国经济发展及其战略选择的人本视角与考察》，北京师范大学出版社2000年版，第96—102页。

系、现代科学技术体系一起构成了现代社会化大生产体系的主体网络。投资所形成的人力资本的类型和数量，直接关系着经济社会结构发展过程中专业技术的类型和含量。因此，所形成的人力资本能顺利地与地方性生产资料相结合，在生产过程中具有较高推动物质资本积累的能力，即人力资本效率较高，将有利于产业部门生产率的提高和地方经济结构的加速演进。

二、研究人力资本的意义

罗默（P. Romer）、卢卡斯（R. E. Lucas）的"新增长理论"[①]，曼昆（N. G. Mankiw）的"扩展索洛模型"[②]，巴罗（R. J. Barro）的"扩展新古典模型"[③]，均将人力资本作为独立的投入要素引入总量生产函数，证明了通过人力资本投资可导致产出的提高，从而导致经济的增长，这一系列理论使人力资本是促进经济增长的重要因素成为理论界的共识。

20 世纪中期，根据库兹涅茨（S. Kuznets）的"倒 U 假说"，人们在讨论经济发展与收入分配之间的关系时往往认为，"收入分配不平等在经济增长早期迅速扩大，尔后是短暂稳定，然后在增长的后期逐渐缩小"[④]，也就是说，在经济发展的初期过程中，

[①] R. E. Lucas, *On the Mechanics of Economic Development*, Journal of Monetary Economics, 22.

[②] N. G. Mankiw, D. Romer & D. N. Weil, *A Contribution to the emphasis of Economic Growth*, Quarterly Journal of Economics, 107.

[③] R. J. Barro, *Human Capital and Growth in Cross—Country Regressions*, Unpublished, Harvard University.

[④] Kuznets, *Economic Growth and Income Inequality*, American Economic Review, 1955, (1).

人力资本积累具有促进经济增长和收入不平等发展的双重作用。[①] 而收入的不平等发展又将刺激人力资本投资的增长，从而在很大程度上降低受教育程度较低人口的比重。[②] 但是，这一理论同时也受到了来自各方面的挑战，一些学者研究发现，人力资本，特别是教育对经济发展和收入分配的影响很大，可以从理论上减少收入的不平等，[③] 从而实现兼顾公平的经济增长。[④]

20 世纪 90 年代以来，关于收入分配与经济增长之间关系的研究层出不穷，许多经济学家大多倾向认为，收入不均可能会导致穷人不能接受教育，从而对人力资本的积累产生负面影响，不利于经济的增长，因而许多学者主张要兼顾公平的经济增长，[⑤] 而给予所有的人口公平地受教育的机会是公平的经济增长的基础。培洛提（Perotti）对收入分配如何影响经济增长做了进一步研究后认为，收入不均对经济增长的影响与人均收入水平有关，当教育费用相对于人均收入较高时，收入向富人集中有利于使富人先接受教育；而当教育费用相对于人均收入较低时，收入均等将有利于使大量的穷人能够接受教育，从而有利于经济增长。[⑥]

① Theo S. Eicher, Cecilia Garcia - penalosa, *Inequality and growth: the dual role of human capital in development*, Journal of Development Economics, Vol. 66 (2001) 173—197.

② Javier A. Birchenall, *Income distribution, human capital and economic growth in Colombia*, Journal of Development Economics, Vol. 66 (2001) 271—287.

③ Gerhard Glomm, B. Ravikumar, *Increasing returns, human capital, and the Kuznets curve*, Journal of Development Economics, Vol. 55 (1998) 353—367.

④ 毛慧红、蔡颖：《减少收入不平等：来自教育和人力资本的理论、经验和启示》，载《市场与人口分析》，2004 年第 10 卷，第 4 期。

⑤ Persson, T. & Tabellini, *Is Inequality Harmful for Growth?*, AER, 1984, (3).

⑥ Perotti, *Income Distribution, Political Instability, and Economic Growth*, European Economic Review, 40.

盖洛尔（Galor）和柴拉（Zeira）的模型指出，在信贷市场不完善和人力资本投资不可分的假设下，收入分配会影响个人对人力资本的投资水平，从而影响经济增长。[①] 各种理论众说纷纭，而结论是一致的，即教育和人力资本是决定收入分配和经济增长之间关系的核心因素。

马克思曾对教育的作用有过论述，指出"教育产品"具有双重属性，既导致个人的收入差别，又是实现社会公平分配的手段，教育的独特作用在于能够把平等和效率统一起来。[②] 舒尔茨（Theodore W. Schultz）认为人力资本对于收入不平等的影响会经历一个先扩大后缩小的过程，因为人力资本在人群中的分配远比财产收入的分配更加平等，人力资本不像物质资本那样可以通过积累而扩大并高度集中于所有者手中，人力资本也不同于物质资本那样可以继承而代代相传，他指出，"人们从初等、中等以及高等教育中得到的收益总的来说是有助于减少个人收入的不平等"[③]。奥肯（Okun. Arthur）提出："促使高等教育资助机会均等化是使国家获得更多效率和更多平等的道路之一——不因其他人而牺牲一个人。"[④] 瑟罗（Laster C. Thurow）则进一步分析了投资于教育与其他转移支付的不同，说明投资于教育能获得更多的额外收益："更多的税收不是用来直接地投入转移项目，虽然它不会造成对激励机制有害的影响，但是如果政府将它赠送予接

---

① Galor, Zeira, *Income Distribution and Macroeconomics*, Review of Economic Studies, Vol. 60, 202.

② 毛慧红、蔡颖：《减少收入不平等：来自教育和人力资本的理论、经验和启示》，载《市场与人口分析》，2004年第10卷，第4期。

③ ［美］西奥多·舒尔茨：《人力资本投资：教育和研究的作用》，商务印书馆1990年版，第42页。

④ ［美］奥肯：《平等与效率》，华夏出版社1999年版，第79页。

受培训的个人，那么个人必须工作才能获得和利用这种赠送。"[1]

　　1984 年，费尔茨（G. S. Fields）对亚洲 7 个国家及地区的收入分配和经济发展的关系进行了一系列的经验分析后发现，这些国家和地区大多处于工业化初期向工业化中期转变的阶段，地区内的国民经济以人均 GDP 每年 5%—7% 的速度在高速增长，按照"倒 U 假说"，它们的收入不平等理应不断扩大，但实际数据表明，这些国家和地区的收入不平等程度都有所改进而不是恶化。其中，战后日本经济的高速增长并未带来收入的两极分化，基尼系数在时间序列上呈现不断减小的趋势，收入均等化与该国实行的教育赶超战略紧密相关；韩国 1965 年以来长时间内经济保持持续高速的增长，同样也在相当程度上得益于该国中、高等教育的超常规发展以及国民人力资本水平的大幅提高。[2] 1999年，布吉农对中国台湾地区的收入分配和经济增长作了更深入的研究后，将台湾在实现高速经济增长的同时缩小收入差距的原因归因于政府大力推行的义务教育政策，是地区内劳动力受教育程度不断提高，女性劳动参与率持续上升，人力资本大量积累所决定的，并指出在教育收益率提高的同时，劳动力受教育程度的普遍提高，特别是中等受教育程度人口比重的显著提高，最终导致了收入分配差距的显著缩小。[3] 1997 年，赖德胜在《教育扩展与收入不平等》一文中，建立了一个描述教育扩展与收入不平等变

---

　　[1]　[美] 莱斯特·瑟罗：《资本主义的未来》，中国社会科学出版社 1998 年版，第 34 页。

　　[2]　G. S. Fields, Employment, *Income Distribution and Economic Growth in Seven Small Open Economies*, Economic Journal, 1984.

　　[3]　Bourguignon, F., M. Fournier and M. Gurgand, *Fast Development with a Stable Income Distribution*: *Taiwan*, 1975—1994, Review 05 Income and Weadth, Vol. 47（2），PP. 139—163, 2001.

动关系的理论模型[①]:

$$P_B{}^* = \frac{G_B - G_A}{2G_1} + \frac{1}{2}$$

式中：$P_B{}^*$ 代表全部人口的收入不平等发生转折时的 B 组人口所占比重，G_A、G_B、G_1 分别代表 A 组、B 组及两组之间的收入不平等程度，三者共同决定了一国在教育扩展中的收入不平等程度 G。模型建立在以下假设的基础上：①全社会人口分为 A 组和 B 组，A 组人口从未受过教育，B 组人口接受过教育。②B 组人均收入高于 A 组，因而 A 组人口受收入预期的驱动，不断地往 B 组转移，这一过程即教育扩展。③$G_B \geqslant G_A$。④教育扩展初期，收入不平等与 B 组人口比重呈增函数关系，即 $dG/dp_B \geqslant 0$，但教育扩展至较高阶段后，它们之间就成为减函数关系，即 $dG/dP_B \leqslant 0$。即教育扩展与收入不平等之间存在一种"倒 U 型"关系。因此，综合这些研究成果可以看出，教育的扩展和人力资本的积累是降低收入不平等、构建和谐社会的关键因素之一。尽管在教育规模扩大的过程中，教育收益率的提高有扩大收入不平等的效应，但由于教育所带来的全民累计受教育程度和劳动生产率的普遍提高均能缩小收入分配差距，当教育收益率作用的效果小于后两种因素的作用效果时，就会导致收入向均等化发展。特别是劳动力中受过中等教育的人口比例迅速提高时，将能导致收入分配差距的显著缩小。收入均等化程度提高又能使大多数人能接受教育，有利于进一步提高居民的受教育水平和人力资本存量，继而又有利于收入的均等化，这就给经济增长创造了一个广泛的良性

---

① 赖德胜：《教育扩展与收入不平等》，载《经济研究》1997 年第 10 期。

循环基础。①

20 世纪 90 年代以来，以效率优先为导向的改革使中国经济在转型过程中收入不平等问题日渐严重。城乡居民收入差距不断扩大，而且经济越落后的地区，收入差距越明显。2004 年统计数据表明，从城乡之间收入差距的相对贡献来看，西部地区高达58.3%，而东部地区最低为 37%。② 从贫困人口比例来看，中国农村绝对贫困人口（人均年收入在 688 元以下），西部占了 50%左右，东部只占 14.3%。③ 经济欠发达地区，特别是少数民族农村地区仍然有大量受教育程度较低的人口，一方面这些地区人口人均收入水平很低，与经济发达地区的收入差距还在不断扩大，地区内的人口的收入差距也在进一步加大；另一方面，这些地区人口的受教育收益率相对较低，影响了教育的扩展。近年来，尽管地区间发展速度差距趋于缩小，但区域发展绝对差距仍然较大，不平衡问题仍然十分突出。而且，广大中西部地区与东部地区在城乡居民收入和消费水平、市场化程度，特别是基础设施、义务教育、基本医疗、社会保障等基本公共服务水平方面的差距也在拉大。利用统计数据计算各地区相关指标的差异系数，我们发现，近年来人均 GDP 差异系数确实在逐步缩小，居民收入的差异系数也在减小，但涉及享受公共服务方面，差距还是比较大的。2007 年，人均地方财政教育、社会保障和就业、医疗卫生

---

① 毛慧红、蔡颖：《减少收入不平等：来自教育和人力资本的理论、经验和启示》，载《市场与人口分析》，2004 年第 10 卷，第 4 期。

② 李实、岳希明：《调查显示中国城乡收入差距》，财经杂志主页，www. caijing. com. cn，2004 年。

③ 程思进：《缩小收入差距　促进社会和谐》，载《四川师范大学学报》（社会科学版）2009 年第 1 期第 36 卷。

支出差异系数为 0.529；地方财政一般预算支出中，人均地方财政性教育经费差异系数为 0.575；以人均卫生机构财政和上级补助收入计算的各地区差异系数为 0.863。[①] 应该说，区域发展不平衡是我国的基本国情，我们不能期望地区间发展没有差距，但是，如果区域发展差距持续扩大，区域发展长期不协调，必将对经济的持续发展和社会和谐产生严重影响。因此，深入分析研究少数民族地区教育发展的不平衡问题及人力资本的形成和效率问题，将有利于我们采取一系列必要的措施有效地缩小收入差距，为社会的和谐发展和经济的持续增长提供优良的劳动力基础。

三、少数民族地区人力资本的研究意义

"人力资本理论之父"，西奥多·舒尔茨（Theodore W. Schultz）率先系统地分析了教育对农业以及整个经济的影响。他的人力资本理论，强调人力资源，特别是受过高等教育的人力资源在经济发展和物质生产中的重要作用。[②] 人力资本理论与方法，就是运用现代经济学的基本分析工具（成本与收益分析，供给与需求分析，等等）研究人力资本生成与发展的过程以及人力资本发展对经济运行过程的影响。[③] 人力资本投资包括教育、职业培训、保健与人口迁移等活动。

与非人力资本一样，人力资本的形成需经由投资而来。人力

[①] 胡少维：《2009 年我国区域经济发展格局分析》，show china 看中国——国情报告网，http：//www. showchina. org/gqbg/2009/08/200903/t282200. htm。

[②] John Eatwell, Murray Milgate, Peter Newman, *The New Palgrave*：*A Dictionary of Economics*，Vol. 2, The Macmillan Press Limited, 1987, P. 682.

[③] ［美］雅各布·明塞尔著，张凤林译：《人力资本研究》，中国经济出版社 2002 年版，第 1 页。

资本投资具有个体自主决定性、周期长、收益风险大，以及既有内部效应又具有显著的外部效应等特殊性，使得人力资本投资成为经济增长中一个复杂的主导因素。正是由于人力资本形成的特殊性，使人力资本在形成利润的过程中，效率千差万别，不同的个体在不同的经济条件和不同的文化背景中进行相同投资产生的人力资本的效率相去甚远。

一些发展中国家的发展历程证明，由于公共教育针对的是大多数民众的人力资本需求，因此由内生的教育制度所规范形成的统一的公共教育并不能完全满足不同人群的各类受教育需求。面对外部世界纷繁的交易关系和现代科技带来的断层，在不考虑科学技术所带来的社会效益的情况下，如果少数民族地区民众的教育投入不能为其本人和家庭带来相应的现实回报，或者其本人及后代并不能从公共教育所提供的较高技能中获得较直接的收益，教育投入不足的现象必然会出现。公共教育投入的不足势必导致大量人力资源被浪费，人力资本产生不足，缺乏现代经济社会生产生活所需技能的人口的收入水平与掌握现代生产生活技能的人口的收入水平差距会不断扩大，社会均衡发展的愿望将难以实现。[①]

文化差异性或文化多样性是产生地方性经济发展需求多样性的基本原因。少数民族地区的文化多样性或文化差异性所引起的多种需求，只有通过差异性的人力资本投资，即多样化的教育模式培养，才能使人力资本真正成为地方经济社会发展的推动力。因此，满足地方性经济发展人才需求的主要途径就是进行具有民

---

① Alessando Turrini, *Endogenous education policy and increasing income inequality between skilled and unskilled workers*, European Journal of Political Economy, Vol. 14 (1998) 303—326.

族和地域差异性的人力资本投资。在分析研究少数民族地区人力资本的投入、产出和边际效应时，村寨案例分析表明：不同的经济条件下和不同的民族文化地区，由于对主流文化的认同程度不同，学生和家长对未来发展的目标存在着极大的差异性。目前人力资本投资的高门槛，特别是高等教育阶段过于高昂的费用，使许多少数民族地区的贫困孩子在受教育的初始阶段就产生了心理上的壁垒，自卑和厌学心理状态普遍存在。研究证明，由于人力资本收益的货币价值往往低于其在社会发展过程中的实际价值，而中国贫困地区农村人口的人均收入情况较差，如果家庭的人力资本投资不能在短期内获得超过家庭年收入27%以上的收益，那么，该家庭进行人力资本投资的行为就很难持续，并且这一情况还将对周边人群的行为产生较大的负面影响，最终导致对地区内社会经济的发展产生较大影响。[①] 同时，目前对于少数民族地区内人力资本的研究大多关注的是人口受教育的年限，没有从根本上考虑现有的教育模式是否符合地区人口的需要，接受教育后学生的实际知识素质和工作技能，受教育人口的人力资本是否能顺利地与地区内经济社会发展需求相结合，教育机制是否能够提高地区内人力资本投资的回报率和减缓地区内的人力资本流失等问题。

随着西方发达国家经济强势的减弱和民族国家的兴起，"唯经济论"的分析方法逐渐不能完全地解释近代民族国家经济崛起的轨迹，特别是塞缪尔·亨廷顿（Samuel P. Huntington）等西方学者通过大量的案例分析，证明了文化在当今世界的发展中具有

---

① Dennis Tao Yang, Mark Yuying An, *Human capital, entrepreneurship, and farm household earnings*, Journal of Development Economics, Vol. 68（2002）65—88.

相当重要的作用后，研究地区发展的问题就不能只是单纯地停留在经济要素的范畴。

我国少数民族地区丰富而独特的文化资源，在制约当地居民完全接受现代社会生活方式和经济生产模式的同时，又为少数民族地区提供了另辟蹊径而独特发展的可能。在多元文化背景下，进行少数民族地区人力资本开发将是少数民族地区经济社会变迁的捷径。

人力资本对现代经济社会发展的卓越贡献毋庸置疑，而学校教育是现代人力资本形成的主要渠道，教育模式、教学内容、教育资源和受教育后的收益等，直接关系着人力资本的形成和效率，因此讨论中国少数民族地区人力资本的投资和收益，就必须研究少数民族地区的现代学校教育。现代学校教育输出人力资本的数量、内容和效率，直接关系着少数民族地区历史文化的传承、社会结构的变迁和地区经济的发展，更是少数民族地区获得平等发展机会的关键。目前，我国少数民族地区教育资源较为稀缺，经济发展迟缓，人均 GDP 占有量很低，家庭收入微薄。同时，由于人均享有的教育资源、知识信息量较少，就业渠道不畅，使少数民族地区人力资本投资回报率很低，少数民族地区和学生不得不面对相对于地区和个人收入而言较高的教育成本，以及相对于经济发达地区而言较低的投资回报。另外，由于少数民族地区独特的政治、经济、文化、地域和环境限制，使接受普通学校教育的人力资本所获得的应试型知识，无法在特殊的经济和文化环境中与生活和生产要素相结合，更无法形成推动地方经济发展的重要推动力。要实现少数民族的真正平等权，就必须依据少数民族的特点来保障其发展权。只有少数民族充分实现了发展权，其政治、经济、文化等不断进步，也才能最终消除民族差距，达到各民族的真正平等。所以，要进一步提高少数民族地区民众进行人力资本投资的积极性，就应该以地区性的优势政策为指导，建立具有地区特色的教育模式，使地区内人力资本能有效地与物质资本和资源相结合，有效地提高人力资本的投资回报率。

第三节　理论模型及解释

一、基本方法及假设

任何社会科学的研究基点都确立在某一人类行为的假定之上，无论使用分析还是综合的方法，社会科学研究的理论差别主要存在于构建人类行为分析框架时的内容设置和分析路径上的不同。

经济学研究的是人类的经济行为。传统经济学的理论前提是经济人假设，即在具有资源稀缺性、资产专用性、资本异质性及不确定性的外部环境下，人类每一个经济活动的行为主体都是一个理性地追求最大化利益的经济人。现代经济学研究的基本任务就是以经济人假设为基础，利用成本收益分析等基本经济分析工具，研究个人以及由个人组成的经济社会通过适当的制度安排和制度结构，以解决各种经济社会矛盾和利益冲突，并保持结构优化演进和总量持续增长，以实现福利改善的最终目标。因此，传统经济学的立论原则是力图尽可能地简化影响人类行为的因素。然而，生存于现实社会中的人类群体，面对的是千差万别的自然环境、历史文化和社会规范，因此人类行为并不是一种一成不变、单向、线性目标指向下的行动。人类行为的动机既可指向追求最大化效用，也可指向风险最小化；行为方式既可能是理性的、有限理性的，也可能是非理性的。在人类的经济行动中，影响行为的因素有经济的，也有社会的、心理的、文化的。因此，对人类行为各种关系的解释，不是把处于可变性状态的复杂因素抽象为既定条件，而是在众多参照群体中寻找因果关系。①

布罗姆利（D. W. Bromley）认为："科学最终的合理性只有从它与人类现实一致性的程度获得。"② 社会学古典理论三大奠基人之一——德国学者马克斯·韦伯（Max Weber）指出："经济行动意味着行动者和平地运用其控制资源的权力，理性的经济行动亦即以有计划的方式来达成经济目标。经济行为本身不必然即是社会行动。"③ 思想、观念和精神因素通过经济的伦理对人的行为起作用，因此社会行动又具有理性和非理性性质的区分，"资本主义精神的发展完全可以理解为理性主义整体发展的一部分，而且可以从理性主义对于生活的基本问题的根本立场中演绎出来"④。因此，韦伯（Max Weber）以丰富而深刻的社会多元发展模式之比较的历史社会学思想，提出了四种非常有名的行动类型：情感性行动，由情绪引起的非理性行动；传统性行动，由过去的习惯和惯例（包括传统性权威和宗教等）所主宰的非理性行动；价值理性行动，行动者选择的最好方法和基于该行动者相信的最高价值观（这也许不是最佳选择，但以行动者的价值观系

---

① 吕昭河：《制度变迁与人口发展——兼论当代中国人口发展的制度约束》，中国社会科学出版社1999年版，第32—33页。

② ［美］D. W. 布罗姆利：《经济利益与经济制度——公共政策的理论基础》，上海三联书店1996年版，第277页。

③ ［德］韦伯著，康乐、简惠美译：《经济行动与社会团体》，广西师范大学出版社2004年版，第3页。

④ ［德］韦伯：《新教伦理与资本主义精神》，上海三联书店1993年版，第97页。

统来看，行动者认为这是理性的选择）；目标手段理性行动，系指行动者为自己选择追求目标，该选择受到行动者眼中的自身所处环境的影响，包括环境中他人的行为以及环境中存在的客体。[①] 并且在分析资本主义发展动力起源和现代社会发展精神本质的过程中，探讨了社会行动上的理性主义与非理性主义的历史意义，通过研究宗教、文化因素与社会行为、制度变量之间的相关关系，建立了一种历史的社会科学分析方式，从而为我们进行少数民族地区人力资本研究提供了基础理论和分析框架。

二、理论模型

美国社会理论家帕森斯（Talcott Parsons）以韦伯（Max Weber）的社会行动观点为基础提出了单位行动概念，单位行动包含行动者、目标、情境以及规范和价值观四种要素。行动者选择达成目标的方法，而该种选择受到行动者所处的情境条件以及规范和价值观所影响。其后，帕森斯从单位行动概念发展到后来的结构功能理论——帕森斯 AGIL 架构，在系统单一或多种需求的活动上，所有系统都需要四种必要功能，即适应（adaptation，简写为 A）、目标达成（goal attainment，简写为 G）、整合（integration，简写为 I）以及潜在功能（latency，简写为 L）或模式维持（pattern maintenance）。并根据 AGIL 架构推广出最具一般性及统括性的四种行动系统（见图 1 - 3 - 1）。

---

① ［美］瑞泽尔著，杨淑娇译：《当代社会学理论及其古典根源》，北京大学出版社 2005 年版，第 38—39 页。

L	I
文化体系（cultural system）	社会体系（social system）
行为有机体（behavioral organism）	人格体系（personality system）
A	G

图1-3-1 帕森斯行动系统

我们根据帕森斯 AGIL 架构推广出少数民族教育与人力资本关系的行动系统（见图1-3-2）。

L	I
文化环境体系	制度环境体系
人力资本	社会价值体系
A	G

图1-3-2 少数民族地区教育与人力资本行动系统

并简明扼要地以少数民族地区教育与人力资本关系分析的理论模型来阐述多元文化背景下，少数民族地区经济基础、特殊性人力资本、教育政策与制度以及少数民族地区现代化发展的逻辑关系（见图1-3-3）。

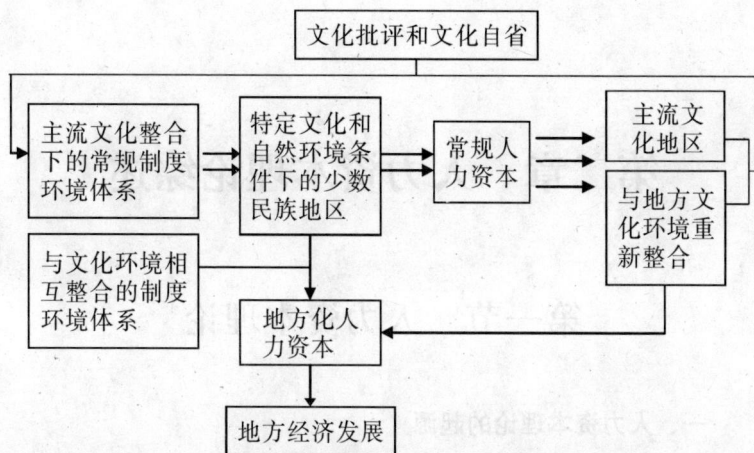

图 1 - 3 - 3 少数民族地区教育与人力资本理论模型

　　根据理论模型预设：在目前的制度环境和经济基础下，一方面，少数民族地区人口接受教育后，由于所获得的知识和技能不能较好地适应少数民族地区经济社会发展的需求，浪费和外流情况严重；另一方面，外部引进的人力资本由于与当地的生活习惯和生产条件等因素不相适应而保留量较低，使得少数民族地区在急需大量人力资本的同时，只能无奈地面对地区内人力资本的流失和浪费。为了进一步提高少数民族地区的人力资本存量和人力资本效率，必须培养大量的地区发展所需求的地方化人力资本。因此，在不断变迁的少数民族地区社会文化环境系统中，行动者在指向目的的行动过程中，必须有一套完整、规范并不断创新的制度环境体系为支持，并有效地克服阻碍条件后，使其行动符合社会价值、规范和需求，从而实现经济社会发展的预期目标。

第二章　人力资本理论综述

第一节　人力资本理论

一、人力资本理论的起源

　　"人力资本"思想由来已久，早在古希腊时代，哲学家柏拉图就在其代表作《理想国》一书中，探讨了教育的经济价值。英国古典经济学创始人威廉·配第（William Petty），在分析劳动产品价值形成的过程中强调了人的作用，打破了古典经济学只将生产要素分为土地、劳动和资本三个部分的状况，首次将人的"技艺"列为与物质三要素并列的第四要素。第一个将人的能力作为人力资本进行明确阐述的古典经济学家亚当·斯密（Adam Smith）在《国富论》中说道："工人增进的熟练程度，可和便利劳动、节省劳动的机器和工具同样看做是社会上的资本。"① 首次将工人技能的增强视为经济进步和经济福利增长的基本源泉，并论证了人力资本投资和劳动者技能对个人收入及工资结构的影响。1930 年，欧文·费希尔（Irving Fisher）将资本定义为能够

---

　　① ［英］亚当·斯密：《国民财富的性质和原因的研究》，商务印书馆 1979 年版，第 23 页。

产生收入流的任何资产，积累的人类工作能力可以被视为与物质资本同样意义上的一种资产，尽管它不能被买卖（但可以租让），并且对于此种资本的投资经常涉及像教育一类的非市场活动。[①] 1957 年，明塞尔（Jacob Mincer）在《人力资本投资与个人收入分配》中，对人力资本与个人收入之间存在的联系进行了认真分析，在对有关收入分配和劳动力市场行为等问题进行分析的过程中开创了人力资本的研究方法。1960 年，在美国经济学年会上，经济学家舒尔茨（Theodore W. Schultz）发表了题为《论人力资本投资》的演讲，结合经济增长问题的分析，明确提出了人力资本概念，阐述了人力资本的内容及其对于经济增长的重要作用，被公认为是人力资本理论的诞生。1976 年，芝加哥大学出版社出版了《人类行为的经济分析》，贝克尔（Gary S. Becker）从其关于人类行为的一切方面均可诉诸经济学分析的方法论出发，将新古典经济学的基本工具应用于人力投资分析，提出了一套较为系统的人力资本理论框架。[②] 美国新经济增长理论代表人物保罗·罗默（P. Romer）和罗伯特·卢卡斯（R. Lucas）教授将人力资本引入经济增长模型，论证了技术进步是经济增长的内生因素，人力资本是经济持续增长的源泉，使人力资本理论发展到了一个全新的高度。

二、人力资本歧义

在人力资本理论发展的过程中，人们根据各自研究的需求，

[①] ［美］雅各布·明塞尔著，张凤林译：《人力资本研究》，中国经济出版社 2002 年版，第 3 页。

[②] ［美］雅各布·明塞尔著，张凤林译：《人力资本研究》，中国经济出版社 2002 年版，译者序第 2 页。

对人力资本概念进行了一次次的解释和说明，使其含义和适用范围产生了许多的歧义，从而使人力资本理论解释现实问题的能力受到禁锢。

所谓人力资本，指的是蕴含于人自身中的各种生产知识与技能存量的总和。① 人力资本理论与方法，就是运用现代经济学的基本分析工具（成本与收益分析，供给与需求分析等）研究人力资本生成与发展过程及人力资本发展对经济运行的影响。主要关注的是人力资源、个人收入和国民经济增长之间的关系，探讨的是人力资源投入和产出问题，与物质资本所反映的生产关系存在着本质的不同。因此，由于研究主体——人本身丰富的社会性，使人力资本研究远远超越了古典经济学研究的范畴。

首先，现代经济学理论认为，人力资本是指特定行为主体为增加未来效用或实现价值增值，通过有益投资活动而获得的具有异质性、边际收益递增性，并依附于人身上的知识、技术、信息、健康、道德、信誉和社会关系的总和。与劳动力范畴相比，人力资本具有人身依附性、异质性和边际收益递增等特征，② 是物质资本增值的工具，是经济增长的动力和手段。但这一理论在承认人力资本存在异质性的同时，忽略了人力资本在工作环境等条件骤然变动的情况下，由于与新的生产资料无法结合而出现"人力资本失效"，导致边际收益递增性不一定存在的矛盾。

其次，国内有学者认为，人力资本具有资本的各类特性。资本，不同于一般所接触的货币、生产资料或商品等实物，严格来

① John Eatwell, Murray Milgate, Peter Newman, *The New Palgrave：A Dictionary of Economics*, Vol. 2, The Macmillan Press Limited, 1987, P. 682.

② 姚树荣、张耀奇：《人力资本涵义特征论析》，载《上海经济研究》2001 年第 2 期。

说是种产权——是投资者获得利润收入以及为确保利润收入而拥有的权利。[1] 人力资本产权的各项权能，即人力资本所有权、占有权、使用权和支配权可以分属不同主体。在这种情况下，由于人力资本的所有者和支配者不相同，所以在人力资本进入市场交易后，原来完整的人力资本产权被分解为所有者产权与经营者产权，前者归人力资本载体所有，后者归企业所有，人力资源便成为人力资本。[2] 此类观点认为，明晰了人力资本产权，能使人力资本的成本与收益同人力资本的占有权者和使用权者等相关联，能提高各方面进行人力资本投资的积极性，提高经济增长速度。这一理论通过界定人力资本投资和收益的责、权、利，为人力资本的形成建立了一种激励模式，但并未解释不同教育培训过程所形成的人力资本在经济和社会发展过程中作用大相径庭的原因。

第三，有部分的学者认为，人力资本是一种客观存在的价值系统，对于不同的人力资本载体，人力资本存量水平有高低之分，但不存在是否具有人力资本属性一说。[3] 也就是说：在承认社会大多数民众都是人力资本所有者的前提下，根据人们所拥有的知识层次和创新能力的高低，大致可将人力资本所有者在相对意义上分成三等：高级人力资本、中级人力资本、低级人力资本。高级人力资本是指最稀缺的、具有管理创新才能的企业家和科技创新才能的科技专家等创新型人力资本。中级人力资本是指知识层次较高，但创新性较弱，执行程序性管理和技术开发的人力资本。

---

① 刘小腊、李鸣：《人力资产产权特征与企业制度变迁》，载《厦门大学学报》（哲社版）1998 年第 1 期。

② 丁建宇：《人力资本内涵概述》，载《人口与经济》2004 年第 10 期增刊。

③ 王毅敏等著：《人力资本范畴分析及现实思考》，载《中国人力资源开发》2003 年第 3 期。

低级人力资本是指知识层次较低，经过一定培训就能从事熟练工作的人。由于知识来源渠道的多样化和边干边学范畴的存在，使高、中、低人力资本之间在一定条件下可以转换。[①] 这一理论以大多数民众都是人力资本所有者为前提，肯定了人力资本存在的普遍性，但简单地以高、中、低三个等级划分人力资本，忽略了人力资本形成的过程和人力资本推动经济与社会发展的条件，缺乏解释同一人力资本在空间、时间和环境发生变动后所产生的效益发生巨大改变的深层次原因。有研究表明，在国际市场的大环境中，时间和空间的变换，将会导致原来处于平衡状态的人力资本发生变化。也就是说，一旦较为稳定的劳动力市场、制度环境、教育方式等社会均衡条件被打破，原有条件下形成的人力资本的效用将发生改变。[②]

第四，一些理论认为，劳动除了活劳动与物化劳动、简单劳动与复杂劳动的划分外，还可分为重复性劳动与创造性劳动。重复性劳动创造了价值，而创造性劳动则形成商品的剩余价值（其中创造性劳动包括技术创新和制度创新）。因此，创造性劳动才是人力资本的本质内涵。[③] 这一理论在肯定创造性劳动的积极作用的同时，否认了重复性劳动中的技术含量，妨碍了人力资本理论在经济社会各领域的运用。

第五，还有理论认为，一般民众只具有人力资产。人力资产是指人的劳动能力，是人体存在的生产某种使用价值时所运用的体力和智力的综合。人力资产若停留于市场之外则不是人力资

---

①　方竹兰：《论人力资本及其制度分析价值》，载《学术月刊》2002 年第 10 期。

②　Venkatesh Bala, Gerhard Sorger, *A Spatial – Temporal Model of Human Capital Accumulation*, Journal of Economic Theory 96, 153—179 (2001).

③　闫永琴：《对人力资本内涵的再认识》，载《经济问题》2004 年第 9 期。

本，归属是一元化的，只有当人力资产进入生产领域才能转化为人力资本，归属是多元化的。[1] 有部分学者甚至认为，人力资本通常只包括两类人：企业家和技术创新者或核心技术从业者。[2] 这种观点以偏概全，在否认大多数人拥有人力资本的同时，严重限制了人力资本理论在各个领域的运用。

三、人力资本分类

人力资本是与物质资本相对应的概念，由于人力资本是凝聚在劳动者身上的知识、技能及其所表现出来的能力，因此人力资本不仅存在于所有具有劳动能力的个体身上，而且由于个体所具有的知识类型不同、知识含量不同、个人就业的部门不同和个人学习运用知识的能力不同等原因，使人力资本的适用领域，以及对经济和社会发展的贡献各不相同。因此，根据人力资本存在的共性，从人力资本的基本属性进行分类，是合理进行人力资本配置，大力推进经济和社会发展的关键。

资产专用性是生产性资产的一种存在状态——如一件设备或一套专门知识——这种状态不允许将资产转移于其他用途。根据人力资本转移成本的大小和对企业的依赖程度，通常把人力资本分为通用型人力资本、准专用型人力资本和专用型人力资本。通用型人力资本一般指具有广泛应用和活动价值的能力和素质，其不只专用于某项任务或企业，在企业或部门间转移的成本较低。准专用型人力资本是指可以在不同企业的相同部门中使用的人力

---

① 张建琦，引自丁建宇《人力资本内涵概述》，载《人口与经济》2004 年第10 期增刊。

② 方竹兰：《论人力资本及其制度分析价值》，载《学术月刊》2002 年第10 期。

资本，专用于某项任务，具有一定的迁移性，但是转移成本相对较高。而专用型人力资本一般来讲，是指专用于某个企业的某个部门，而且一旦离开，其市场价值不大或者根本失去价值，因而转移成本相对较大。现代企业中的人力资本一般都具有很强的专用性，因此比货币资本更为稀缺。企业及其代理人是否进行人力资本投资，以及投资多少的关键取决于双方投资风险的大小以及收益的分配情况。①

人力资本的主体是人，丰富的社会性使凝聚在人个体上的各种能力具有丰富的个性，面对不同的生存环境和经济结构，人力资本对经济和社会发展的贡献各不一致。在二元经济结构和东西部发展差距的实情下，中国主流文化地区和少数民族文化地区经济与社会发展的道路特色不一。因此，在进行人力资本分类时，我们首先得考虑人力资本的产业结构区别，其次得考虑文化环境等因素，然后再进行深入的专业技术能力的划分（见图2－1－1）。

中国是人力资本存量相对匮乏的国家，如何根据人力资本的分类合理地进行人力资本配置，使之在经济增长和社会发展中最大可能地发挥效用，是理论研究和实践必须重视的问题。人力资本配置的不均衡，不仅造成高集聚领域人力资本的闲置和浪费，而且形成地区间差距的扩大、收入分配的不公和某些产业部门（如基础产业）的"瓶颈"障碍。② 因此，首先，根据不同地区经济和社会发展的需要，有计划地进行人力资本投资，从而使人力资本的供给尽可能地被社会需求所吸收，避免人力资本闲置和

---

① 张元阳、亓来华：《人力资本专用性对企业培训投资的影响》，载《经济师》2004年第10期。

② 刘军：《人力资本配置中效率与公平的协调性研究》，载《山东经济》2004年第9期。

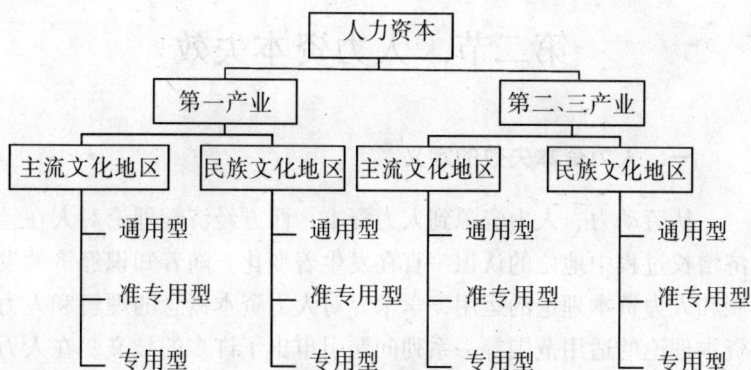

图2-1-1 人力资本分类图

贬值。其次，在人力资本配置的过程中，协调人力资本和物质资本的结构，使其与产业结构变迁的轨迹相重合，从而最大可能地促进经济和社会的发展。第三，有目的地进行人力资本的种类和数量在地区间的调配，并有计划地进行人力资本投资项目的更新和变迁。不仅实现在近期内，人力资本投资能产生足量符合经济社会发展需求的人力资本，而且随着时代的变迁，人力资本投资的目标和业已形成的人力资本能在较长的期间内，具有一定的适用性、弹性和高效性，能应对经济社会不断变迁所提出的新需求。从而在动态的过程中，实现人力资本投资与收益的良性循环发展。

第二节　人力资本失效

一、人力资本失效的定义

从劳动力、人力资源到人力资本，西方经济学理论对人在经济增长过程中地位的认识一直在发生着变化。随着知识经济的发展和人力资本理论的运用，学术界对人力资本概念的理解和人力资本理论的适用范围等一系列问题引申出了许多的歧义，在人力资本理论不断泛化的倾向下，用传统的人力资本理论解释现实问题时会遇到许多的困难。

西方新经济增长理论、人力资本理论和西方各国经济发展的实践证明，人力资本是西方发达国家和新兴工业化国家经济增长的内生性因素，人力资本投资和积累是经济保持持续增长的重要基础。因此，人力资本存量的多少直接关系着一个国家（或地区）经济和社会发展的前景。人力资本度量常用的方法有：劳动者报酬法、学历指数法、技术等级或职称等级法、教育成本法、人才与非技术劳动分解法和受教育年限法[①]（近年来，有学者使用劳动者报酬法进行人力资本投资的度量研究后发现，得到的统计结论与受教育年限法存在一定的相关性[②]）。由于前几种方法存在统计上的困难，目前国际上常用人口的平均受教育年限作为

---

① 王艾青、安立仁：《中国人力资本存量分析》，载《学术研究》2004 年第 9 期。

② Byeongju Jeong, *Measurement of human capital input across countries: a method based on the laborer's income*, Journal of Development Econoics, Vol. 67 (2002) 333—349.

人力资本存量的度量方法。也就是说，根据目前的国际统计标准，一个国家（或地区）人力资本的存量与其人口的受教育水平成正比，即人口受教育年限越长→人力资本的存量越高→对经济发展的贡献越大→个人收入的水平越高……许多学者认为，中国现有的人力资源数量庞大，但人口平均受教育年限较短，70%以上的人力资本属于基础人力资本，只有不到30%的人力资本为专业人力资本，低级劳动力大量过剩，不能适应技术含量日益提高的现代知识经济发展的需要。然而，在形成这样论述的同时，从上世纪90年代开始，中国便进入了一个人力资本理论的怪圈：一方面受过高等教育的大学毕业生就业越来越困难，另一方面受过专业技术培训的专门人才需求得不到满足。至2005年底的统计调查表明，中国大学生初次就业的平均期望月工资已低于1 000元人民币，而同期农民工的平均月收入已超过1 000元人民币。[①] 这一现象用简单的人力资本与受教育年限成正比的理论已很难解释，只有从深层次的人力资本属性进行分析，才能阐述受过多年教育培训的人力资本，在特定的条件下，出现"人力资本失效"的原因。

人力资本失效指的是由于产业结构断裂性调整、同质性人力资本数量过多、技术跳跃性进步、地区间的差异性变动与工作条件的突发性变动和社会文化、意识与观念限制等原因，造成的人力资本不能配置到与之属性相符合的生产部门，从而使人力资本的功能无法实现或低效率实现，在人力资本存量不低的情况下，形成人力资本大量闲置而经济和社会发展缺乏强劲推动力的情况。

---

① Jan P. Voon，*Measuring social returns to higher education investment in Hong Kong*：*production function approach*，Economics of Education Review 20（2001）503—510.

二、人力资本失效的表现

根据目前的经济社会发展现状，人力资本失效通常表现为以下一些方面。

第一，产业结构断裂性变动引起的人力资本失效。由于产业结构调整，大量集聚于第一产业的人力资本必须转向二、三产业，但由于原处于第一产业的人力资本所具有的劳动技能和知识的局限性，使其在产业结构转移的过程中出现了人力资本失效，从而只能进入二、三产业知识含量要求较低的部门，或者经过再培训才能形成符合产业需要的人力资本。同样，对于二、三产业人员向第一产业流动，或二、三产业间人员的流动，产业结构的变动过大，也不同程度地会发生人力资本失效。

第二，同质性的人力资本数量过大所引起的人力资本失效。目前中国现行的教育体制，使高等院校培养的大学毕业生大多是具有城镇化特征并符合主流文化地区需求的通用型的人力资本。同时，由于高校的逐年扩招，而所安排的专业（特别是所掌握的知识内容）变化不大，从而在全国范围内短时期造就了大量同质性的人力资本迅速超过了该类人力资本就业领域的吸纳能力（就业吸纳峰值），使人力资本效益随着人力资本存量的增加而递减，甚至出现失效。这类数量庞大的同质性人力资本在原有的就业领域溢出后，由于所具备知识和技能的局限性，使其转入经济和社会发展水平不同的地区和部门时，在就业观念、适用范围、工作技能等因素的影响下，将遇到许多现实性的困难，转移使用的难度较大而幅度较小（见图2-2-1）。

第三，技术跳跃性变化引起的人力资本失效。美国经济学家

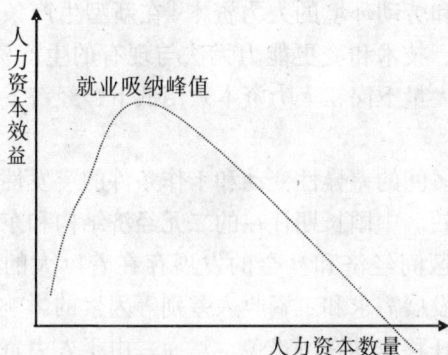

图2-2-1 人力资本数量与效益关系

加里·S. 贝克尔的人力资本投资模型①：用 E 衡量的人力资本（其增加量只影响工资率）。即每个人通过运用一部分自有时间和产品"在校学习"，以接受在职培训等方式生产自身的人力资本，这种资本的变化率等于其生产比率与储备折损率之差。

$Ui = \psi i\ (t, x)$，U 表示第 i 个时期的人力资本产出，t 与 x 分别表示时间投入与产品投入，于是：$Ei + 1 = Ei + Ui - dEi + 1$，这里，$Ei + 1$ 表示第 $i + 1$ 时期初始存量，d 表示一个时期的折损率。在模型中，贝克尔没有对折损率做进一步的分析，在折损率不大的条件下，得出了人力资本边际效益递增的结论。但是，如果从 i 到 $i + 1$ 时期，所使用的技术发生了跳跃性的变化，使模型中的 d 值无限增大，以至于 $Ei + 1$ 小于 Ei，甚至为负值，即原有的人力资本无法在新技术生产条件下使用或低效率使用——人力资本失效。中国东北老工业区的企业改制和转产，使许多习惯于

---

① ［美］加里·S. 贝克尔：《人类行为的经济分析》，上海三联书店、上海人民出版社1995年版，第148页。

原有生产条件和劳动环境的人力资本①在新型生产条件和管理模式下，其知识、技术和变更能力无法与现有的生产资料相结合，从而导致工人大量下岗，人力资本效用低下，经济发展受阻，社会矛盾严重。

第四，地区间的差异性变动和工作条件的突发性变动所引起的人力资本失效。中国长期存在的二元经济结构和东西部发展不均衡，使各地区间经济和社会的发展存在着巨大的差异性。同时，在各地区发展需求和工资收入差别等因素的影响下，人力资本在地区间的迁移流动在所难免。然而，由于人力资本本身属性的制约，面对巨大的城乡差别，以及经济和社会发展结构的差异，同一人力资本在不同地区所作出的贡献是完全不一致的。例如，在贫困的少数民族农村地区引入具有高尖端创新能力的产业技术人才，由于无法得到与之知识技术含量相匹配的工作和设备条件，人力资本的作用将大打折扣，对产业经济的推动能力锐减。同样，从海外引入的高科技人才同样也遇到了地域性差异的困扰，即使有关部门为科研技术人员配备了与其在国外生活工作时完全一致的工作设施，但是由于工作方法、工作理念和研究梯队的改变，使其工作的重心和流程发生了较大的变化，从而导致人力资本部分失效，工作效率有所降低。因此，迁移流动后的人力资本，面对全新的工作和生活环境，差异性的工作条件和合作对象，必须添加一定的地区性特质，才能真正融入地区经济和社会发展的潮流，实现人力资本应有的效益。

第五，社会文化、意识和观念限制引起的人力资本失效。人

---

① 此类人力资本具有在原有生产条件下所需的知识和技术含量，但与新型的生产和管理模式脱节而无法产生效益。

作为生活在现实社会中的个体，人力资本的社会性是不可忽略的一个部分。中国儒家文化几千年的传统，根据所受教育培训的方式和程度的不同，将社会性的人分成了三六九等，不同等级的人就业的领域和工作生活的方式等，在社会意识中形成了一种较为顽固的理念。因此，在传统意识的规范中，受过高等教育的"君子"不能从事"低下的职业"，即只能从事文案等"白领"工作，而不能从事一线产业技术人员等"蓝领"工作。同时，以职业为标准划定人的等级后，个体的人只能从低等级向上攀升才能得到社会的赞同，反之则受到社会的贬低，个人和家庭都不得不面对来自社会和内心深处的伦理观念压力。在这一文化、思想意识和观念的作用下，中国的人力资本投资方向受到意识形态的扭曲，在社会意识形态的压力下，教育部门很难全面地考虑当前经济社会发展的具体需求，而更多的是迎合社会文化、意识和观念的扭曲需求，使所产出的人力资本大多是适用于普遍观念中较高社会等级职业的通用型人力资本。然而目前的现实是这类同质性人力资本因为片面地集中于某些领域和地区，并且往往供大于求而被大量闲置，引致了一系列较为严重的社会问题。同时，社会意识将一些特定的工作领域定义为"低等级职业"，虽然被闲置的人力资本通过一定的技术培训、改造和更新就能较容易地进入这些领域，但由于社会意识中职业等级的屏障，无形中使人力资本的流动受阻。同时，主流文化地区和少数民族地区文化、价值观念和伦理意识的差异性，也在一定程度上影响了跨文化、跨地区人力资本效用的发挥。因此，社会文化意识和价值观念从人力资本投资、流通和使用三个环节间接地促进了人力资本的失效。

人力资本理论的发展在使我们明确了人力资本对经济和社会

发展巨大推进力的同时，更使我们了解了体现在一个个个体上的人力资本内涵的复杂性。生活在现实社会中的人，从出生的那一刻起，不论是生活的环境，还是受教育的内容，以及个人的接受能力和机遇都千差万别，这一系列复杂的因素造就了人力资本存在不可更改的异质性。面对现代社会高速发展的政治、经济、自然和文化环境，面对变化纷繁的科学技术和人文环境需求，人力资本投资不得不考虑无法与物质性生产要素相结合而导致失效的情况。因此，在进行投资的伊始，充分考虑每个地区、每个阶段、每种产业……人力资本需求的具体细节，从而尽可能地满足社会的实际需求。同时，从合理运用教育培训资源的立足点出发，有计划地进行人力资本投资和积累，这才是提高人力资本效率，避免人力资本失效，促进国民经济稳定发展的关键。

第三章　少数民族地区人力资本

第一节　少数民族地区人力资本现状分析

一、少数民族地区人力资本现状

　　人力资本开发的核心内容就是教育的发展问题。在根本上，一个地区人力资本的提升取决于地区内教育发展的规模和质量。因此，探究少数民族地区人力资本的问题，可以将该地区的教育发展状况作为研究的出发点。

　　中国自古以来就是一个多民族的国家，历代统治者均把发展少数民族教育视为统治少数民族地区的一项"怀柔"政策。尤其在明清两代，中央政府甚至将发展边疆少数民族地区的教育作为"治国安边"的一项政策，在一定程度上推动了少数民族地区教育的发展。但由于进行少数民族教育出发点的错误，教育的投入和产出从总体上来说还是杯水车薪，没有从根本上解决广大少数民族地区人口的受教育问题。民国以来，由于军阀混战、政局动荡、内忧外患，当时的政府无力顾及少数民族教育，使新中国成立前夕的少数民族教育普遍呈现出一片落寂的景象。首先，绝大多数少数民族地区没有建立起学校教育体系，中高等教育几乎是空白，全国没有一所正规的少数民族高等院校。其次，少数民族儿童入学率极低，一些地区学龄儿童的入学率仅有2%。第三，少数民族师资队伍薄弱，根据1952年的统计资料显示，全国少数民族专任教师接近7万人，仅占全国教师总数的3.7%。第四，少数民族人口中文盲率极高，据统计，在20世纪的三四十年代，全国有22个少数民族人口的文盲率均在95%以上。[①] 1950年的统计数据显示，在全国高等学校、中专和中小学在校生总数中，少数民族学生的比例分别为0.9%、0.4%和2%左右，远远低于同时期少数民族人口占全国6%的比例。[②]

新中国成立以后，中国政府高度重视少数民族地区教育事业的发展，采取了许多特殊优惠的政策和措施，帮助和扶持少数民族地区教育的发展，取得了令人瞩目的成就。2007年的统计数据显示，全国各级各类学校中少数民族学生在校生总数为2 174.55万人，小学少数民族在校生占总数的10.17%，初中少数民族在校生占总数的8.92%，高中少数民族在校生占总数的6.94%，中专少数民族在校生占总数的6.81%，普通本专科少数民族在校生占总数的6.12%。[③] 首先，基础教育发展迅速。至2007年，全国少数民族地区有普通小学63 658所，招生279.39万人，小学在校生人数达到1 645.02万人，专任教师89.1万人；有普通中学11 279所，招生375.77万人，在校生1 098.88万人，专任教师63.7万人。其次，少数民族人口的素质得到极大的提

① 王红曼：《论我国的民族教育政策及其成就》，载《民族教育研究》2002年第1期。

② 郭福昌、韦鹏飞、吴德刚等主编：《中国教育改革发展简论》，教育科学出版社1993年版，第340页。

③ 2007年统计数据，摘自教育部网。

高。少数民族地区每十万人口中，小学文化程度以上的人口比重迅速扩大，少数民族人口的成人文盲半文盲率下降幅度巨大，由1982年的44.45%，到1990年的30.83%，到2000年的14.63%。其三，少数民族教师队伍不断发展壮大。至2007年，全国普通高校中少数民族专任教师总数已达5.52万人，占全国专任教师总数的4.72%，全国中等职业学校少数民族专任教师2.93万人，占全国专任教师的4.47%，全国普通中专学校少数民族专任教师1.56万人，占全国专任教师的6.25%，全国普通高中少数民族专任教师9.31万人，占全国专任教师的6.45%，全国普通初中少数民族专任教师28.87万人，占全国专任教师的8.33%，小学少数民族专任教师57.79万人，占全国专任教师10.30%。至2007年，在全国各级各类学校的专任教师中，有少数民族专任教师109.41万人，比1999年增加了18.5万人。其四，少数民族地区中专、高中及高等教育在改革中稳步发展。2007年民族自治地方共有普通高等院校167所，比上年增加12所，招生35.89万人，在校本、专科生109.57万人，分别增长12.3%和12.8%。至2007年，全国职业高中和普通中专少数民族在校生分别27.19万人和53.20万人，分别占全国在校生总数的3.75%和6.81%。到2007年，全国共有独立设置的民族高中2 138所。同时，全国有民族学院16所，高等院校的少数民族学生达到1 641 208人，[①] 高等教育为各少数民族培养了大批的高级专门人才。

然而，面对纵向发展取得巨大成就的少数民族教育成果，在进行横向比较时我们猛然发现，改革开放以来，中国西部少数民

---

① 中国教育年鉴编辑部：《中国教育年鉴》（2008年），人民教育出版社。

族地区与东部沿海发达地区的差距依然存在。首先，从人口的科学素养水平来看，西部少数民族地区人口的科学素养水平远远低于东部地区。以云南省的统计数据为例，2001 年，公众科学素养调查数据仅为 0.31%，远低于全国平均的 1.4% 和东部地区的 2.3% 水平；2005 年，云南省公众科学素养调查数据提高至 0.89%，还是远低于全国平均水平和东部地区水平。按全国平均年 0.24% 的增长速度计算，达到全国平均水平需要 5 年时间，达到东部发达地区水平需要 9 年时间，而且云南全省 4 000 多万人口每年至少需要新增 11 万人达到具备基本科学素养的标准，才能保持现有的与全国的差距。① 由于公众的科学素养直接反映了地区内人力资本的质量和数量，因此得到了世界各国的重视。在世界发达国家中，美国于 1995 年便已达到 12%。其次，从各级各类教育的发展状况来看，根据 2004 年至 2008 年《中国统计年鉴》、《中国教育经费年鉴》的统计数据分析我们可以发现：从学前教育来看，西部地区幼儿园的园均规模大多高于全国平均水平，园均规模过大造成幼儿园布局过于集中，一方面加大了专任教师的教学负担，另一方面也造成学前教育发展不均衡和经济欠发达地区学前教育滞后的现象；从小学教育来看，西部地区由于校点过于分散，小学规模较小和基础设施较为薄弱，虽然在生均教育经费逐年增加而且增加幅度逐年扩大的有利条件下，许多学校的办学经费仍然较为紧张，发展较为缓慢，在很大程度上影响了西部地区小学毕业生的升学率；从普通初中教育来看，西部地区每十万人口拥有的普通初中在校生数大多低于全国平均水平，许多学校的办学经费和师资力量都较为紧张，"普九"工作的开

---

① 云南省科学技术协会和云南省统计局统计数据。

展较为困难；从高中教育来看，大部分西部地区高中学校的优质教育资源不足，学校的数量和规模都需要得到扩充；从职业中学来看，西部地区的生均预算内教育事业费、生均公用经费和每十万人拥有的在校生数都低于全国平均水平，中等专业学校和职业中学的发展迟缓，近年来甚至还呈现萎缩的现象，而且专业设置和教育内容过于僵化，无法满足地区经济社会发展对基础性人才的需求；从高等教育来看，西部地区高等教育的毛入学率、生均预算内教育事业费、生均公用经费、每十万人拥有的学校数和专任教师数大多低于全国平均水平，在高等教育大众化发展的今天，使西部少数民族地区处于相当不利的地位。

二、少数民族地区人力资本问题分析

根据 2001 年西部 10 省区与东部沿海地区 11 省市经济、教育、科学技术和文化卫生事业发展指标对比表（见表 3 - 1 - 1）的数据分析显示：与东部地区相比，西部少数民族地区的发展较为缓慢。从国内生产总值来看，东部沿海地区高达61 393.17亿元，西部地区则只有14 654.4亿元，前者是后者的 4.19 倍。东部沿海地区和西部地区国内生产总值分别占全国的 65.07% 和 15.53%。从财政收入来看，东部沿海地区 11 省市的总和高达5 005.80亿元，而中西部少数民族地区 10 省区的总和却只有1 058.81亿元，与东部沿海地区相差3 946.99亿元，仅是东部沿海地区的 21.15%，其总和尚不及广东一个省的财政收入。从高等院校数及在校学生数来看，全国共有高等学校1 225所，在校学生 719.07 万人。其中东部沿海地区有 548 所，在校学生 338.14 万人，而西部少数有 222 所，在校学生 106.2 万人。东部沿海地区高等院校数和在校学生数分别占全国的 44.73% 和 47.03%，是西部地区的 2.47 倍和 3.18 倍。通过对比

2001 年和 2007 年的统计数据（见表 3 - 1 - 2）发现，随着中国经济的快速增长，西部地区与东部沿海地区的经济发展水平和人力资本水平的差距在不断扩大。

表 3 - 1 - 1　　2001 年西部 10 省区与东部沿海地区 11 省市经济、教育、科学技术和文化卫生事业发展指标对比表①

	国内生产总值（GDP）（亿元）	财政收入（亿元）	高等院校数（个）/在校学生数（人）	国有企事业单位专业技术人员（人）	文化馆/公共图书馆/博物馆（个）	卫生机构人员数（万人）
辽宁	5 033.08	370.438 7	66/372 336	861 628	102/129/34	29.4
河北	5 577.78	283.502 3	63/350 518	955 477	166/146/43	28.0
北京	2 845.65	454.167 6	61/336 484	347 390	22/25/27	15.8
天津	1 840.10	163.635 0	33/153 998	268 957	18/31/14	8.2
山东	9 438.31	573.179 3	65/449 360	1 457 094	141/136/66	38.7
江苏	9 511.91	572.147 3	73/585 528	1 094 258	106/101/87	32.1
上海	4 950.84	609.471 9	45/279 966	357 431	43/32/21	14.1
浙江	6 748.15	500.694 8	39/293 078	635 185	86/83/69	20.2
福建	4 253.68	274.284 6	32/167 377	515 624	80/82/80	11.9
广东	10 647.71	1 160.512 6	62/381 926	1 079 642	118/129/140	33.0
海南	545.96	43.765 6	9/10 851	102 205	18/19/16	3.8
东部地区总和	61 393.17	5 005.799 7	548/3 381 422	7 674 891	900/913/597	235.2

---

① 任维德：《中国现代化进程中的民族发展：现状、特点和对策》，载《内蒙古大学学报》（人文社会科学版）2003 年第 5 期。

续表

	国内生产 总值（GDP） （亿元）	财政 收入 （亿元）	高等院校数 （个）/在校 学生数（人）	国有企事业 单位专业技 术人员（人）	文化馆/公共 图书馆/ 博物馆（个）	卫生机构 人员数 （万人）
内蒙古	1 545.79	99.431 3	20/99 613	416 932	104/108/27	13.2
宁夏	298.38	27.574 5	8/23 154	115 606	18/21/5	2.8
甘肃	1 072.51	69.948 5	25/110 898	357 019	83/90/64	9.6
青海	300.95	19.824 1	8/17 918	90 940	42/38/13	2.5
新疆	1 485.48	95.093 3	21/108 066	387 545	91/81/23	11.8
西藏	138.73	6.110 8	3/6 793	31 532	48/1/2	1.1
云南	2074.71	191.279 9	28/119 039	631 726	126/147/30	15.0
贵州	1 084.90	99.749 4	30/108 159	472 857	83/90/9	10.2
广西	2 231.19	178.670 6	30/151 604	663 716	98/94/40	15.9
四川	4 421.76	271.124 5	49/316 701	1 009 663	184/140/55	30.3
西部地 区总和	14 654.4	1 058.806 9	222/1 061 945	4 177 536	887/810/268	112.4
全国 总和	94 346.4	16 386.04	1 225/7 190 658	21 698 037	2 852/2 696/1 461	558.4

资料来源：国家统计局编《中国统计年鉴2002》，中国统计出版社2002年版。

表 3 – 1 – 2　2007 年西部省区与东部沿海 11 省市经济、教育、
科技和文化卫生事业发展指标比较表①

省份	地区生产总值（亿元）	财政收入（亿元）	高等院校数（所）/在校生数（万人）	国有企事业单位专业技术人员（万人）	文化馆/公共图书馆/博物馆（个）	卫生机构人员数（万人）
北京	9 353. 32	1 492. 64	79/57. 82	34. 01	801/1 307/1 128	18. 31
天津	5 050. 40	540. 44	46/37. 11	24. 76	612/1 074/728	8. 16
河北	13 709. 50	798. 12	88/93. 05	100. 46	1 951/1 662/1 432	28. 89
辽宁	11 023. 49	1 082. 69	79/77. 78	71. 55	1 684/2 933/1 622	27. 27
山东	25 965. 91	1 675. 40	110/144. 04	149. 42	2 373/2 640/1 915	40. 19
江苏	25 741. 15	2 237. 73	118/147. 23	99. 82	1 503/2 527/2 279	35. 57
上海	12 188. 85	2 074. 48	60/48. 49	33. 77	1 153/2 456/1 078	15. 58
浙江	18 780. 44	1 649. 50	73/77. 80	68. 88	1 469/2 332/1 872	27. 38
福建	9 249. 13	699. 46	72/50. 95	51. 95	652/1 078/993	11. 35
广东	31 084. 40	2 785. 80	109/111. 97	123. 48	1 512/3 512/2 681	45. 21

① 摘自国家统计局：《中国统计年鉴》（2008 年），中国统计出版社 2008 年版。

续表

省份	地区生产总值（亿元）	财政收入（亿元）	高等院校数（所）/在校生数（万人）	国有企事业单位专业技术人员（万人）	文化馆/公共图书馆/博物馆（个）	卫生机构人员数（万人）
海南	1 223.28	108.29	14/10.83	12.44	161/359/87	4.09
东部地区总和	163 369.87	15 144.55	848/857.07	718.59	13 871/21 880/15 815	262.00
内蒙古	6 091.12	492.36	37/28.41	48.61	1 323/1 735/885	12.61
广西	5 955.65	418.83	56/43.43	74.56	1 149/1 479/825	17.84
重庆	4122.51	442.70	38/41.37	37.37	736/760/984	10.36
四川	10 505.30	850.86	76/91.84	99.95	1 790/1 884/2 529	31.13
贵州	2 741.90	285.14	37/24.17	52.52	837/895/394	10.11
云南	4 741.30	486.71	51/31.11	65.99	1 536/2 086/619	14.94
西藏	324.19	20.14	6/2.68	4.24	92/65/121	1.01
陕西	5 465.79	475.24	76/77.65	61.98	1 872/1 768/3 536	17.77
甘肃	2 702.40	190.91	34/29.60	43.38	969/1 205/085	10.18

续表

省份	地区生产总值（亿元）	财政收入（亿元）	高等院校数（所）/在校生数（万人）	国有企事业单位专业技术人员（万人）	文化馆/公共图书馆/博物馆（个）	卫生机构人员数（万人）
青海	783.61	56.71	11/3.77	10.24	345/381/161	2.39
宁夏	889.20	80.03	13/6.24	11.75	321/494/160	3.06
新疆	3 523.16	285.86	32/21.64	41.11	1 043/971/335	12.76
西部地区总和	47 846.13	4 085.49	467/401.91	551.7	12 013/1 3724/11 634	144.16
全国总和	249 529.90	51 321.78	1 908/1 884.90	2 254.51	39 500/50 190/39 596	590.71

　　少数民族地区发展缓慢且发展不平衡的现实存在，是中国现代化进程中必须客观面对的现实。而少数民族地区经济发展水平与东部沿海汉族地区差距的不断加大，有历史、文化、交通和自然条件的原因，但更多的根源是来自于地区间人力资本存量的巨大差距，而造成地区内人力资本存量不足的主要原因，又是由于地区经济社会发展缓慢而导致地区教育投入的不足和对人力资本需求的疲软，这样的恶性循环，势必影响少数民族地区的长远发展。反贫困必须首先提升经济欠发达地区人口的人力资本，在贫困家庭无力为孩子提供最优的人力资本投资的情况下，要改变贫困的少数民族地区人口的生存状况，提升地区的人力资本则必须

以大量外部资金为支持的教育投入为前提。① 目前，少数民族地区进行人力资本投资的关键在于：首先，地区内人均收入较低，家庭承担教育投资的能力有限；其次，地区经济发展迟缓，地方财政较为困难，教育经费的增加较慢，学校教育体系的整个发展状况较之经济发达地区差距较大，培养高层次高质量人力资本的能力有限；第三，人力资本投资大而回报周期长的特性，超过了少数民族民众进行投资的经济和心理承受能力，进行人力资本投资的热情不高；第四，地区内传统的文化和价值理念对现代教育的认识程度不高，影响了民众对教育投资的态度。因此，解决少数民族地区人力资本存量不足的问题不仅需要更加有力的相关政策倾斜，还需要来自外界大量教育资金的注入，在促进地方教育发展的同时，为地方经济的发展奠定人才的基础。

第二节 少数民族地区人力资本投资

一、少数民族地区人力资本投资现状

人力资本开发是世界上很多国家经济发展的最重要经验。美国经济学家爱德华·丹尼逊（Edward F. Denison）的研究表明：1948 年至 1982 年间，美国的国内生产总值每年以 3.2% 的速度增长，其中 1/3 是由于美国劳动者教育水平的提高，约一半是由于技术更新及普及，这同样有赖于工人教育水平的提高，只有 15% 是由于增加了资源和设备。② 另据挪威 1900 年至 1955 年的

---

① Alejandro Gaviria, *Intergenerational mobility*, *sibling inequality and borrowing constraints*, Economics of Education Review 21 (2002) 331—340.

② 宋健：《现代科学技术基础知识》，科学出版社 1994 年版，第 58 页。

统计数据表明，固定资产投资每增加 1%，生产量就增长 0.2%；对于劳动者投资（即对普通人力投资），每增加 1%，生产量就增长 0.76%；而对教育投资（即提高人力的质量），每增加 1%，生产量就增长 1.8%。显然，人力资本不同于自然资源和物质资本等一般性的被动的生产要素，它是生产诸要素中最积极、最活跃的主动要素，对经济起着生产性作用，是促进国民收入持续增长的重要推动力。[①]

目前，中国许多少数民族地区民众的生活水平和生活质量层次依旧较低，由于经济基础薄弱、自然环境限制和人力资本不足等原因，地区内缺乏尽快提高的现实条件。云南大学的王彦斌等人，通过对云南省几个少数民族村寨的调查分析后认为，虽然被调查的各民族居住于不同的地理空间，各有自己的民族特点，但在诸多方面的现代化指标比较分析中却没有发现多少具有显著差异性的统计值，也就是说，所调查的民族之间的现代化指标具有较强的同质性。虽然调查样本的代表性还可以推敲，是否可以说民族发展的差异其实就是地区的差异还需进一步考察，但这极高的同质性仍能表明民族与地区间的现代化发展一致性程度非常高。[②] 因此，进行少数民族经济社会发展的研究时，可以简化分析的前提，凡是皆以地区为目标进行分析研究。

调查数据表明，目前贫困地区少数民族的人均收入无论从总体状况来看，还是从各地区的状况而言都不太好。地区内民众的绝大部分收入只能用来维持自己的基本生计。同时，调查也表

① 张利洁、赵泽斌：《试论西部少数民族地区的人力资源开发》，载《甘肃教育学院学报》2001 年第 4 期。

② 王彦斌、钱宁：《现代化过程中西部贫困地区少数民族的生活方式——对云南几个少数民族村寨的调查分析》，载《云南行政学院学报》2004 年第 2 期。

明，当今贫困地区少数民族的生活方式与其传统相比，虽然在适应现代化社会发展的方面已经或正在发生着某些方面的变化，但是这些变化大多是外力作用的结果，因为缺乏变化的内在动机，使得他们的生活观念及对生活目标的追求都缺乏明确的考虑，存在着对外部援助不同程度的依赖性，自立意识淡漠。按照20世纪八九十年代联合国教科文组织提出的发展观点认为，一个民族的发展，唯有走"内源发展"① 的道路才能使自己得到真正的可持续发展。该理论强调一个社会的发展应该是一个社会自己调动起内部的各种要素，使它们成为发展的动力，这样才能在发展的过程中，积极接受到那些有益的文化因素，促进自己的发展。因此，就整体而言，少数民族地区要得到真实意义的发展，存在的问题除了客观生存环境的限制，启动经济发展的资金和技术条件的缺乏以外（即资源性配置不平衡而产生的差异），更多的是人力资本的匮乏和人力资本效率的低下所引起的内源发展动力的缺失。

作为发展中国家，中国的经济发展，特别是人力资本发展状况，与发达国家相比还存在着较大的差距。自改革开放以来，沿海地区在各自的地理区位优势和政策优势的驱动下，经济实力得到了长足的增长。同时增长的地方税收，为地区内教育、医疗等方面的发展提供了较大的资金保证，地区内人力资本投资比例逐年增长，人力资本快速增加，地区内经济社会发展的前景令人乐观。然而，由于发展的不平衡，中国东西部地区经济社会差距越来越大，特别是少数民族地区在种种因素的制约下，人均 GDP

① 内源发展，是指由人自己并为自己来完成的发展过程。它意味着发展各国的民族文化，从而保持本民族的特性，保证其发展的真实性。引自阿卜杜勒·马利克等《发展的新战略》，中国对外翻译出版公司1999年版。

占有量、人均教育资源占有量和人均受教育年限大多低于全国平均水平，与经济发达地区相比更是存在巨大的差距。具有较高水平的教育基础设施、教育科研力量、师资和教育信息等都集中在东部及沿海汉族聚集的主流文化城镇地区，而少数民族大量集居的农村地区，人均 GDP 占有量和人均教育资源占有量相当低下，微薄的地方财政和受教育者家庭微薄的经济收入已无力面对教育发展所产生的巨大投资需求。①

少数民族地区教育投入（包括社会投入和私人投入）的不足和投资效率低下等原因，使少数民族地区学生与经济发达地区学生接受教育的起跑线并不一致。除了在高考时能得到少量的加分照顾和不多的民族预科定向名额以外，他们不得不在相同的考试中，与占有大量教育资源的城市学生进行竞争。在乍看公平的制度下，少数民族地区的学生能迈入高等院校校门的比例很低。把主张平等对待少数民族或种族的理由，建基于他们与其他人并无不同这样一种论点上，实际上是默认了事实上的不平等和证明不平等的待遇为正当。② 从人们存在着很大差异这一事实出发，我们便可认为，如果我们给予他们以平等的待遇，其结果就一定是他们在实际地位上的不平等。③

"教育机会均等"概念包括三种意义，第一种是"起点均

---

① 近两年来，国家对民族地区教育的直接投入和转移支付都逐年有所增加，但由于历史基础过于薄弱，教育基础设施的缺口还很大。另外，云南省正在实施的新型教改方案，在改革教师聘用制度的同时，造成了民族地区优秀教师进一步外流向教育资源相对优越的经济发达地区，师资的问题更加严重。

② ［英］弗里德利希·冯·哈耶克著，邓正来译：《自由秩序原理》（上），三联书店 2003 年版，第 103 页。

③ 转引自［英］弗里德利希·冯·哈耶克著，邓正来译：《自由秩序原理》（上），三联书店 2003 年版，第 104 页。

等"（包括就学机会及学校条件的均等），第二种是"过程均等"（包括教育内容及师生互动的均等），第三种是"结果均等"（包括学业成就、最终学历及教育对日后社会生活机会影响的均等）。[1]"教育机会均等"对于少数民族地区来说还存在着相当的距离，现实中教育资源的匮乏，教学内容的不合理，以及高校不菲的学费和毕业后信息缺失的低就业率，使少数民族学生家庭进行人力资本的投资困难重重。由于面对较低的人力资本投资回报率和较高的人力资本投资个人支付比，面对超过承受能力的巨额教育投资和遥远的投资回报，一些贫困的少数民族地区的学生往往采取一种消极的态度，即以低学习欲望、高辍学率、低学业水平、高返盲率，来应对国家极力推行普及义务教育的政策和措施，少数民族地区获取规模人力资本存量的前景并不令人乐观。因此，长期以来在"追求公平"的过程中一直被人们所忽视的教育公平与效率的互补性，应该得到充分的重视。在现行的教育体系中实现最佳的资源配置和效率水平，很可能要比目前正在实施的许多改革对实现公平目标的贡献都大。[2]而教育最佳效率的实现是少数民族地区人力资本存量和效率得以大幅提高的

---

[1] 综合参见 Coleman，J.，*The Concept of Equality of Educational Opportunity*，Harvard Educational Review，vol. 38，No. 1，1968. Oxford Review of Educational，Vol. 1，No. 1，P. 3—29，85—89，1975. Hallinan，M. T.，*Equality of Educational Opportunity*，Annual Review of Sociology，1988. Marjoribanks，K.，*Educational and Equality：A Review*，Oxford Review of Educational，Vol. 17，No. 2，1991. 见托尔斯顿·胡森著，张人杰译：《平等——学校和社会政策的目标》，摘自张人杰主编《国外教育社会学基本文选》，华东师范大学出版社 1989 年版。藤田英典：《教育机会》，摘自友田泰正编《教育社会学》，东信堂 1982 年日文版。

[2] ［美］西奥多·舒尔茨著，吴珠华译：《对人进行投资——人口质量经济学》，首都经济贸易大学出版社 2001 年版，第 100 页。

基础。

我国长期以来相对统一的教育体制使少数民族教育供给与主流文化地区一样，表现出升学偏好、重文化教育、轻技能培训和职业教育的状况。这样的人力资本是与少数民族地区经济发展的实际需求相脱离的。真正能够升入高等学府深造的只是少数民族受教育人口中很少的一部分，绝大多数都留在本地，成为当地经济建设的劳动者。由于这些人当中受过职业技术培训的比例相当低，更多的人对生产技术知之甚少，只有重复父辈们年复一年的耕作方式及生活习惯。这种低素质的人口状况一方面对少数民族地区农业产业结构的调整和剩余劳动力的转移作用甚微；另一方面还大量浪费了有限的教育资源，降低了民众对教育的信心。少数民族地区的现代化发展，除了应该具备一支高层次、高技能的科学技术人员以外，更多的是要拥有大量具有初、中级专业技术能力的基层劳动者。

二、少数民族地区人力资本投资的问题分析

现代化指的是"从 16 世纪至今人类社会发生的种种深刻的质变和量变"[1]，它标明了人类历史上"封建的中世纪的终结和资本主义纪元的开端"[2]。现代化是人类历史中一个仍然在继续着的社会变化过程，并随着时间的推移，现代化的内涵和外延将得到不断的扩展，从而使其概念不断被赋予新的社会意义。现代化进程是涉及人类社会中全部层面和领域的社会巨变，是传统社会向现代社会转变的过程，其中包括现代化实践中的物质层面

---

[1]　［美］塞缪尔·亨廷顿等著：《现代化理论与历史经验的再探讨》，上海译文出版社 1993 年版，第 26 页。

[2]　《马克思恩格斯选集》（第一卷），人民出版社 1972 年版，第 249 页。

（经济发展）、知识层面（科学技术水平）、制度层面（法律、行为规范及习俗等）、精神层面（伦理价值观念及心理态度等）等多个重要层面的转变，是一个涉及人类思想和行为所有领域变革的多层面的进程。现代化的特征是多方面的，但无论是经济特征还是社会特征都体现出现代理性的精神，符合现代人类社会理性发展的需要。人既是一切社会活动和变化的动力，又是一切社会活动和发展的终极目标，因此任何层面的现代化，最终都必须归结为人的现代化，即从传统人到现代人的转变。[①] 而人力资本概念的引入，量化了人在现代化社会发展中的具体作用，更加细致和强化了社会变迁进程中人的知识和技能的推动力。

由于历史发展的原因，中国少数民族地区自古以来长期处于汉族主流文化和经济的边缘地位，偏远的地理位置和独特的语言文化，使许多少数民族地区除了与主流文化地区进行少数的物资和人员交流以外，整个文化的发育、社会的构成和经济的程度都形成了与地区自然环境和人文风俗相协调的独特的地域性体系。新中国建立以来，为了全面提高全民族的生产生活水平，国家开展了大规模的民族识别工作，在进行民族调查的同时，为少数民族地区社会文化的传承与变迁提供了实证和理论依据。与此同时，为了使民众获得平等发展的机会，国家还将现代教育体制推广到了华夏大地的每一个角落。然而，由于少数民族地区自身存在的特殊性，让全民族获得平等受教育机会的初衷在实际的实施过程中常常无法得到完整的贯彻和落实，在经济和文化特殊性的制约下，少数民族地区群众无法获得充分的受教育机会，地区经

---

① 吕昭河：《制度变迁与人口发展——兼论当代中国人口发展的制度约束》，中国社会科学出版社 1999 年版，第 47—49 页。

济社会结构的现代化变迁不可避免地遭遇人力资本和物质资本缺乏的双重限制，民族发展的愿望难以快速实现。

首先，少数民族地区民众的现代化发展愿望与薄弱的经济基础的矛盾。处于现代化进程潮流中的中国少数民族地区，随着人口受教育水平的提高和科学技术的发展，少数民族地区民众对外界的认识不断深入，进行现代化发展的意识不断加强。然而历史和自然环境的原因，少数民族地区大多交通闭塞，传统农业社会的特征明显，经济基础较为薄弱，自身进行现代化变革的能力相当有限。同时，经济发展的不足，抑制了地区内财政收入和个人收入的提高，进行人力资本投资的能力有限，人力资本超越物质资本推动地区经济社会高速发展的愿望难以实现。因此，获得外界的经济和制度支持，大量培养地区发展所急需的人力资本，提高人力资本效率，是少数民族地区获得内源性发展动力的加速剂。

其次，多元文化背景下，少数民族地区现代化发展与传统文化习惯的矛盾。人是社会发展的主体，但同时，人又是在一定的文化系统中从事社会活动的文化承载者。通过一套文化制度或文化象征体系从事各种社会的和文化的创造活动，同时又作为这种制度的产物，受到制度的制约。[①]

因此，社会的发展和现代化的最核心问题，受制于一定价值观念、生活态度与技能（能力）、生活方式和各种外在的社会文化环境因素中的人的现代化问题。而且，现代社会的进程是人类社会进行理性发展的过程，它包括农业社会向工业社会的转变，

---

① 王彦斌、钱宁：《现代化过程中西部贫困地区少数民族的生活方式——对云南几个少数民族村寨的调查分析》，载《云南行政学院学报》2004年第2期。

农村社会向城市社会的转变，世俗社会向法理社会的转变等内容。然而，长期以来较为偏僻和险要的地理环境，使少数民族地区少与外界交往的同时，形成了一整套与地区内社会、文化、自然环境相适应的宗教文化体系，而建立在传统宗教文化体系之下的风俗习惯等社会行动，在地区内大多数人的维护下，很难达成追求经济效益最大化的共识。历史自然条件下形成的多元文化背景，使少数民族地区进行理性的现代化发展的阻力多元化，主要体现在民众进行人力资本投资的预期目标各不相同等方面。在维护本民族文化传承的同时获得现代化发展机遇的要求，使少数民族地区进行人力资本投资的终期目标与主流文化地区存在一定的差异性。因此，少数民族地区进行人力资本投资时必须摆脱常规模式的束缚，寻找非理性社会行动与理性主义的结合点，从而使所获得的人力资本确实符合地区性经济社会发展的需求。

第三节　少数民族地区人力资本投资的必要性

一、少数民族地区人力资本投资的实证分析

世界银行《1990年世界发展报告》从实证的角度明确地肯定了人力资本与经济增长的密切关系，人力资本投资将有助于提高劳动生产率，鼓励更多的实物投资，减少人口赡养负担，其中教育对人力资本形成的贡献最大。世界银行对发展中国家教育成本收益率进行计算后在《1989年世界发展报告》中指出，发展中国家教育的收益一般是很高的，教育不仅能够改善劳动技术，提高劳动生产率从而增加个人的收入，而且还可以改善人口的健

康和营养状况以及降低生育率，提高各部门的劳动生产率。在教育投资中，初等教育投资的社会效益率为最高，受过教育的农民有相当高的生产能力。如受过四年教育的农民种植的作物收成比没有受到教育的农民种植的作物收成高 13%。据世界银行测算，在依靠教育普及、知识扩展、技术等带来的人力资本提高而形成的全要素生产增长对经济增长贡献作用，发达国家为 49%，发展中国家为 31%。发展中国家的历史经验表明，与贫困作斗争的最佳方案莫过于对穷人进行人力资本投资。由健康投资和智力投资所构成的人力资本投资，是发展中国家改造传统经济，加快现代化进程的关键举措。[①] 因此，对于多民族国家中经济欠发达的少数民族地区而言，有效地巩固基础教育，不断加强职业技术教育，大力提高地区内人力资本存量是少数民族地区现代化进程的必由之路。

当然，在肯定学校教育对人力资本形成的贡献和人力资本对经济增长效用的同时，我们必须看到在少数民族地区进行公共学校教育还有利于地区内社会资本的形成和交易成本的降低。以色列的学者马克（Mark Gradstein）和莫色（Moshe Justman）通过模型研究认为，最早的现代公共教育体系建立于 18 世纪的普鲁士和奥匈帝国，虽然其源自宗教教育的基础之上，但在最初的办学目的之中，规范社会意识形态和价值理念、降低交易成本的意图已明显的存在。公共学校教育，一方面可以规范民众的行为方式和价值观念，另一方面还能为现代工业化进程提供必须的适用的规范型技术人才。二战以后，许多多民族发展中国家为了尽快

---

① 赵曦：《人力资本理论与反贫困问题研究》，载《改革与战略》1997 年第 4 期。

获得独立自主的国际地位，将公共学校教育与建立国家的重任联系在一起，开展统一标准的现代学校教育，在提高民众人力资本的同时，降低了潜在的种族冲突几率，促进了社会经济的高速发展。当然在一些非洲国家，由于长期存在的种族暴力冲突和民众的低信任关系，公共学校教育的发展并不成功。但总的来说，现代学校教育不仅通过加大人力资本存量而促进社会经济的发展，而且通过统一社会规范和提高社会凝聚力而提升社会资本存量，以达到减少寻租行为、降低交易成本和进一步刺激人力资本投资的目的。① 因此，进行少数民族地区人力资本投资不仅将有效地促进地区内经济的发展，而且将有助于促进各民族间的民族认同和加强民族团结，从而实现整个民族的和谐发展。

二、少数民族地区人力资本投资的现实意义

教育是人力资本开发的主要方式，其对经济的促进作用已成为共识。作为一种特殊的公共支出，教育投入对经济增长的贡献大大高于诸如资本品等其他要素投入对经济增长的贡献，尤其在知识经济的形态下，这种趋势就更加明显。因教育的支出而形成的人力资本对生产力的提高自20世纪五六十年代以来发挥了重要的作用，最为显著的事例莫过于教育在日本的现代化发展过程中所导致的巨大变化。1870年，日本的国民生产总值只有英国的13%，但到1950年，达到了英国的46%，至20世纪60年代末，超过了英国、德国，仅次于美国、苏联。1987年，日本的人均国民生产总值已高达19 642美元，至2001年，日本的人均国民生产总

---

① Mark Gradstein, Moshe Justman, *The Political Economy of Education——Human capital, social capital, and public schooling*, European Economic Review 44（2000）879—890.

值达 3.6 万美元，位于世界前列。日本经济发展过程中经历的两次飞跃都与高水平的教育发展有关。日本是一个物质资源相当匮乏的国家，早在 19 世纪中后叶，他们就从闭关锁国的教训和欧美国家迅速崛起的神话中悟出了依靠人力资本寻求发展的道理。日本前首相吉田茂在《激荡的百年史》一书中，总结日本明治维新后百年的发展历程时说："教育在现代化中发挥了主要作用，这大概可以说是日本现代化的最大特点。"日本经济的增长很大程度上得益于明治维新后颁布的各级学校令，在制度上建立起来的一套严整的学校体系和小学义务教育的普及，以及二战后学校教育秩序的迅速恢复和一系列大力发展各类教育的措施。长期以来，日本的教育投入一直保持在较高的水平，近 20 多年，日本的全国教育经费占 GDP 的比例基本处于 6% 以上水平，其中有的年份还高达 6.8%。正是由于政府在立法、资金投入和改革方面一直发挥着主导作用，使经济在人力资本的支持下创造了一个又一个的奇迹，而成为世界上屈指可数的经济发达大国。

人力资本一旦形成，即会以自己独特的方式前行。第一，人力资本投资将促进经济增长。教育和培训对经济增长的贡献早已为世人所重视，人力资本投资一方面能通过文化技术教育而促使经济增长的规模收益递增，另一方面还能通过思想道德教育而降低交易成本。第二，人力资本投资将提高个人的获利能力。即提高个人进行生产的工作能力和提高个人发现机会、抓住机会、最有效地使各种资源变成产出的配置能力。第三，人力资本投资能带来较高的投资回报率。人们投资于教育不仅可以满足当前的文化知识需求，而且还能在随后的若干年中带来远远超过投资的收益。因此，进行人力资本投资不仅能促进少数民族地区经济的快速增长，而且还将有利于地区内人口素质和生活水平的提高。

第四章 少数民族地区文化、经济环境下的学校教育

第一节 民族文化、文化认同与教育的关系分析[①]

目前，随着中国经济的高速稳定发展，一方面，在许多地区（包括西部少数民族地区和东部经济较发达地区）的许多部门都出现了专业技术人才短缺的现象；另一方面，由于多年的扩招，高校毕业生的数目一年比一年庞大。据不完全统计，时至 2005 年末，农民工（大部分只有初中文化程度）的月平均工资已达千元以上，而大学毕业生（包括本科生和专科生）初次就业的工资期望值已低于千元以下。有学者曾对 80 后的大学生与农民工的就业态度进行调查："你对毕业后第一份工作能够接受的最低月薪是多少？"回答可以接受 800 元的大学生为 41 人，占被调查的 13.9%，农民工 12 人，占 4.1%；可以接受 1 000 元—1 200 元的大学生为 125 人，占 43%，农民工 76 人，占 25.6%；可以接受 1300 元—1 500 元的大学生 67 人，占 22.8%，农民工

---

① 文中的文化认同概念与地方文化是在同一的认识层次提出的，如文化认同、文化冲突、文化差异性是对等的概念。因此，这一概念将贯穿始终，特别是在少数民族人力资本的特性分析上。

78 人，占 26.5%；可以接受 1 500 元—1 800 元的大学生 51 人，占 17.3%，农民工为 68 人，占 23%。可见，大学生的初次就业期望值非常低。① 虽说，二者在工作能力、工作经验和就业领域等方面存在不完全的可比性，但是，如此的收入状况有悖于人力资本理论关于工资收入主要与受教育程度成正比的论述，更有悖于人们进行人力资本投资——特别是高等教育投资的初衷。2005年，在昆明市一个废弃的厂房区内，出现了几名与众不同的拾荒者，他们衣着整洁、文质彬彬，却与其他典型的拾荒人员一起暂住在拆了一半的废弃建筑内。经探访得知，他们都是前一年毕业的大学生，由于不愿回自己出生的少数民族贫困地区，在大都市又一时未能找到合适的工作，渐渐囊中羞涩，只好暂住于此。与此同时，基于对云南大学、云南民族大学和云南师范大学等几所高校学生（主要是来自贫困少数民族地区的大学生）毕业后的就业期望调查表明，有高于 86% 的学生毕业后的第一就业方向是留在城镇工作，明确表示回乡愿望的寥寥无几。调查结果让人扼腕叹息的同时，更多的是一种对目前我国少数民族地区教育和教育结果的深思。当西南大部分地区还在为加强"普九"义务教育而努力的今天，从贫困少数民族地区走出来的大学生，可谓是凤毛麟角、天之骄子，对于他本人和家庭来说，都已付出了艰辛的汗水和巨大的代价。对于贫困地区来说，培养一个大学生的社会成本和家庭成本都可谓相当巨大。但是，大学生毕业后往往很难回归贫困的少数民族地区或者回乡后的能力发挥有限，形成了贫困地区人才支援经济发达地区的局面……同时，当深入到少

---

① 甄月桥、朱茹华：《"80 后"大学生与"80 后"农民工就业现象解读》，载《山西青年管理干部学院学报》，2009 年 5 月第 2 期第 22 卷。

数民族村寨对 20 岁左右的青年进行访谈调查时，我们发现目前少数民族农村青年人的受教育程度大部分均为初中毕业水平，这部分人掌握了一定的与外界进行交流的知识，在当地土地资源较为稀缺而地区经济发展迟缓的双重作用下，地区内就业不足，具有较为强烈的外出就业期望。[①]

日本著名的比较教育学者平塚益德认为，"教育在某种意义上可以比喻为一把具有双刃的剑"[②]。许多研究者也认为，在一些发展中国家里，普及教育已成为农村人口外流的主要原因。[③]同时，几乎所有的研究者都指出，发展中国家尽管有普及初等教育的目标，但从教育经费或学生人数增长率来看，优先发展的还是高等教育，而高等教育的发展，已经与大学毕业生不回本地工作之间建立了因果关系，大学在制造新的"特权阶层"和"国际英才"（指优秀的大学生外流）。[④] 更有学者研究非洲的正规教育后指出："非洲的正规教育是制造欠发展的工具与破坏文化特性的因素。"[⑤]

在多民族的国家中，文化变迁和社会发展的影响，使大部分

[①]　由于进入城市就业的技能和应对城市生活环境的能力较差，以及生活习惯等文化差异，少数民族农村青年在表现出强烈迁移流动愿望的同时，缺乏迁移流动的能力和信心。

[②]　转引自金世柏《日本人论日本教育——记日本著名教育家平塚益德的一席谈话》，载《外国教育动态》1981 年第 3 期。

[③]　米歇尔·德博韦：《教育与国家发展》，转引自张人杰《当代世界高等教育社会职能在理论上的重大变化》，载《华东师范大学学报》（教科版）1984 年第 2 期。

[④]　转引自张人杰《当代世界高等教育社会职能在理论上的重大变化》，载《华东师范大学学报》（教科版）1984 年第 2 期。

[⑤]　埃里克·雷马凯尔著，张人杰译：《非洲的正规教育：制造欠发展的工具与破坏文化特性的因素》，载《外国教育资料》1988 年第 4 期。

少数民族都得面对文化融合和文化认同的共同问题。由于少数民族在多民族国家中处于相对弱势的地位，其文化也就成了主流文化背景下的一种弱势文化，这种弱势在教育体系中表现得尤其明显。这不仅体现在少数民族基础教育中，由于语言障碍、民族文化传统与环境的差异造成了少数民族学生学业水平较低的状况，也使少数民族学生在高等教育的入学起点上，就处于文化理解和心理压力的弱势境地。同时，少数民族地区经济发展水平和文化的差异性也造成了少数民族教育发展的不均衡。全国 55 个少数民族中除了有朝鲜、满、达翰尔、锡伯等 9 个少数民族人口每万人中的大、中、小学等各种文化程度平均数超过全国平均水平外，许多少数民族地区的民族教育还处于初级阶段，这种发展的不平衡进一步加大了少数民族教育的复杂性。在文化冲突与融合的过程中，许多少数民族成员特别是接受了高等教育的少数民族学生的民族认同具有分化的倾向。一部分少数民族成员为了摆脱原有的经济社会地位和低教育成就的弱势，产生了强烈的向上流动的动机，积极地学习主流文化背景中强势民族的语言、文化和生活方式，并使自己尽可能地融入社会的主流文化，因此对自己本民族的文化产生了隔阂；另一部分少数民族成员则认为少数民族的弱势与不利地位与其少数民族身份有关，产生了自卑和消极的态度。然而，由于不同民族成员业已形成的刻板印象和身份差异观念，那些放弃自己的母文化而认同主流文化的成员，强势文化群体并不会积极地接纳他们，其结果是他们既不想认同自己的母体文化，同时又与主流文化之间存在着严重的隔膜，从而使他

们中的一部分人成为介于两种文化之间的"边缘人"。① 霍尔
(S. Hall) 在《隐藏的一面》中写道:"文化会渗透到神经系统
末梢。像微笑、皱眉头和眨眼睛这样的面部表情,说话的节奏、
站立、坐卧或看人的方式——我们所有的细微的、无意识的示意
动作——都各自具有文化特色。更重要的是,它们不是可以和它
们所表示的感情截然分开的纯粹肌肉动作,而是我们所称之为文
化的天地万物的共同阈下的一部分。"② 具有社会属性的人,在
成长的过程中,家庭的养育方式和周围环境的行为方式,已在其
内心的深处建立了一个整套的价值观念。③ 因此,如何在保持少
数民族传统文化与主流文化之间找到少数民族教育的契合点是一
个需要长期研究和探索的问题。国外的一些研究证明,由于每个
人生存的环境千差万别,相同的教育投资所产生的结果是各不相
同的。也就是说,人们通过教育获得人力资本,但通过人力资本
所获得的收益并不完全与教育投资的多少相关,也就不完全与其
所具有的经验和技能相关,很大程度上与其种族、性别、社会阶
层和生存的环境相关。④ 还有研究证明,许多人群(特别是女
性)所获得的劳动报酬并不与其本身所具有的人力资本成完全的

① 覃红霞:《冲突与融合:中国少数民族高等教育发展的思考》,载《贵州民族研究》2004 年第 3 期。

② [美] 凯·S. 希莫维茨:《美国公立中小学中的文化自尊与多元文化论》,载《比较教育研究》1994 年第 2 期。

③ Margaret M. Bubolz, *Family as source, user, and builder of social capital*, Journal of Socio‐Economics 30 (2001) 129—131.

④ Benson Honig, *What Determines success? Examining the human, financial, and social capital of Jamaican Microentrepreneurs*, Journal of Business Venturing 13, (1998) 371—394.

正比，而与其所处的社会环境对种族和性别的观念存在一定的关系。① 因此，对于经济欠发达的西部少数民族地区来说，教育结构的合理配置是地区人力资源开发的基础，更是影响地区经济发展和民族社会文化传承与变迁的关键因素。

一、文化生态环境视角下的少数民族地区教育

英国人类学家爱德华·B.泰勒（Edward B. Tylor）在其名著《原始文化》一书中首次完整地作了界定：文化是一个复杂的总体，包括知识、艺术、道德、法律、风俗以及人类在社会里所得到的一切能力与习惯。即文化是一个社会的成员所获得的知识、信仰、道德、习俗及其他能力的综合体。② 虽然人们对文化的定义不尽相同，但有一点却是共同的，即认为文化是为社会成员共同拥有的生活方式和为满足这些方式而共同创造的事物，以及基于这些方式而形成的心理和行为。每个民族都有自己特殊的文化。所谓民族文化就是一个民族在它自身的发展过程中创造的物质和制度方面的成果以及基于物质和制度之上的民族共同心理。由于文化的产生、维持和发展都要以人类成员为动力、载体和媒介，而人类成员又随着生态环境、生活方式和文化传统的不同而分属于不同的民族，所以任何文化首先都是民族文化。教育既是文化的一部分，又是特殊的高级文化载体。所以，教育的生命机

① Marta Elliott, Toby L. Parcel, *The Determinants of Young Women's Wages: Comparing the Effects of Individual and Occupational Labor Market Characteristics*, Social Science Research 25, 240—259 (1996); Junsen Zhang, Jie Zhang, Tianyou Li, *Gender bias and economic development in an endogenous growth model*, Journal of Development Economics, Vol. 59 (1999) 497—525.

② 覃光广、冯利、陈朴：《文化学辞典》，中央民族学院出版社1988年版，第599页。

制是文化产生和发展的不可或缺的因素和部分。文化与教育存在着千丝万缕的复杂关系，首先，教育是文化得以传承与整合的源泉。文化的积累、变迁和进步是教育得以发展的基础。其次，作为文化的一部分，教育的形式、内容和发展必须受到文化的性质、内容以及形式的作用和影响。因此，文化的价值倾向对教育有着举足轻重的影响作用。

文化生态学是研究文化与周围生态环境之间的相互作用的规律和机理的科学，文化生态学理论是研究少数民族地区文化与教育之间关系的基础理论。著名人类学家博厄斯（Boas）以人类统计学的客观方法代替传统解剖法，以大量调查资料论证了人并非完全由遗传决定，环境与教育有着极其重要的作用，因此教育必须重视儿童的文化背景。文化与教育是互为条件的，不同民族的文化对教育有不同的作用，不同的文化功能对人有不同的影响。[①] 因此，开展少数民族地区的教育工作，必须先进行民族差异比较，从而为各民族和地区提供最佳的教育选择和行之有效的教育发展战略目标。在教育人类学和文化生态环境理论的指导下，探讨各民族文化的宇宙观特征，区分不同文化中文化传递者和接受者在价值观、动机、认知、语言、自我概念形成等方面的差异，以及传递和接受方法的差异，在寻找人的发展和教育发展问题之间的联系过程中，提出补救或干预计划。人是教育活动的主体和客体，教育的发展离不开教育的生态环境，所以，教育必须与人所处的文化生态环境相协调。然而，在少数民族地区，文化价值的冲突往往成为教育文化生态环境失调的重要原因。在多民族的社会中，财产、地位、宗教、习俗等各异的不同群体，都

---

① 哈经雄、滕星：《民族教育学通论》，教育科学出版社 2001 年版，第 143 页。

有各自独特的文化价值选择，而文化生态系统各个组成因子在社会变迁中的不平衡性，将导致每个个体原有的文化价值与社会文化的变迁发生不同程度的冲突。这种冲突反映到学校教育中时，主要表现为对现代教育的接纳程度和传统与新兴教育理念的价值冲突。因此，在多民族地区文化冲突不可避免的情况下，提出完全平等的口号，将会导致事实上的不平等。目前，少数民族地区的经济发展水平大多处于整体较为落后的状况，地区内的教育设施、师资水平等众多方面与理想的平等教育之间存在很大的冲突。同时，处于非主流状态的少数民族文化价值观念在地区内存在很大的影响力，充满主流文化价值意识的现代学校教育体系进入地区后，不可避免地与当地的传统文化价值体系发生冲突，冲突的突出表现为少数民族地区学生对自己的学业水平缺乏信心，认为自己的学习成效低是由于天生愚钝，很少从多文化冲突的角度寻求解决问题的方法。同时，由于与主流文化的价值、态度、人生意义、道德取向等存在分歧，少数民族地区儿童在接受现代学校教育时，双重的价值取向使其难以形成一种清晰的发展目标，理想的缺失使儿童缺乏努力学习的动力。

宗教是一种特殊的文化现象，是人们在一定历史条件下，对人力所不能了解的支配世界的超自然力量的信仰和崇拜。在现代教育体系进入少数民族地区以前，当地的传统教育几乎为宗教教育所垄断。如藏传佛教地区传统的教育方式就是佛学教育，在几乎全民信教的基础上，寺院佛学教育所形成的较为完整的教育体系，使现代教育体系的推广遭到原有教育观念的抵制。云南傣族地区的佛教教育，在非强制的前提下，为每个男童都提供均等的教育机会，这一特殊性决定了傣族群众受佛教教育的广泛性，也同时加大了现代教育体系进入的难度。而伊斯兰教的经堂教育在将伊斯兰教的教义作为包罗万象的思想、政治和文化加以研究、教授和传播的同时，增强了民族的心理素质和民族认同感，并在一定程度上对具有主流文化特征的现代学校教育产生了一定的排斥。韦伯（Max Weber）认为，宗教的发展过程是从一个非理性的宗教向理性的宗教转变的过程。因此，随着现代经济社会的不断变迁，少数民族地区的教育发展，一方面应从民族传统的宗教教育母胎中寻求给养；另一方面又必须在历史的视野下最大限度地将宗教的消极影响限制在最小的范围内。①

哲学是研究世界观的学问，是对自然、社会、思维和发展规律的理论概括。少数民族民众的文化、政治和经济发展各方面无不受哲学世界观和方法论的指导。因此，一方面教育在传播着哲学的思想和理论；另一方面，哲学指导和规范着教育的制度、价值体系、教学方法和教育目标。少数民族地区独特的文化传统和生活方式形成了少数民族地区独特的教育思想和教育观念。由于各民族成长经历的不同，形成了具有巨大差异性的价值观体系，导致了不同民族具有不同的人格塑造理想，最终导致各民族的教育观千差万别。因此，发展少数民族教育，首先得深入了解该民族的价值观念，特别是教育观念，因地制宜地选择适合该民族价值观念的方法，循序渐进地引入现代教育体系，使民众在自愿的基础上，获取现代科学文化知识。针对教育观念的区别，我们可以将学校教育分为以下四个类别：首先，具有较高主流文化认同意识的少数民族地区。如云南省大理白族地区和丽江纳西族地区，此类地区对汉文化的认同程度较高，地方经济的发展程度和与外界交流的程度也较高，在接受外来文化和现代科学技术的过

---

① 哈经雄、滕星：《民族教育学通论》，教育科学出版社2001年版，第146页。

程中，不存在明显的价值观念冲突，因此，此类地区可以选择与汉族文化地区同步的教育方式，在增加部分少数民族传统语言和文化课程的基础上，大力推广现代教育体系。其次，具有强势传统宗教教育体系存在的少数民族地区。如藏族、傣族和伊斯兰教民族地区，由于原有文化对汉族主流文化存在一定的排斥性，民众接受现代教育的自觉性很弱，若是一味简单地强制民众送子女进入现代教育学校学习，不一定能得到当地民众的认可，使许多儿童缺乏学习的积极性，甚至还会导致当地民众对现代学校教育的敌对态度。因此，对于此类地区，应该在尊重当地民众宗教意愿的基础上，为学龄儿童提供可兼顾的学校教育方式，允许经堂教育的学童转学进入学校继续学习，也允许接受学校教育的孩子一定程度上了解经堂教育，并为接受过两种教育的学生都提供升入高层次教育部门学习的机会。并在经济社会文化变迁的过程中，最有效地为当地民众提供现代科技文化知识，使少数民族地区得到充分发展的机会。第三，主流文化认同程度较弱，具有强势的自我民族意识和价值观念的地区。如大小凉山彝族地区，该地区长期以来存在着相当明显的等级歧视观念：血缘身份先天就决定着人的价值；不同等级的人不能通婚，并且生活的地域也各不相同；受教育的权利只属于高等级贵族子弟；妇女和下层阶级子弟没有受教育的权利。由于该地区语言文化的独特性和地理位置的偏僻性，使该地区与外界的交流较少，经济发展水平较低。并在传统价值观念的影响下，地区内推广现代学校教育的难度很大。在语言文化冲突较大的影响下，学生的学业水平普遍偏低，学生缺乏学习信心。因此，针对这一地区，引进单一的现代学校教育方式和双语教学试点，很难影响民众业已形成的教育观念，在地区生计艰难的实际情况下，学校教育的发展难度较高。改变教育观念是解决该类地区学校教育发展难题的入口。只能通过大量教育资金的注入，为每一个学龄儿童提供方便优质的学校教育，同时组织人力和资金研究并编辑与原有各等级民众相关的传统语言文化教材，培养地区内较为统一的民族意识和民族共同发展愿望，在现代化发展的潮流中，使整体的民族文化和意识得到积极的变迁。第四，使各民族长期混居并已形成对其他民族文化价值体系具有较高接纳意识的地区。如云南省怒江、文山地区。历史发展的过程和地域的限制，使各民族在不断的交流与融合中形成了目前的大杂居小聚居状态，全国范围内已不存在由单一民族组成的县份。云南省怒江州居住着傈僳、怒、独龙、普米、藏、白、汉等 22 种民族，少数民族人口占总人口的 92.2%，居全国 30 个民族自治州之首。长期以来，多民族之间的和平共处已形成了对其他文化和价值观念较易认同的价值体系，在多民族之间共同的生产生活过程中，逐步建立了一种较为稳定的多元文化社会体系。虽说现代学校教育进入得较晚，但地区内大部分学生都具有较强的获得现代科学技术知识的愿望。地区内民众对汉族主流文化认同程度很高，较强的文化融合程度，使地区内的民众较容易接受外来的文化、宗教和意识形态。当然，这类地区的学校教育体系也不能完全照搬汉族主流文化地区的模式，而是要兼容多民族文化中的优势成分，发展"多元文化整合教育"。

民俗作为一种文化现象，是随着社会的产生而产生，并将随着社会的发展而发展，是一个国家或民族中广大人民所创造、享用和传承的生活文化。由于民俗的形成受到社会、经济、政治、宗教、心理、地域、语言等众多因素的影响和制约，已然存在的民俗不可避免地对教育产生一定的影响作用。在少数民族地区，民俗一方面具有民族历史教育的功能，另一方面具备对本民族儿童的启蒙益智功能和道德潜化功能。如今，物态化和观念化的民俗已融合在许多民族的日常生活之中，成为一个民族种族形态的标志，参与和影响着地区内社会文化的发展，制约着人们的行为习惯。民俗的种族性和地域性，也造成了当今许多接受过高等教育的人才进入少数民族地区最初阶段人力资本难以产生较高的效益。同时，在一定程度上限制了现代生活方式和科技知识的进入。因此，在重视民俗本身的教育功能的同时，如何发掘民俗中积极向上的因素，在将民俗作为文化旅游资源呈现给世人的同时，利用民俗的多功能性，将民俗的传承引入民族地区学校教育范围，使本民族的文化与现代教育得到协调的发展。

总之，少数民族地区有自己独特的生活环境、宗教观念、语言文字和人文背景，用全国统编的主要面向汉族学生的教材（即使经过少数民族语言翻译以后），内容未必适合少数民族学生的心理和文化背景。由于教材所蕴涵的知识系统和价值体系与少数民族地区的现有系统存着冲突，使少数民族教育难以取得应有的教育效果。中国少数民族教育的发展历程表明，少数民族学校教育在文化传播和延续方面并没有为具有独特人文背景的各民族学生提供其所需的文化生态环境，使学生在面对语言难题的同时，不得不在不同的心理观念和价值体系之间进行抉择，两难的学习环境使学生产生一定的心理负担，从而丧失学习信心，大部分学生通常表现出学业水平差的现象。因此，少数民族地区的学校教育在引入主流文化地区规范化和制度化的教育体制，节约教育成本的同时，应充分考虑少数民族地区文化的传统以及地区经济社会的独特发展历程，既关注新知识、新科学的传播，还要关照民族文化的传承，在民族文化得以发展的同时，民族地区的经济和社会得到现代化的变迁。

二、多元文化教育理论与地区经济社会发展

民族传统文化是特定民族在历史实践活动中创造和积淀的文明成果，是民族共同体生存和发展的重要条件。任何一个国家、一个民族的文化，在其发展过程中都要极力维护自己的民族传统，保持自身的文化特色，并且在具有文化认同性的同时，具有十分稳定和持久的传承性。民族文化存在着一定的对外适应性，随着现代经济社会的发展，地域与地域之间，民族与民族之间，不再可能处于完全封闭的独立状态，与其他地域和文化的交流在所难免，文化的渗透与融合始终不同程度地存在于各民族文化变迁的历程之中。因此，民族文化不仅是一个民族维系和传承本民族意识的载体，更是一个民族寻求发展的愿望的表现。

二战以后，随着生产国际化的发展，各国经济相互渗透、相互影响，世界经济一体化趋势加强。以生产力的高度发展，现代科学技术和方法的广泛使用为标志的物质状态，以及与其相适应的精神状态所构成的社会系统的现代化成为各民族发展的目标。然而，正如斯大林所说："每一个民族不论其大小，都有它自己本质上的特点，都有只属于该民族而为其他民族所没有的特性。这些特点便是每个民族对世界文化共同宝库的贡献，要补充了它、丰富了它。"① 面对千姿百态的各民族文化，经济社会的现代化发展并非要消除文化的差异性，而是以差异性为出发点，选择各自的优势，在多元文化背景下进行现代化的发展追求。

多元文化教育（Multicultural Education），一般是指在多民族国家或地区，为保障具有多种多民族文化背景者，特别是少数民

---

① 《斯大林全集》（下册），人民出版社1979年版，第507页。

族和移民子女，能够享有平等的教育机会并使他们独有的民族文化及其特点受到应有的尊重和发展而实施的教育。多元文化教育理论，是20世纪六七十年代，随着西方民族复兴运动而兴起的教育理论。以詹姆斯·林奇（James Lych）为代表的英国多元文化教育理论认为，多元文化教育就是在多民族的社会中，为满足各少数民族群体或个体在文化、意识、自我评价方面的需要而进行的一场教育改革运动，其目的是帮助所有不同文化的民族群体学会如何在多元文化社会中积极和谐地生活，保持群体间教育成就的均衡，以及在考虑各民族差异的基础上促进相互尊重和宽容。以日本九州大学异文化教育学会会长江渊一公为代表的日本多元文化理论认为，多元文化教育是在多民族国家中，对具有多种多样的文化和民族背景的青少年，特别是对少数民族与移民等处境较差的社会集团的子女们提供平等的教育机会，并在尊重其民族及文化特征的基础上实施教育。以民族教育家詹姆斯·A.班克斯（James A. Banks）为代表的美国多元文化理论认为，多元文化教育的根本目标是使本属于不同文化、人种、宗教和社会阶层的集团，学会保持和平与协调相互之间的关系而达到共生的教育形式。多元文化教育就是对学校工作做出重大改革，使多种群体的每个学生获得在学业上成功的平等机会，提高不同性别、不同民族和不同文化群体的学生及一些特殊学生的教育素质。这些改革指的是涉及全部学校或教育环境的体制改革过程，而不仅仅局限于课程改革。我国的多元文化教育主要是指多民族文化教育或少数民族教育，主要是从文化背景的大视角来研究民族教育的有关问题。[①]

---

① 哈经雄、滕星：《民族教育学通论》，教育科学出版社2001年版，第576页。

目前，世界各国的少数民族教育，一方面要适应主流社会的发展趋势，另一方面还要力图保持自己的地方性特点。在世界经济一体化趋势下，多元文化的传承与发展是现代少数民族教育不可回避的问题。以云南省的少数民族学校教育为例，在地区经济水平较低而居民收入主要用于生计的条件下，各级各类学校办学经费严重缺乏，师资力量有限，硬件设施不足等原因成为制约学校发展的瓶颈。在如此的现实条件下发展多元文化教育，生搬硬套主流文化地区成功的教育模式和教学理念是无法取得预期的成效的。费孝通先生对中华民族文化特征有着深刻独到的见解，"多元一体化"思路成为从各民族的特殊性出发，发展少数民族教育的重要理论。多元是指各兄弟民族各有其起源、形成、发展的历史，文化社会也各具特点且区别于其他民族；一体化是指各民族的发展相互关联、相互补充、相互依存，与整体不可分割的内在联系和共同的民族利益。这种一体化，集中表现在社会统一和整个中华民族的大团结，表现为共同争取与关心祖国的完整统一与繁荣富强……中华民族的一体是各兄弟民族的多元中包含着不可分割的整体性，而不是其中某个民族同化其他民族，更不是汉化……各民族的差异性与中华民族的共同发展是辩证统一的。[①] 因此，少数民族地区的多元文化教育，不仅仅是简单翻译汉文教科书的双语教学，更不是小学阶段低层次的少数民族语言和文化教育，而是以少数民族地区的长远发展为目标，为各民族孩子提供平等的受教育权利，使少数民族地区的学生在掌握顺利进入现代主流社会知识的同时，具有保持和发展本民族文化的能力，使教

---

① 费孝通：《中华民族研究新探索》，中国社会科学出版社 1991 年版，第406—424 页。

育真正地成为当地的经济社会发展所需人力资本的孵化器。

三、双语教学——少数民族教育中不可回避的难题

关于语言的本质，学术界有不同的观点。其中，最著名的是19世纪末20世纪初瑞士语言学家索绪尔（Ferdinang de Sussuer）的观点，他在《普通语言学教程》中提出，"语言是一种表达观念的符号系统"[①]——被作为语言的经典性定义而在学术界广泛使用。语言是人类区别于其他动物的重要标志。语言有两个方面的主要功能：一是交际和传递知识的功能；另一个是思维和记忆的功能。美国语言学家、人类学家萨丕尔（Edward Sapir）认为："语言是纯粹人为的、非本能的、凭借自觉地制造出来的符号系统来传达观念、情绪和愿望的方法（工具）。"[②]因此，可以把语言看做是人类传达思想、感情和愿望的交际工具。一般说来，人们通常把语言作为文化的一个重要组成部分。关于语言和文化的关系，学术界存在两种观点。一种是语言决定文化：萨丕尔—沃尔夫（Sapir—Wolff）假说。该理论认为，人们的生活不但在语言的影响之下，而且在某种程度上，语言还决定了人们的行为。使用不同语言的人具有不同的概念体系，也就具有不同的世界观、思维模式、行为规范和文化；另一种是语言反映文化论，该理论认为无论就广义或狭义的文化来说，语言都是表达文化的重要手段。[③]因此，无论是把语言看做是文化的一个组成部分，还是把语

---

① ［瑞士］费尔迪南·德·索绪尔著，高凯译：《普通语言学教程》，商务印书馆1985年版，第37页。

② ［美］爱德华·萨丕尔著，陆卓元译：《语言论》，商务印书馆1985年版，第7页。

③ 庄孔韶主编：《人类学通论》，山西教育出版社2002年版，第171—173页。

言看做是与文化同一层次的概念，语言和文化之间存在着非常强的相关关系是不可否认的。正因为如此，在少数民族聚居地区进行跨文化教育时，蕴藏在少数民族母语与汉语之间文化差别的必然性，使语言障碍成为进行少数民族教育不可逾越的障碍。而进行双语教学所存在的双语师资缺乏、办学经费紧张、教育出路狭窄、教材数量和质量不足、学生经济和学习负担加重等一系列困难，使双语教学成为少数民族教育中难以取舍、不可回避的问题。

在同一语言集团中，个体和个体具有很高的交际频率，而在不同的语言集团中，个体和个体的交际频率要低得多。在这种差异中，语言成为分水岭。同一语言集团中，任何一种创新像波浪一样迅速波及说该语言的每一个个体，而在语言的分水岭处，传播戛然而止。[①] 因此语言障碍的存在，一方面严重制约了少数民族群众与外界的交往，阻塞了少数民族地区与外界的信息、物质和人员沟通，限制了地区经济社会的发展；另一方面还加大了母语非主体民族语言民众学习现代科学文化技术的难度，降低了少数民族民众提高个人工作能力和改变社会地位的机会。所以，在现代社会，能否具有与外界熟练交流沟通的能力是少数民族民众获得知识和信息的关键，少数民族地区是否拥有足量的具有沟通能力的人力资本是地区经济社会稳定迅速发展的基础。以云南省为例可以看出，全省的国土面积为39.4万平方公里，其中平坝1 400个，总面积只有2.4万平方公里。山地占84%，高原丘陵占10%，河谷平地和坝区占6%，地形起伏巨大，地表切割严重。各民族的先民定居以后，碍于山川的险峻，与外界的交往相对稀少，交往半径不大，保留了自己鲜明的民族特性并形成了丰

---

① 陈保亚：《语言文化论》，云南大学出版社1993年版，第240页。

富的少数民族语言文化资源。① 作为一个多民族聚居的边疆省份，云南省目前人口在5 000人以上的世居少数民族有 25 个，民族种类居全国之冠。2000 年人口普查的数据显示，云南省少数民族人口共计1 413.5万，约占全省总人口数4 240.8万中的1/3。少数民族居住面积约占全省总面积的 70%，呈现一种大杂居、小聚居的状态。同时，云南省与周边缅甸、老挝和越南接壤，有 15 个少数民族跨境而居。在 25 个世居民族中，除回族、满族和水族已通用汉语外，其余 22 个少数民族共操 26 种语言（不包括未定族属的芒人、克木人等使用的语言），也就是说，有的民族还使用两种以上语言。根据语言的使用情况一般可以分为三类：母语型，以本民族语言为主要交际工具，人口约 700 万，② 多聚居于边疆和山区；兼语型，使用本民族语、汉语或其他民族语，多居住于民族杂居地区、集镇或交通要道；汉语型，本民族语言使用频率已经很低，汉语已成为主要的语言工具，多居住于汉语占绝对优势的杂居地区。从表 4－1－1 可以看出，云南省的各少数民族中操本民族单语、不通汉语的人口比例总体来说比较高，最低的达 27.85%（普米族），最高的达 85.99%（独龙族），操双语或转用其他民族语言的人口比例总体来说比较小。③

　① 《七彩乐土——云南民族大观》，云南人民出版社 2002 年版，第 10 页。
　② 徐忠祥、陶天麟、郭云龙：《双语教学是克服云南少数民族聚居区学生语言障碍的有效途径》，载《民族教育研究》2003 年第 2 期。
　③ 徐忠祥、陶天麟、郭云龙：《双语教学是克服云南少数民族聚居区学生语言障碍的有效途径》，载《民族教育研究》2003 年第 92 期。

表 4 - 1 - 1　云南省 15 个少数民族的语言使用情况①

民族	操本民族单语人数	占总人口比例%	操双语的人数	占总人口比例%	转其他语言的人数	占总人口比例%
哈尼族	649 024	61. 29	408 782	38. 61	1 000	0. 1
傣族	483 168	57. 55	316 628	37. 72	39 700	4. 73
白族	414 891	36. 64	615 333	54. 35	102 000	9. 01
傈僳族	384 058	79. 70	96 826	20. 09	1 000	0. 21
拉祜族	202 277	66. 48	89 981	29. 58	11 998	3. 94
佤族	198 466	66. 46	83 489	27. 96	16 656	5. 58
纳西族	110 465	43. 91	131 127	52. 12	10 000	3. 97
景颇族	60 979	65. 59	31 997	34. 41	0	0
布朗族	36 106	61. 75	17 215	29. 44	5 152	8. 81
阿昌族	10 060	49. 24	7 516	36. 78	2 857	13. 98
德昂族	7 132	58. 00	4 591	37. 33	574	4. 67
怒族	6 971	30. 45	4 525	19. 76	11 400	49. 79
普米族	6 749	27. 85	10 289	42. 45	7 200	29. 70
基诺族	5 836	48. 79	6 126	51. 21	0	0
独龙族	3 984	85. 99	649	14. 01	0	0

　　云南省少数民族聚居地区学前儿童不通或基本不通汉语的情况普遍存在。面对现代科学技术知识、信息和技能的传播主要都是以主体民族语言为载体这一事实，能够较为熟练地掌握汉语工

---

① 何俊芳：《中国少数民族双语研究：历史与现实》，中央民族大学出版社1998 年版，第 92 页。

具成为少数民族地区人口尽快实现现代化发展愿望的捷径。现代学校教育的实践给予了常用语非汉语的少数民族地区一个学习和掌握汉语的平台。但在现实的实践中，不论是进行纯汉语教学、纯民语教学、双语教学还是其他方式的语言教学尝试，都多多少少地遇到了各种的难题。在少数民族村寨的田野调查中发现，不通或基本不通汉语的学前儿童进入小学后，必然面对教学语言的选择。一般来说有三种选择：第一，完全顺应学生的语言能力，只使用民语教材和民语进行教学；或者使用汉文教材，用民语进行教学。但这种方式具有很大的局限性，虽有利于少数民族本民族语言文化的传承和民族意识的维护，但由于云南省少数民族语言在功能、通用范围和词汇量上存在较大的局限性，阻碍了学生扩大知识来源和与外界交往的能力，也就减少了地方获得现代化发展所需人力资本的机会。第二，漠视学生的语言障碍问题，只使用汉文教材和只使用汉语教学。这一方式使生活在母语环境中的少数民族儿童，背离熟悉的母语交际和思维方式，与原已习惯的文化环境相撕裂，重新建立新的价值观念和思维方式。这将增加儿童认知的困难而影响其学习的自信心，导致学业水平低下。第三，从民语入手，实施民汉双语教学，以民语为媒介，帮助学生掌握汉语，最后达到"民汉兼通"，成为少数民族地区特殊经济和文化环境中现代化发展的中坚力量。虽说双语教学在实践中也存在着许多不尽如人意的地方，过高的教学成本影响了教育的发展，但针对少数民族地区的发展不可能脱离外部世界而独立进行这一事实，少数民族民众要尽可能快捷地掌握现代科学知识和技能，双语教学成为少数民族教育中不可忽略的重要组成部分。因此，发展少数民族教育，首先必须根据地区内的人口的民语和汉语使用程度，以及地区内民众和财政的经济能力，因地制宜地设计最佳的双语教学方案，以不同地区的实际情况为基础，从幼儿园、小学、初中到中专分阶段地进行不同层次的双语教学，使少数民族学生在保持自己本民族语言文化的同时，能较为熟练地掌握汉语并以此作为自己学习和工作的工具。其次，在经济和人员所允许的范围内，最大可能地编印适合当地学生需求的民语教材。目前，许多民语教材其实只是汉语统编教材的翻版，很少反映少数民族的历史文化和风俗习惯，脱离了少数民族儿童的实际，因而难以引起感情的共鸣。加之少数民族儿童业已形成的文化价值观念、社会习惯、生活经验和心理因素等方面潜在的差距，增加了少数民族学生学习和理解汉语及汉语翻译教材的难度。让少数民族学生能使用与本民族文化价值观念相协调的教材进行学习，有效地减轻学生的学习负担，培养学生的学习积极性，从而实现提高学生综合学业水平的目的。其三，改革民族教育课程结构，增加民族文化内容。以民语教授一定数量的优秀的少数民族传统文化典籍，在加强少数民族文化传承的同时，改变少数民族受教育者处于被动文化适应状态的现象，树立其民族自豪感和学习信心，减少少数民族学生产生自卑和厌学心理的机会。其四，地区经济社会发展对人力资本的需求，要求双语教育真正成为少数民族地区群众与外部世界进行沟通、交流与合作的桥梁，而面向整个地区的不同年龄人口的免费或低价的学制，灵活的多层次双语教育是少数民族地区减少文盲率和返盲率，提高人力资本存量的有效途径。

第二节　少数民族地区经济发展和学校教育

一、少数民族地区产业结构

　　南京大学人口研究所的夏海勇和邢燕通过对江苏省苏南和苏北地区的实证比较研究发现，地区性经济发展水平的差异不仅表现在经济总量和人均经济指标上，还表现在产业结构差异上。改革开放以来，乡镇企业的发展和经济结构的调整，在加速苏南地区经济发展速度的同时加速了苏南地区产业结构高度化的进程，第一产业的比重逐步下降，第三产业的比重逐步上升。目前，苏南地区第二、三产业的发展，对劳动力的需求已由粗放型经营下的数量要求转向集约型质量要求，第一产业就业人口比重普遍低于30%；而苏北大部分的地区由于仍然处于传统农业社会向现代工业社会的过渡阶段，生产力水平不高，第一产业就业人口比重在50%左右。[①] 统计数据和实证分析发现，人均国内生产总值的大幅增长与第二、三产业的迅速发展有着密切的关系，而与第一产业发展的相关关系程度较低。一个地区的产业结构和劳动力人口的从业状况，在很大程度上影响着地方经济的发展水平。单一的产业结构和匮乏的资金投入，使许多地区的经济抵抗自然灾害和市场波动的能力很弱，在市场经济不断发展的今天，很容易就被抛弃在市场之外，经济增长缺乏动力，从而与经济发达地区的差距逐步扩大。

---

　　① 夏海勇、邢燕：《苏南苏北农村生育文化的比较研究》，载《全国生育文化理论与实践研讨会论文集》，中国人口出版社2003年版。

　　目前，我国少数民族地区的产业结构近年来虽有一定的发展，但第一产业所占的比重依旧很大，第二、三产业的发展水平还很低，地区财政赤字突出，经济状况不容乐观。从人员的从业情况来看，少数民族地区的二、三产业从业人口比例较低，第一产业受土地资源的限制产出有限，二、三产业从业不足必然导致民族地区经济发展迟缓，居民的收入增长缓慢。

　　少数民族聚居地区大都具有丰富的人文、矿藏等自然资源，如何不断加快地区内的产业结构升级，有计划可持续性地利用地方性资源，加速地区的经济社会发展是21世纪社会关注的焦点。然而，由于少数民族地区特殊的历史文化和经济背景，进行产业结构升级的难度较大。首先，地区内缺乏进行产业结构升级的物质资本注入，进行地方性经济活动的能力有限；其次，缺乏进行现代产业结构更新的技术和观念，发展的意识落后而行动迟缓；第三，最为重要的是缺乏推动地方产业结构更新的人力资本，即缺乏进行技术创新的高科技人才，缺乏创业的高层次管理人才，还大量缺乏进行产业结构升级的中低级层次专门技术人员和一般从业人员。同时，少数民族地区特殊的社会自然条件，使少数民族地区进行产业结构变迁时，必须考虑其现代化发展道路与主流社会发展途径的区别，也就必然需求大量具备地方性文化背景和专业知识的人力资本以推动经济社会的进步。在当前常规的教育模式下，少数民族地区经济社会发展所需的特殊人力资本需求很难得到满足，如何改善少数民族地区的教育资源结构配置，使地区发展得到足量的专业技术人才，使地区内的人口公平地得到教育的机会，使地区内的人才真正地沉淀到发展的各个领域，是开展少数民族地区学校教育的关键。

二、不同经济文化类型下的少数民族地区学校教育

在一定的文化环境中，每个人都遵守自己所属群体的规则、习俗和行为模式，并凝结出共同的社会价值目标，激励着该共同体成员对经济和社会作出自己的贡献。[①] 经济文化类型是指居住在相似的生态环境中，操持相同生计方式的各民族在历史上形成的具有共同经济和文化特点的综合体。[②] 民族的经济文化类型不同，对教育的需求和支持力度也各不相同。从人类教育实践的历史来看，各民族在不同发展阶段的教育是由当时的经济文化背景所决定的，并随着民族地区的经济、文化的发展而发展。因此，根据少数民族地区的经济文化类型发展民族教育，不失为一种使少数民族地区人力资本投资取得较高效益的方法。

纵观人类文明发展的历程，人类的经济文化类型一般可分为：采集渔猎经济文化类型、游牧经济文化类型、农业经济文化类型和现代化工农牧业类型。

一般来讲，采集渔猎的经济文化类型，是以分散的简单劳动、松散的社会组织以及相互适应的习俗和原始宗教为特征，生产力较低，经济水平难以维持相对独立的教育体系，其教育的形式在生活、劳动、自卫、习俗和宗教的传递过程中得到传承。游牧经济文化类型，是在广阔的领域中，通过畜牧活动来维持生计，虽说生产力得到一定的提高，但由于生产生活领域的扩大，人口较为分散，难以结成共同的社会综合体，对系统性教育的需求不高。因此，以上两类经济文化类型对学校教育产生了一定的

[①] 陈庆德：《资源配置与制度变迁——人类学视野中的多民族经济共生形态》，云南大学出版社 2001 年版，第 22 页。

[②] 林耀华主编：《民族学通论》，中央民族学院出版社 1990 年版，第 87 页。

负面影响。首先，人口密度过低，对学校教育的需求不足；其次，生产力水平较低，地区和家庭进行人力资本投资的能力较弱；其三，目前的生产生活活动与学校教育的内容不一致，以及学生的升学能力和升学愿望较弱，人力资本投资的回报率过低；其四，迁移性的生产生活方式与较为固定的学校教育方式相冲突，使学生接受学校教育的难度较高。

农业经济文化类型是人类文明发展的重要阶段，人口以一定的文化环境区域形成较为集中的生产生活群体，工商业得到一定的发展，社会组织较为严密，生产力水平得到极大提高，物质环境条件和社会需求两方面促进了地区的人力资本投资。但由于各地区各民族的经济社会发展程度参差不齐，生产力水平高低不均，使各地区对教育的需求和支持力度各异，因此在统一规范的教育体制下，单一的教学模式、教育理念和教学内容，很难使各地区各民族多样性教育需求得到满足，人力资本投资的效率相差甚大。与此同时，人力资本的不足正成为农业经济文化类型向现代化的经济文化类型过渡的瓶颈。目前，云南省的经济文化类型以农业经济文化类型为主，并且分属于山地雨林混合农业和犁耕农业两个类型。

现代化的工农牧业综合经济文化类型是当今世界上经济较发达地区的主流经济文化类型，其特点是以较高的生产力作为经济社会发展的基础，生产方式已经完成或正在进行由劳动力密集型向技术密集型的过渡，第一产业人口大量减少，第二、三产业人口骤增，城镇化水平较高，经济基础较为雄厚。在这一经济文化类型中，较强的经济实力和较高的人口密度成为发展现代学校教育的基础，在国际化、规范化和高科技化教育理念的支持下，主流文化地区的学校教育体系得到空前的发展，规范高效的学校教育体制为现代经济社会的发展提供了大量适用型的人力资本，更有效地推动整个经济社会的进程。然而，目前中国中西部少数民族地区第二、三产业占国内生产总值的比重一直相对偏低。从东西部地区的国民经济与社会发展主要指标来看，2007年，西部第一产业占全国国内生产总值的比重相对于中部略高，比重为26.68%（中部地区地为26.6%），东部地区为36.7%。第二产业和第三产业占全国国内生产总值的比重过低，分别为16.0%和16.60%，而中部地区分别为18.6%和17.2%，东部地区则是56.7%和58.4%。[①] 许多地区尚处于传统产业结构向现代产业结构转换的初期，产业结构极不合理且缺乏在现代经济活动中的竞争实力，在制约地区经济增长的同时，更影响了少数民族地区经济社会的发展。而此时，在主流文化体系和经济基础环境中所形成的学校教育体系，一旦进入具有多元文化体系的经济基础薄弱的农业经济文化地区，其优势和发展潜力将不复存在，取而代之的是文化的冲突，人力资本产出与需求的矛盾，使少数民族多元文化地区不得不面对人力资本投资不足而人力资本需求旺盛的两难境地。

---

① 国家统计局：《中国统计年鉴》（2008年），中国统计出版社2008年版，第50页。

第五章　制度环境与少数民族地区经济社会结构变迁

第一节　制度变迁的概念与理论

一、制度的概念

在不同的社会条件下，人类行为准则的价值基础是各不相同的。然而在任何社会环境条件下，人类行为活动都将限制在特定的行为准则之内。也就是说，制度与具有一定社会组织结构的人类群体同时出现，并随着人类社会的发展而变迁。

制度是支配人类行为和形成一定社会关系的规范和准则。经济学家舒尔茨（Schultz, T. W.）认为，制度是一种行为规则，这些规则涉及社会、政治及经济行为。[①] 约翰·康芒斯（John Rogers Commons）在其《制度经济学》一书中认为，制度就是集体行动对个人行动的控制。从个人行为的角度来看，集体行为对个人行为不仅仅是一种约束或控制，也不仅是对个体行动的抑制

---

① ［美］R. 科斯等：《财产权利与制度变迁》，上海三联书店、上海人民出版社 1994 年版，第 253 页。

和解放，而且还是个体意志的扩张，扩张到远远超过自己微弱的行为所能做到的范围。因此，制度的含义可以延伸为集体行为抑制、解决和扩张个体行动。①

制度要素的产生，为社会的共同价值标准、交换行为规范、组织原则以及知识技能等人类发展的创造物提供了一个基本的世代承续的社会机制，保存了人们的交换行为和关系的模式，并且通过使价值共意合法化和固定化，扩大了社会交换的范围，保证了人们社会角色规范的有效性。因此，制度要素具有以下几点性质：第一，制度并非任何外力的强加，而是直接深深扎根于现实的经济社会过程；第二，制度既然是社会价值标准的物化体现，其生存的根本性基础就在于它在何种程度上获得了社会赞同；第三，制度是以社会的同一性对所有参与者实施关系调整的规范和力量，它在促进社会一体化的同时，带来了社会的分化，因此，同时生而具有趋向一致性和趋向不平衡的张力；第四，制度过程的主流，是现存经济社会关系的合法化过程。因此，制度要素把人类社会行为的价值取向和动机力量综合为一体后，保证了人类发展中社会的同一性、连续性和认可性，决定了一个群体对自身同其自然和社会环境的区分方式，并调整着社会所有成员的关系。制度作为人类文化存在的中介系统，直接发源于人类发展有序化的内在要求，从而在人类经济社会的发展和变革中，占据了一个突出的重要位置。②

我国的民族法制是社会主义民主制度化、法律化在民族关系方面的具体体现，是党和国家为调整我国的民族关系，解决民族

---

① ［美］约翰·康芒斯：《制度经济学》，商务印书馆1962年版，第91—92页。
② 陈庆德：《资源配置与制度变迁——人类学视野中的多民族经济共生形态》，云南大学出版社2001年版，第34—58页。

问题而制定的一系列的原则和制度。民族法制是少数民族地区社会主义民主建设的重要保障，是调整民族关系，维护民族团结，巩固国家统一的重要手段；是加速民族地区改革开放，进行经济建设的有力保障；是民族地区科学技术、文化教育和精神文明建设的重要保障。[①] 中国民族区域自治实践是为了最大限度地满足各少数民族平等自治，自主管理本民族、本地区的内部事务，并加强各民族之间的团结，改善民族关系，促进少数民族地区的经济文化建设和社会发展。

21 世纪，少数民族地区经济社会的快速发展必须以一定的法律制度为依托，而经济社会发展的基本元素——人力资本的提高，又必须以适当的教育制度为保障。少数民族地区特殊的社会文化背景，使地区的科学技术事业发展对人力资本的需求与主流文化地区存在一定的差异性，这一差异性的需求为少数民族地区的教育制度提供了多样性的可能。因此，少数民族教育的特殊性和多样性不仅关系着少数民族地区经济的增长，从长远意义上来看，还关系着各民族的共同繁荣和平等发展的问题。

二、制度作用分析

制度对人类行为的功能和作用是多方面的，按照其功能的基本性质划分，可以归纳为三个方面，即制度对人类行为的约束功能、扩展功能和激励功能。约束功能指的是通过限制人类行为的活动范围，制止违规行为和保护合理合法行为，以达到稳定社会秩序、规范人类行为的目的；扩展功能指的是通过扩

---

① 图道多吉主编：《中国民族理论与实践》，山西教育出版社 2003 年版，第176—180 页。

张个人的活动范围、提高个人的活动能力，增加人类行为的理性和减弱行为的不确定性，从而实现降低人类行为的交易成本，提高规模效益，增加比较利益的目的；激励功能指的是通过激励机制，提供新的利益源，并增加获利机会，以完成增加社会总收益，达成新的利益均衡的目标。从理论上讲，制度分析是方法上的集体主义。人类是以群体的方式而存在的，人类行为反映的是人的总体上的特征。因此，在制度理论中，人们主要强调制度对人类行为的约束性。制度是个人行为的社会控制形式，社会控制的目的旨在约束和指导人们的行为以维持整个社会的秩序和稳定。秩序和稳定是一个社会存在与发展的基本条件，基于这一目的，社会要求人们服从一种规范的行为规则，这种行为规则无论是正式的（如法律等），还是非正式的（如习俗等）都力图把人们的行为约束和控制在社会可接受的范围内。而制度对个人行为的扩展功能往往被忽视，由于约束与扩展本身在作用的方向上具有相悖的关系，因此在人们过度关注制度作用中的约束力及控制能力的同时，扩展与约束很难得到均衡。社会生活中的个人，如借助于一定的制度条件，就可以涉猎单独个体根本无法达到的活动领域和范围。因此，适当的制度设置，可以为具有独特个性的每一个体提供延长的手臂和扩充的脑力。制度化的行为模式可以减弱行为的不确定性，提高了个体的理性判断和选择能力，使个体获得超出其能力之上的额外收益。制度对个人行为的激励功能，实际上是指制度能够给个人选择提供新的机会和利益。新的制度关系可以把社会导入具有较高生产效益、更公平的社会分配、更多的利益机会和经济优势的价值目标中，并由此实现社会总收益的增加和新的利益均衡。总之，制度所界定的个人行为的选择集的内涵是非常丰富的。一方面，制度把个人行为约束在可容许的范围内，个人的活动和选择不能漫无边际，每一种既定的制度设置都客观地限定了个人活动的最大可能性边界；另一方面，制度提供的社会活动规范及资源潜力远比单独个人所能达到的要大，借助于社会理性（在一个较大的社会范围内拥有更多的信息、资源所构成的价值判断能力），个人可以实现超出自身能力的目标；再一方面，制度可以为社会中的个人或集团提供新的利益选择集，并在新的生产可能性边界上实现新的社会效益点。制度的功能和作用的本质关系就是秩序与效率。前者表示制度在社会中的一种静态关系，因而容易成为一种僵化的设置；后者表示制度在社会中的动态关系，它以创新和变迁来适应社会变化了的需求。① 在发展中国家，由于劳动力市场发育得不够完善，不断积累的劳动力市场扭曲将对经济的发展产生间断性的负面的影响，而此时，政府有效制度的介入将是高效改善劳动力市场环境，促进经济协调发展的关键因素。② 目前，我国教育制度的设置更多的是停留在静态的秩序层面上，更多关注的是全国范围内的制度的稳定和统一，没有给予具有不同个性的地区和民族以充分的个性化关怀，使教育制度维系整个学校教育体系稳定发展的同时，缺乏扩展地区独特发展潜力和激励各地区创新能力的机制，使教育制度在一些地区，特别是少数民族贫困地区的推行遇到了许多特殊的困难，教育发展的速度、力度和深度在一定程度上受到抑制。

---

① 吕昭河：《制度变迁与人口发展——兼论当代中国人口发展的制度约束》，中国社会科学出版社 1999 年版，第 88—92 页。

② Pehr – Johan Norback, *Cumulative effects of labor market distortions in a developing country*, Journal of Development Economics, Vol. 65 (2002) 135—152.

　　虽然教育从整体上讲是准公共产品，但并不意味着各类教育拥有此属性的程度完全一致。实际上各级各类教育的性质存在着很大的差异，它们在受益外在性和排他性上表现各异。从小学、初中、高中、大学到成人教育和职业教育，它们在受益外在性方面逐渐减小，在消费排他性方面则逐渐增大。从低层次教育到高层次教育，从普通教育到成人教育和职业教育，人们受教育的目的性逐渐加强，受教育的机会则越来越少，竞争日趋激烈。所以，按这样的顺序排列，教育的公共产品属性逐步减少，私人产品属性逐渐增强。也就是说，教育的层次越低，其公共产品的属性越强。基础教育（义务教育）从法律角度来看，应该是一种公共产品。按照义务教育法的规定，义务教育是一种强制性教育，每一个适龄儿童都有接受义务教育的权利和义务。学生家庭不得以任何理由阻碍子女接受义务教育，政府应该为每一名适龄儿童提供免费的义务教育。义务教育的供给和需求的调节不应该通过市场，而应该由政府调节。义务教育的资源应该由政府来进行配置，经费投入需纳入财政供给范围之内，否则，义务教育就不成其为公共产品，基础教育发展就缺乏必要的资金保障。

　　基础教育属于纯公共产品的属性，决定了政府应承担起基础教育经费的职责。我国长期以来，基础教育实行国家办学、中央集权、财政单一供给的管理模式。这与我国政治经济长期高度集中统一的体制是相吻合的，在一定程度上保证了经济基础较为薄弱的少数民族农村地区教育发展的需要，在新中国成立后的短短数年间，培养了大量的少数民族干部，部分缓减了少数民族地区的经济社会发展与人力资本严重短缺二者之间的矛盾。20世纪80年代以来，随着财政经济体制的变革，我国基础教育的管理体制也随之发生变化。1985年中央在总结各地经验的基础上，做出了《关于教育体制改革的决定》，明确规定把义务教育，即发展基础教育的责任交给地方，实行中央领导、地方负责、分级管理的新体制。1986 年颁布的《中华人民共和国义务教育法》用法律的形式正式确定了义务教育这一新的管理体制。《义务教育法实施细则》第五条规定："实施义务教育，城市以市或者市辖区为单位组织进行；农村以县为单位组织进行，并落实到乡（镇）。"第二十八条规定："地方各级人民政府设置的实施义务教育学校的事业费和基本建设投资，由各级地方人民政府负责筹措。中央和地方财政视具体情况，对经济困难地区和少数民族聚居地区实施义务教育给予适当补助。"这些规定，基本上解脱了中央政府的义务教育财政责任。省、地（市）、县级政府在制定本地区义务教育实施条例或办法时，也都纷纷效仿中央，最后将责任下推到乡级政府，结果是义务教育财政责任基层化。1985 年后基础教育实行的这种财政分权改革，客观上导致了基础教育的不公平发展。首先，对经济欠发达地区具有不公平的倾向。作为一个城乡间和地区间发展极不平衡的发展中国家，中国东西部不同地区的地方政府，特别是基层地方政府的财政能力差距非常巨大，因此提供义务教育经费的能力也很不平衡，将义务教育的财政责任安排给基层政府，意味着各地义务教育阶段学生所能获得的财政资源存在着巨大的差异性，从而客观上导致了贫困地区，特别是少数民族贫困地区的学生和学校难以获得必需的政府财政资源。有关法规虽然提到了对经济困难地区和少数民族地区给予适当补助，但没有做具体的制度安排，实际补助实施起来难度很大，补助量较少而且稳定性较差。这就从制度的根源上导致了教育发展的不公平，严重影响了贫困地区现代学校教育的发展。其次，制度中具有导致城乡教育发展不公平的规定。《教育法》第五十七条和第五十九条规定，将农村教育附加费和教育集资作为农村义务教育经费的重要来源。很大程度上，这是对农村居民的财政歧视。对于城市居民而言，个人并不用负担教育附加费，也没有教育集资的义务，这实际上是部分推卸对农村义务教育的出资责任。《义务教育法实施细则》也有这样的城乡区别对待规定。该细则第三十条规定："实施义务教育的学校新建、改建、扩建所需资金，在城镇由当地人民政府负责列入基本建设投资计划，或者通过其他渠道筹措；在农村由乡、村负责筹措，县级人民政府对有困难的乡、村可酌情给予补助。"这一条规定将城镇居民与农村居民作了不同等的对待，城镇建校由政府出资，而农村建校由农民自行出资，这样的筹资方式对于贫困地区的教育发展而言无疑是雪上加霜。[①]

改革开放以来，我国的财政一直处于困境之中，财政收入占GDP的比重偏低。在这一背景下，尽管财政一直把教育支出作为必保的一个重点，财政的教育投入增长幅度也较快，但总体上教育投入水平较低的状况并没有得到根本的改善，教育经费短缺的矛盾依然十分严重。由于教育整体投入水平不高，加之我国教育投入结构中的高等教育和基础教育投入比例关系失衡，使基础教育经费短缺的矛盾更加突出。资料显示，在相关制度影响下，中国各级教育的预算内教育事业费的人均经费分配中，从小学、初中、高中到高校呈几何级递增，小学生的生均经费与高中生相比相差十多二十倍，而经济发达地区城市小学生的生均经费又是贫困地区农村小学生的生均经费的数倍。义务教育生均经费远远低

---

① 汪艳仙、晏鸣：《促进基础教育公平发展的财政对策》，载《广东财经职业学院学报》2002 年第 1 卷第 3 期。

于非义务教育生均经费，农村义务教育的生均经费低于城镇义务教育的生均经费，历年来的数据进一步说明了基础教育投入上的不公平待遇。因此，有针对性的教育制度，特别是教育财政制度对于少数民族贫困地区教育的发展具有举足轻重的作用。根据少数民族地区的经济社会发展特点，立足于较为薄弱的经济基础、单一的产业结构和丰富的社会文化背景发展少数民族地区教育，必须首先改变基础教育的弱势地位，制定相应的财政投入政策，保证少数民族地区人口获得尽可能公平的接受义务教育的机会；其次，以政策为指导大力发展地方化的少数民族地区中等和高等职业教育，使教育真正成为地区经济社会发展所需人力资本培养的摇篮。

三、制度变迁理论

制度变迁是指在一种社会环境中，支配人类行为和相互关系的规则的变化。制度变迁是新旧制度的转换或交易过程，是一种社会效益更高的制度对低效制度的替代过程。而布罗姆利（D. W. Bromley）认为，制度变迁就是有关界定个人选择集的关系的变化。因此，制度变迁应当反映的是在特定的经济条件下，社会中的利益集团所具有的改变现有行为规则和所有制结构的迫切需求。而制度变迁的结果就是在新的市场原则下产生的新的利益关系。[①]

人类社会活动具有丰富的多样性，也体现出深刻的有序性。一方面，人类如此多样的活动中，各自总是遵循着一定的秩序或

---

① 吕昭河：《制度变迁与人口发展——兼论当代中国人口发展的制度约束》，中国社会科学出版社1999年版，第55页。

规则进行，各种制度形式便是这种有序性的典型表现；另一方面，在不同的层面上和不同的种类之间，人类的活动并非是一个个独立的单元，而是以其内在的联系构成一个整体。在这种多样性和有序性中，制度以其独特的存在和运行，对人类经济社会过程发挥着重大影响。因此，制度的设置与变迁，不仅支配着所有社会和个人的行为，规范着其行为方式的选择，还影响着人们利益的分配、社会资源配置的效率和人力资源的发展。①

　　人类的发展过程是以整体或个体的利益实现为前提来提供基础构建的制度转变的过程。经济社会的发展与变革不过是人类异化发展的连续过程，制度变迁则是该过程的具体表征。因此，制度要素一方面反映了经济社会结构的基本历史性质和特征，为经济社会的发展提供了一个基本框架；另一方面，以更具灵活性或选择性的方式，在同一的制度环境下以不同的具体制度安排，提供不同的历史表达，从而产生出诸如民族特点的东西，以多重的可选性，使人类历史发展的丰富性得到充分的展现。

　　目前，广为接受的制度变迁理论都是以收入流的变化来解释制度变迁的。社会收入流的变化推动了制度变迁，而一旦发生制度变迁，将相应地产生新的机会（或挑战），并且经济会趋于新的平衡，制度均衡状态将维持到下一个外生变化出现，并引起社会自身的制度反应。因此，布罗姆利（D. W. Bromley）反对把制度变迁看做是没有历史连续性的孤立的社会现象，认为不仅今天的生产技术，而且现代的制度均代表着从过去继承下来的思想和

---

　　① 陈庆德：《资源配置与制度变迁——人类学视野中的多民族经济共生形态》，云南大学出版社2001年版，第17—18页。

传统的发展。[①] 拉坦（V. W. Ruttan）的制度变迁理论认为，对制度变迁需求的转变是由要素与产品的相对价格的变化以及与经济增长相关联的技术变迁所引致的；对制度变迁供给的转变是由科学知识及法律、商业、社会服务和计划领域的进步所引致的。[②] 因此，制度变迁是对资源禀赋变化和技术变迁产生的新的利益源的捕捉，是一种社会逐利行为，并基于社会科学和知识进步。诺思（Douglass C. North）在《经济史中的结构与变迁》一书中，以经济史的实证分析认为，制度变迁是一种新的经济秩序的合作与竞争关系的建立，是将人类社会活动引入新的利益选择集的过程。制度变迁的原则是制度变迁的成本与收益之比较，在预期收益大于预期成本的情况下，行为主体为追求最大化收益而推行制度变迁。对经济增长起关键作用的不是技术性因素，而是制度性因素。因此，制度因素是社会发展和经济变化的重要因素，是社会为创新活动的收益内在化所做出的努力。制度变迁从本质上来说是受新的利益所驱动，而为社会提供利益捕捉机会和相应的激励机制。一般来说，制度变迁是具有一定的强制性的，是国家和社会对个人的强制，是国家和社会强制导入的新的利益的制度关系，并以新的行为准则保护个人利益，从而使个人利益得到更加充分的发展。[③]

　　新中国建立以来，各少数民族地区的经济、社会、文化随着

---

① ［美］丹尼尔·W. 布罗姆利：《经济利益与经济制度——公共政策的理论基础》，上海三联书店1996年版，第17—18页。

② ［美］R. 科斯等：《财产权利与制度变迁》，上海三联书店、上海人民出版社1994年版，第328页。

③ 吕昭河：《制度变迁与人口发展——兼论当代中国人口发展的制度约束》，中国社会科学出版社1999年版，第55—60页。

时代的变迁也发生了巨大的变化。特别是近 20 年以来，中国经济的迅速发展，大量高科技技术的成功推广，使中国的少数民族地区开始脱离以地域、宗教和生产方式等为标志的封闭性区域，与外部世界开始了广泛的交流与合作。信息技术的普及和知识经济的推动，使许多少数民族地区的民众自觉地走上寻求经济社会独特发展的道路。面对社会、文化、观念到经济、技术和生产生活方式等一系列的变革，少数民族地区制度变迁的要求和驱动力在不断加大。面对越来越严峻的少数民族地区特殊人力资本需求，进行教育制度改革的呼声渐高。如何使经济基础薄弱的少数民族地区获得平等的人力资本投资与收益机会，加速地区的发展是进行少数民族地区教育制度改革的根源。

第二节　制度变迁与人力资本投资

一、现代化进程与制度变迁

现代化的内容指的是现代化进程中所发生的全面性社会变迁。这一社会变迁，包容了社会、经济、文化、制度及伦理价值观念等方面从传统到现代的全面转变。现代化进程是在现代社会制度的层面下，人们价值观念和行为发生转变的过程。在现代化的进程中，人们的行为规范和准则在不断磨合中逐渐获得价值稳定性，从而成为人们生活的范式。并且在多元社会需求的诉求下，社会制度在一步一步朝加强多元价值体系支持的层面发生变迁。

制度在社会发展的系统中具有非常重要的意义和不可替代的作用。制度为人们的行为提供可供遵循的规则和标准，赋予人们的行为具有价值意义的选择和判断。制度的设置，一方面确定了社会关系，稳定了社会秩序，另一方面还可预期行为的结果。制度变迁是制度交易规则的变化，并为社会的发展提供了在新的机会、效率及利益的均衡关系上的行为激励。当然，制度变迁不可能是无缘无故而起的，它必须依赖于社会环境的变化和社会的需要，反映的是一种延续的长久的历史过程。因此，制度变迁必须依托于特定的社会历史背景才能够被理解。现代化进程中产生的环境压力和制度需求必然导致制度变迁，而强制性的制度变迁又必然通过引入新的法律、政策和规定强制推行以满足社会环境的需求。

现代化进程中制度是如何变迁的呢？首先假定社会处于一种初始的均衡状态，即一定的条件下，社会处于一种稳定的状态，制度的设置与社会环境的需求处于一种均衡状态，任何个人或集体都不可能在这一制度环境中获得额外的好处和利益。但是，现代化进程中技术的推广、知识的传播、生产力的提高、观念和生活方式的改变等一系列社会环境的变化，使社会各要素发生了从量变到质变的飞跃，原来处于均衡状态的利益均衡关系被打破，在获取潜在最大利益的动机支持下，各利益集团为了获取新的利益而要求进行产权的变更、行为规则的改变，从而推动了制度的变迁。

二、社会转型期的制度变迁与人力资本投资

鸦片战争以后，在与西方列强冲突中落败的中国，面对来自外部世界的生存挑战，内部危机的压力和西方工业化的诱惑与刺激，被迫打开国门，艰难地开始了从传统社会向现代社会转型的现代化之路。踏上现代化进程初期的中国，面对的是薄弱的经济基础、较低的技术力量、内部的阶级冲突和外来的军事入侵，社会转型的力度和速度都不尽如人意，而与社会环境相应的制度变迁在各种社会环境压力的扭曲下，虽然进行了废除科举和旧式教

育制度，及开办新学等一系列教育制度改革，但并不能完全满足现代学校教育开拓和推广的需求，使社会转型初期的人力资本投资点和面的范围及力度都不足。被当时的经济社会和制度边缘化的少数民族地区，社会的转型、制度的变迁和人力资本的投资更处于一种停滞的状态。

新中国成立以后，内外危机的化解，使中国的社会转型进入了一个全新的时期，但由于政治目标的干扰，中国现代化的视野过多地停留在物质技术层面，现代化的进程曲折而缓慢。改革开放以来，随着经济体制改革深入所引致的一系列经济技术的发展、文化观念的变革、生活方式的改进和政治制度的变迁，中国的社会转型进入了一个全新的历史时期，各类各级教育部门在政府和社会各界的扶持下迅速发展，社会对人力资本投资的重视达到了一个全新的高度。特别是少数民族地区，在国家民族政策的保护和支持下，经济社会、文化转型的速度加快，对人力资本的需求也不断加大，从而进一步增加了社会各界对少数民族地区特殊人力资本投资的关注。在国家民族平等和民族团结政策的指导下，我国少数民族教育从办学规模到办学形式，从办学内容到教学条件，从初等教育到高等教育，都取得了相当大的成就。然而，与内地和东部经济发达地区相比，近年来的教育差距不是缩小了而是不断地扩大了。简单地用经济差异解释差距的出现是于事无补的，国家必须采取一定的法律措施，以立法为手段，从制度上来保证少数民族教育的健康快速发展，才能为地区提供足量的人力资本，解决少数民族地区经济发展迟缓的现实问题。研究表明，经济社会的成功发展离不开具有一定劳动技能的人力资本，人力资本的投资往往是处于一种动态的环境之中，每一阶段的投资将对今后经济社会的发展产生累积的效应，创造良好的制度环境在很大程度上可以促进人力资本投资量的长期稳定增加。[1] 因此，要构建适应我国现阶段社会结构转型期的整个社会发展所需要的少数民族教育体系，根本改变当前少数民族教育事业薄弱的状况，实现少数民族教育 21 世纪初的快速发展，就必须切实加强民族教育法制建设，努力达到少数民族教育立法对少数民族教育事业强有力的保障和促进作用。

　　加强少数民族教育立法是加快实施科教兴国战略，建立和完善具有中国特色教育体系的需要。少数民族教育是我国整个教育事业的重要组成部分，也是当前我国教育事业发展的一个难点和薄弱环节，以立法为手段，以制度为保障，加快少数民族地区教育的发展，是建立和完善整个教育体系，促进各地区经济社会和谐发展的关键。目前，我国尚未脱贫的 3 000 多万人口主要集中在西部地区，而西部地区也是我国少数民族人口聚居最为集中的地区和经济最不发达的地区。西部大开发，人才是关键，教育是基础。没有教育的发展作支撑，西部大开发战略就难以实现，更谈不上可持续的健康发展。依法保障和推动少数民族教育的发展，尽快提高各少数民族群众的科学文化素质，培养地区发展所需的各级各类人才，做到以发展少数民族教育为少数民族地区经济发展服务，在发展的过程中促进少数民族教育的发展，这既是少数民族地区发展中的一项重要任务，也是实现全民族幸福与和谐社会的重要保证。

　　目前，由于中国经济持续多年的高速增长，经济较为发达的东部沿海地区已逐渐与世界主流经济发展趋势相接轨，产业结构

---

　　[1]　James J. Heckman, *Polices to foster human capital*, Research in Economics (2000) 54, 3—56.

出现了较大的改变，人们的生活方式和价值观念也随之产生了巨大变化，国际化的趋势由东而西，不断地渗透进了中国经济发展的脉搏之中。在这样一种社会转型的压力影响下，我国的教育体制为了适应经济社会发展的需求而进行了一系列的调整，从以往的"精英教育"模式，逐渐向普及化的"大众教育模式"发展，受教育人口比例和人口的受教育程度都不断上升。然而，教育发展的同时也加大了教育经费的需求，许多地区的教育投入和教育需求的矛盾不断加剧。在经济较为发达的地区，由于地方财政收入和个人收入的情况良好，在应对教育投资需求时具有一定的支付能力。但对于大部分少数民族地区而言，不断扩大的与东部地区经济发展的差距，进一步扩大了地区发展获得人力资本数量和质量的差距，使地区陷入了经济发展迟缓和人力资本形成困难的两难境地。① 特别是高等教育实行收费制和大学毕业生不再统包分配以后，贫困的少数民族群众进行高层次教育投资的困难急剧加大，而投资个体从投资中获得较快收益的可能迅速缩小，同时少数民族群众所进行的基础和中等教育投资，因为学校办学的主要目的是入学率和升学率，很少考虑少数民族贫困地区生产生活的实际需求，在进行高层次人力资本投资收益期望较低的情况下，少数民族群众进行人力资本投资的热情受到极大的挫伤。在统计数据上表现为，与未实行高等教育收费制度以前的情况相比，少数民族在校生的比例不断下降，新的"读书无用论"重新抬头。因此，在目前这一形势下，加强少数民族教育立法，以制度为保障来实现少数民族地区教育的发展是极为有效的一种方

① Stephen M. Miller, Mukti P. Upadhyay, *The effects of openness, trade orientation, and human capital on total factor productivity*, Journal of Development Economics, Vol. 63 (2000) 399—423.

式。1982 年颁布的《宪法》，1984 年颁布的《民族区域自治法》及 1995 年颁布的《教育法》为进一步细化少数民族教育立法提供了立法依据。《宪法》和《民族区域自治法》确立了少数民族地区对教育的自治权。《宪法》第四条规定："国家保障各少数民族的合法权利和利益，维护和发展各民族平等、团结、互助关系。"第四十六条规定："中华人民共和国公民有受教育的权利和义务。"第一百二十二条规定："国家从财政、物质、技术等方面帮助各少数民族加速发展经济建设和文化建设事业。"《民族区域自治法》第四条规定："民族自治地方的自治机关行使宪法第三章第五节规定的地方国家机关的职权，同时依照宪法和本法以及其他法律规定的权限行使自治权，根据本地方的实际情况贯彻执行国家的法律、政策。自治州的自治机关行使下设区、县、市的地方国家机关的职权，同时行使自治权。"第十九条规定："民族自治地方的人民代表大会有权依照当地民族的政治、经济和文化的特点，制定自治条例和单行条例。"第二十条规定："上级国家机关的决议、决定、命令和指示，如有不适合民族地方实际情况的，自治机关可以报经该上级国家机关批准，变通执行或停止执行。"第三十六条规定："民族自治地方的自治机关根据国家的教育方针，依照法律规定，决定本地方的教育规划，各级各类学校的设置、学制、办学形式、教学内容、教学用语和招生办法。"第三十七条规定："民族自治地方的自治机关自主发展民族教育，扫除文盲，举办各类学校，普及九年义务教育，采取多种形式发展普通高级中等教育和中等职业技术教育，根据条件和需要发展高等教育，培养各少数民族专业人才。民族自治地方的自治机关……保障就读学生完成义务教育阶段的学业。办学经费和助学金由当地财政解决，当地财政困难的，上级政府给予补助。"第七十一条规定："国家加大对民族自治地方的教育投入，并采取措施，帮助民族自治地方加速普及九年义务教育和发展其他教育事业，提高各民族人民的科学文化水平。国家……招收新生的时候，对少数民族考生适当放宽录取标准和条件，各级人民政府和学校应当采取措施帮助家庭经济困难的少数民族学生完成学业。"这一系列的条款为发展具有地方特色，适合地方经济社会发展的教育体制提供了有力的法律依据，在执行的过程中确实在一定程度上推动了少数民族地区教育事业的发展。但以上各类法律法规的各类条款规定过于宽泛，内容不够明确，可操作性较弱，并且各地区各部门相应的法律细则要么尚未出台，要么规定依然存在遗漏，使许多责任未能落实到具体的执行部门，对违反规定的责任部门和个人应该的处罚也缺乏明确规定，使相关法律执行的力度受到影响。

2005 年，《国务院关于深化农村义务教育经费保障机制改革的通知》下发以来，由中央、省和州（市）三级财政共同承担了义务教育经费，一定程度上促进了民族地区义务教育的发展。但是由于县级财政多年来入不敷出，对教育的整体发展支持依然有限。如，2009 年上半年，云南省孟连县完成地方财政收入 1 276 万元，而财政支出高达 7 253 万元；澜沧县完成地方财政收入 6 170 万元，财政支出高达 43 002 万元，地方财政对教育发展的支持相当乏力。同时，面对社会转型期产业结构需求的巨大变化，少数民族自治地区的应对反应相对迟缓，虽然国家有关法律条文赋予了民族自治地方根据地方实际情况制定相应法律规定以促进教育发展的权利，但大多数少数民族地区自治机关并未根据地方的实际需要制定法律细则，而是被动地照搬经济发达地区行之有效的现成的规章制度。例如：对于经济发展迟缓的少数民族地区而言，地方经济发展所需的人力资本类型与经济发达地区所需的人力资本类型存在着巨大的差别，处于农业经济向工业经济转型初期的少数民族贫困地区，民众受教育的目的更多的是掌握一两门能提高个人经济收入的技能，而许多民族自治地方并未利用《民族区域自治法》给予的法律尺度自行改革各级各类学校的设置、学制、办学形式、教学内容、教学用语和招生办法，而是模仿主流文化地区较成熟的办学方式，以升学为目的进行少数民族地区教育，使已完成了基础教育和中等教育的学生由于缺乏有效进行地区内生产活动的能力，而降低了教育在民众心中的分量。多年的实践证明，仅靠行政手段、行政领导的重视或教师的牺牲奉献精神难以解决教育战线存在的诸如教育投入不足、学生课业负担过重、办学质量和办学效益不高等带有普遍性的突出问题，这一切很大程度上有赖于教育法制的建立和健全。① 因此，进一步完善少数民族地区的教育立法，创造良好的制度环境是保障少数民族人口获得必要的特色教育的关键。

第三节　现代化与民族化实践

一、现代化与民族化

一百多年前，约翰·穆勒（John Stuart Mill）在《论自由》的篇首写道："本书所阐述的每一论点，都明确且直接地趋向于一个首要的大原则，即人得到最为多样化的发展具有绝对且本质

---

① 杜耀武：《让民族教育资源富起来》，载《西南民族学院学报》（哲社版）1997 年第 6 期。

的重要性。"① 人类发展的历史过程并不建筑在目的论的基础上，而是多层次的、多向性的发展，也就是说人类的发展始终是由许多在一定情况下富有能动性的整体，以其相互的关系和作用来推动的一种发展趋势。人类的本质实现的一致性要求与人类的具体发展方式之间，从一开始就存在深刻的内在矛盾性，全球化和经济一体化发展的同时，不同人类共同体的发展方式，很大程度上表现出了多样性的特征。因此，人类总体性本质的要求和人类发展的分立现状，在当代导致了民族发展中融合与冲突的并立。②

现代化指的是从 16 世纪至今，人类社会发生的种种深刻的质变和量变，是人类历史中一个仍然继续着的社会变化过程。由于现代化的发源地——西方国家有着相类似的发展基础和发展道路，在西方发展观念的影响下，现代化的理论发展出现了许多歧义，西方化和工业化的观点曾一度成为人们追求现代化的成功规范，在使现代化含义走向机械化的同时，误导了一些发展中国家陷入政治经济分化、自然环境恶化、民族宗教冲突加剧……发展无力的泥沼。罗荣渠先生将现代化理论归纳为四种：第一，现代化就是工业化，现代化进程中的一切社会的发展与变迁都是工业化的结果，发达国家的现代化历史提供了通过工业化实现现代化目标的范本；第二，现代化是指经济欠发达国家通过运用现代技术在社会发展的主要指标上赶上世界先进水平的历史进程；第三，现代化是指在科学技术革命推动下的社会变迁过程；第四，现代化主要是人们的心理态度、价值观念和生活方式的现代转变过程。③

---

① John Stuart Mill, *On Liberty*, ed. R. B. McCallum, Oxford, 1946, P. 4.

② 陈庆德：《资源配置与制度变迁——人类学视野中的多民族经济共生形态》，云南大学出版社 2001 年版，第 7—16 页。

③ 罗荣渠：《现代化新论》，北京大学出版社 1993 年版，第 8—17 页。

目前，现代化实践的事实证明，现代化是由传统社会向现代社会转变的过程，包括社会中的一切领域和一切关系所发生的相应转变。现代化的特征包括经济和社会两个层面：经济上，现代化的特征是发达的市场经济，生产组织的合理化、工业化、都市化、科层化、专业化与分工合作等；社会上，以契约关系代替社会地位和社会身份、社会强度分殊化、个人主义和自由化社会、竞争的多元主义、平等化社会等。① 现代化以科学技术为媒介，通过快速的信息、观念和知识传播，将现代化内容中具有普遍意义和共同性的特质在世界各地传播开来，在 21 世纪的地球上，面对各民族获得快速发展的诉求，创造了一个个发展的奇迹。

在全球现代化过程的初期，现代化过程在某种意义上来说，成为全球范围内文化多样性迅速丧失的过程，起源于西欧的地方文化一时间成为普适的标准。然而，人类发展的历史，使生活在不同地域的人们在追求理性的经济社会发展和非理性的宗教文化变迁的过程中，形成了独特的民族性。立足于一定自然环境区域，具有独特的文化意识和生活方式的各少数民族，面对全面西方化可能产生的种种消极后果，在走向现代化的进程中，更多关心的是具有民族性和异质性的现代化发展历程。

民族化（许多观点认为即是本土化和地方化），一种观点认为指的是本民族的、传统的、现实的东西；另一种观点认为，民族化（本土化）既是一种传统的、本民族的东西，又是一种文化选择，在对外来文化和事物的吸收过程中，不是生搬硬套地全盘接受，而是在自身的意识形态和价值观念的范围内有选择地吸

① 吕昭河：《制度变迁与人口发展——兼论当代中国人口发展的制度约束》，中国社会科学出版社 1999 年版，第 49 页。

收外来的东西。从现实的实践来看，大多数人更倾向于后一种观点。既然现代化不能等同于西方化，当然民族化就更不能等同于僵化于传统而使社会裹足不前。民族化就是在本地区、本民族的文化传统和经济实力的基础上，有选择地接受有益于本民族发展的文化、观念和行为方式，从而在更有效地保持本民族文化和意识传承的同时，获得现代化发展的契机。因此，民族化和现代化并不是相互冲突的两种理念，而是知识经济时代，经济社会多元发展的必然产物。

二、教育的现代化与民族化实践

最早的且极具效率的教育制度之一———亦即那种义务教育同政府所提供的大多数教育机构相结合的教育制度——乃是由一位伟大的个人自由的倡导者冯·洪堡（Wilhelm von Humboldt）所缔造的；然而，仅在他创建这一制度的 15 年以前，他甚至还论辩说，公立教育（public education）是有危害的和不必要的：公立教育之所以是有危害的，乃是因为它阻碍了成就的多样性，而它之所以是不必要的，乃是因为自由的国度绝不可能没有教育机构。① 当然，最早的义务教育试验——18 世纪初期的普鲁士的实践证明，政府通过建立国立学校的方式来增加各种教育机会，在很大程度上加速了教育成为普通教育的进程，但是同时也证明，将普通教育强加给一个在很大程度上并不熟悉这种教育制度及其益处的民族，事实上是很困难的。因为一个成功的自由社会，在很大程度上将永远是一个与传统紧密相连并受传统制约的社会（tradition -

---

① ［英］弗里德利希·冯·哈耶克著，邓正来译：《自由秩序原理》（上），三联书店 2003 年版，第 162 页。

bound society)。① 因此，现代学校教育制度普及初期，一方面是要最大限度地将现代科技知识传播给每一个接受教育的民族；另一方面又以一种高效的呆板性，在忽略社会多样性需求的同时，普及着主流文化的意识和价值。

多民族国家的实情，使中国政府在推广现代学校教育制度的时候，不仅要关注东西方文化的差异，还得考虑各民族社会、经济、文化发展的实际需求。教育的现代化和民族化实践，成为中国教育制度变迁的主要脉络。

教育作为一种制度文化，在中国的历史长河中，曾以东方文明的方式影响过许多周边国家。17 世纪以后，西方强势文化的日渐东来，使中国的教育体制发生了一系列的变迁。面对西方化还是民族化的痛苦抉择和动荡不安的局面，现代学校教育在中国的起步困难重重。新中国成立以后，在各级政府的支持下，现代学校教育在中国的土地上得到了空前的发展，大部分地区完成了"普九"义务教育，使民众的文化素质得到了总体性的提高。进入 21 世纪，经济全球化的浪潮，快速推动了各地区各民族间的文化教育交流，使教育的国际化进程不断加快，教育的现代化成为许多地方教育机构追求的目标。然而，教育既是文化的产物，又是文化的动因，作为制度文化的组成部分，教育制度的发展变化必然受到文化的制约和影响。因此，在进行现代教育制度的现代化实践的过程中，必须以本民族、本地区的经济文化环境为基础，在民族价值观念允许的范围内进行制度变迁，从而达到差异性发展的目的。

今天，世界各国面对具有强大同化能力的强势文化，多采取各种措施顽强地维护本国或本民族的文化特色，在英语已逐渐取

---

① H. Butterfield, *Liberty in the Modern World*, Toronto, 1952, P. 21.

得"世界语"地位、美国文化无孔不入的情况下，法国、德国、西班牙等国家都极力捍卫本国的语言和文化，力图使自己的教育保存一些特色，甚至连英语的发祥地英国都在教育方面坚守自己的一些特色。日本的教育在二战后曾被动地进行美国化，现在则主动地进行国际化和民族化尝试。① 因此，教育的现代化与民族化实践，一方面要注重人文教育，保持民族文化传统，在与外界的交流中，寻找适合自己的发展道路；另一方面教育改革不可照搬西方，要注意保持特色，在与国际接轨的过程中，形成具有本土特色，适合本民族发展需要的教育体系。

第四节　少数民族地区帕森斯 AGIL 架构分析

一、帕森斯结构功能理论与 AGIL 架构

韦伯（Max Weber）的社会行动观点对社会学研究的影响极为深远，20 世纪美国的社会理论家帕森斯（Talcott Parsons）在韦伯（Max Weber）观点的基础上加以构架，形成了一些对近代社会学极有贡献的理论，其中的结构功能理论为社会行动提供了几项有用的社会理论描述。

在帕森斯结构功能理论中，为了探讨系统的功能，帕森斯将焦点放在系统单一或多种需求的活动上，并主张有四种功能是所有系统所必需的，即 AGIL 架构。如果系统要运作，就需要进行

---

① 刘海峰：《高等教育的国际化与本土化》，载《中国高等教育》2001 年第 2 期。

四种瞄准系统需求的活动，这些活动包括以下几方面。①

适应（adaptation，简写为 A）：系统必须能适应环境，并能调整环境以符合系统本身的需要。同时，系统必须能处理外在情境的危险和突发事件。

目标达成（goal Attainment，简写为 G）：指系统必须规定并达成它的主要目标。

整合（integration，简写为 I）：系统寻求规律化其组成元素彼此间的交互关系。整合也必须能管理其他三种必要功能之间的关系。

潜在功能（latency，简写为 L）或模式维持（pattern maintenance）。其中潜在功能指的是系统必须能供给、维持并更新个人的动机。动机不只由系统创造、维持，还要时时更新，以便让系统运转并驱使人们的努力；模式维持：指的是创造并维持个人动机的文化模式必须得到供给、维持并更新。为了维持阶层化的体系并驱使人们努力爬到阶层的顶端，支持该体系的规范和价值观必须存在并被维持住。

以 AGIL 架构为基础，帕森斯推广出他论述中最具一般性及统括性的四种行动系统：行为有机体、人格体系、社会体系、文化体系（见图 5 - 4 - 1）。

L	I
文化体系	社会体系
行为有机体	人格体系
A	G

图 5 - 4 - 1 帕森斯行动系统

---

① ［美］乔治·瑞泽尔著，杨淑娇译：《当代社会学理论及其古典根源》，北京大学出版社 2005 年版，第 67—72 页。

行为有机体（behavioral organism），以适应并改变外在世界的方法来处理适应功能。

人格体系（personality system），定义系统目标并以策动资源维持目标的方式来执行目标达成的功能。

社会体系（social system），以控制系统组成元素的方式来进行整合功能，人类行动者在身体的或环境的背景下彼此互动。

文化体系（cultural system），提供能鞭策行动者行动的规范和价值观以执行系统的潜在功能。

在帕森斯（Talcott Parsons）对社会体系的分析中，他主要关注的是体系的结构组成元素。除了对地位和角色的关注外，他也关注社会体系中大规模的组成元素，如集体性、标准、价值观等。并为社会体系列出一些功能性的先决条件（这些与适用于所有行动体系的 AGIL 架构的四种必要功能相比，更为狭义）：

1. 社会体系必须被组织起来与其他的体系相兼容。

2. 为了生存，社会体系必须能获得其他体系的必要支持。

3. 社会体系必须满足相当比例的行动者需要。

4. 社会体系必须吸引足够成员的参与。

5. 体系对于潜在的破坏性行为必须有最低限制的控制。

6. 如果冲突演变成具有破坏性时，就必须被控制。

7. 社会体系需要语言才能生存。

在帕森斯（Talcott Parsons）对社会体系的讨论中，他主要关注的是行动者和社会结构整合的关键在于内化（internalization）和社会化（socialization）的过程。他感兴趣的是体系中的标准和价值观如何转移给体系中的行动者。如果社会化历程是成功的，这些标准和价值观就会被内化成为行为者的良知。其结果就是，当行动者追求个体利益的同时，也使社会的整体获益。

但是，帕森斯（Talcott Parsons）的社会化历程将行动者禁锢为简单的被动接收者，过分地强调秩序性而无法给予差异性和冲突性充分的关注，将主要的兴趣放在整个体系，而非体系中的行动者，在极度静态和结构式中对社会变迁的研究具有一定的片面性。

因此在利用帕森斯 AGIL 架构进行少数民族地区人力资本投资与教育制度环境变迁的关系分析时，首先，少数民族地区有特殊的历史文化环境和经济结构，必须对少数民族地区整个体系与主流文化地区体系的差异性给予充分的关注。其次，在现代化进程中，少数民族地区进行经济社会变迁的意愿强烈，相应的制度也处于激烈的变迁过程之中，必须以动态的视角进行研究。第三，全球经济一体化进程，使少数民族地区的技术经济得到充分发展的同时，不可避免地存在地区性传统文化与当前主流文化的冲突。因此在架构整个体系时，要给予系统一定的弹性，使变迁中的社会体系能迅速获得新的平衡。第四，少数民族地区的社会结构体系，必须满足地区内经济社会发展的需求，特别是地区内大多数民众改善生活状况、获得长远发展的需求。因此，少数民族地区教育体制的架构，必须建立在大多数民众能够参与的基础上，而非成为少数人经济社会地位上升的通道。第五，少数民族地区的社会体系必须获得与主流社会体系相兼容的机会，并在获得特殊性发展的同时不为主流社会所边缘化，在与主流社会的相互融合的过程中，能主动地成为多元文化社会中的有机组成部分。第六，少数民族地区薄弱的经济基础，使地区社会体系的发展急需外部世界的支持和协助，因此吸引其他体系的支持是少数民族地区获得快速发展的捷径。第七，社会体系的建立和发展必须以一定的语言为基础，因此在多语言文化的少数民族地区，在关注民族语言传承的同时，必须更为关注该体系赖以维系的共同语言——主流文化地区的通用语言的普及和传播，在整个体系得以发展和维持的语言环境中，给予各民族语言和文字传承与发展的空间。

二、帕森斯 AGIL 架构在少数民族地区的运用

标准统一的现代学校教育在中国大地上广泛推行五十多年后的今天，多种教育体制和多种教学方法的需求仍然存在，而随着社会各界对多元文化体系的理解和推崇，对多元教育体制的呼声在不断地加大，以至于一些激进人士在中华大地上开始尝试与现代学校教育相迥然的教育途径。据《东方早报》报道，日前在上海举办的 2006 年"读经教育与学校教育"研讨会上传出消息，上海闵行区莘庄出现了一家全日制的私塾"孟母堂"，中文教育以《易经》、《论语》等传统经典为主，而英文教育以莎士比亚的《仲夏夜之梦》、《十四行诗》等西方文学名著为主，辅助以瑜伽和游泳等目前颇受欢迎的运动来代替小学的体育课，[①] 开始了一种传统与现代兼顾的新型教育尝试。先不讨论"孟母堂"的开办是否有违于国家实行九年义务教育的方针，是否能算做一种真实意义上的学校教育，但面对这一新事物的出现，面对有勇气将孩子送入这类不知将来如何进行中等和高等教育的学堂的家长，我们不得不承认，即使在主流文化价值观念得到社会广泛认同的时代，多元化的需求总在以不同的方式被民众从内心深处所表达出来。

---

① 《特别评论》，见《春城晚报》，2006 年 7 月 17 日。

通过对涉及各级党政机关、事业单位以及其他组织的8 000多份有效问卷的分析研究，中国社会科学院社科文献出版社发布了2006 年《中国人才发展报告》。报告指出，由于用人观念和制度安排存在欠缺，我国的人力资源没有得到充分的发挥，人才浪费情况触目惊心。一般来说，对于"人才浪费"的界定分为三种形式：第一，人才配置得当，但使用不足；第二，人才使用不当，如配置失位、错位；第三，人才配置多余。据测算，我国仅2005 年一年就有2 500万人因为没能人尽其才而无端消耗，造成的损失仅经济指标一项就已超过9 000亿元。目前我国的人才浪费主要表现为：首先，人才高消费趋向非常明显。在许多经济相对发达的地区，用人单位对人才的要求普遍高于实际需求，在人才市场形成了"博硕多多益善，本科等等再看，大专看都不看，中专靠一边站"的畸形局面。其次，内耗严重，排斥竞争。单位和部门的组织环境和管理体制的不尽合理，使分工不明确，责任不清楚，人力资本的使用效率低下。第三，人力资本的闲置性浪费普遍。对人才的超高消费和低效管理，最终导致了大量人力资本处于闲置和半闲置状态。[①] 报告的撰写者之一余仲华认为，中国的人才浪费在现实中已经造成了相当可观的危害。人才浪费最普遍的表现形式——"高学历运动"刺激了高等教育的剧烈扩张，冲击了职业教育并且使优秀人才加速外流。

《中国人才发展报告》的研究结论，使我们在进行少数民族地区人力资本的研究时，不得不给予人力资本合理配置以更多的关注。少数民族地区多元文化存在的现实，使各民族进行经济社会发展的需求各不相同，而普遍薄弱的经济基础和匮乏的教育资源，

---

① 《国际国内》，见《春城晚报》，2006 年7 月25 日。

使少数民族地区合理资源配置，有效进行人力资本投资的要求显得尤其的重要。不论是封闭还是开放的社会系统，进行高效社会行动的前提是在一种价值共识的指导下，均衡地维持和发展社会系统的各种要素。而帕森斯结构功能论中的 AGIL 架构，为我们进行少数民族地区人力资本的研究提供了一个基本的理论模型。

少数民族地区特殊的社会文化环境，使我们进行系统分析时，必须以文化人类学文化批评与文化自省的视角，来分析强势文化作用下，单一的教育模式抑制了弱势文化地区人力资本的提高，而人力资本发展的迟缓势必影响教育体系的发展和物质资本的进入。因此，多元文化背景下新型的适合地区发展需求并且不断进行着动态变迁的教育制度和政策环境是建立新型教育体系的保证。在新型的教育体系与环境相互适应的过程中，民族文化、人力资本、地区经济得到进一步的整合，从而实现提高地区人力资本，维系地方文化传承，推动地区经济发展的目标。

在开始进行 AGIL 架构分析以前，我们先研究一下生产力发展的三大要素。人类社会的生产活动，首先必须要有掌握一定生产技能的劳动者，其次必须具备进行生产活动的劳动工具，最后要有进行具体生产的生产资料。三个要素如果无法结合在一起，任何生产活动都无法进行。对于劳动者来说，要掌握一定的生产技能需要进行一定的人力资本投资，如果投资后其所具备的工作技能无法满足现有劳动工具和劳动对象的特殊要求，其投资将毫无效率，生产活动也就无法进行。研究发现，个别劳动者之所以与物质性生产手段的拥有相分离，纯粹是基于技术性的条件。整体劳动者（包括受过商业与技术训练的劳动者）之所以与生产手段的拥有分离，主要是基于经济性的条件。① 因此，进行人力资本投资，毫无疑问要重点考虑在劳动者所处或可能将处的社会环境中，生产力的发展需要什么样的劳动技能，劳动者在未来的生产活动中可能使用的劳动工具和进行劳动的劳动对象，即经济社会发展中不同产业结构下对人力资本的具体需求。进行地方化人力资本投资，是少数民族地区获得特殊性快速发展的捷径。

美国学者罗伯逊（R. Robertson）对日本的市场化概念——Dochakuka（对应的英语复合词是 Glocalization，即全球本土化）研究后指出，这种观念，有助于企业不仅努力适应地方实际情况，而且要努力创造新的消费形式，这样就可以使全球化和本土化以某种辩证运动的方式联系起来。② 也就是说，不仅企业发展的本土化与全球化之间存在高度的依赖，而且经济与文化发展的本土化和全球化之间也存在着高度的依赖。因此，在多元文化存在的少数民族地区，民族经济发展的基本动力应该是全球本土化，而构建新型教育体系的着眼点也应该是全球本土化，即立足于本地经济发展的需要，进行具有民族差异性的人力资本投资，并随着地方经济社会的发展，面向全球化模式下的国际竞争和市场选择，形成具有民族地方特色和全球化趋势的"全球本土化"现代教育发展模式（见图 5 - 4 - 2）。③

---

① ［德］马克斯·韦伯：《经济行动与社会团体》，广西师范大学出版社 2004年版，第 111 页。

② ［美］大卫·莱昂著，郭为桂译：《后现代性》，吉林人民出版社 2004 年版，第 89 页。

③ "本土化民族教育"和"地方化人力资本"与地方经济发展相关联的正反案例举证，是佐证这一观点的关键。因此，非洲一此国家推广普适性教育师导致的不良后果，在很大程度上证明在少数民族特殊地区开展"社会化民族教育"即培养"地方化人力资本"的必要性。

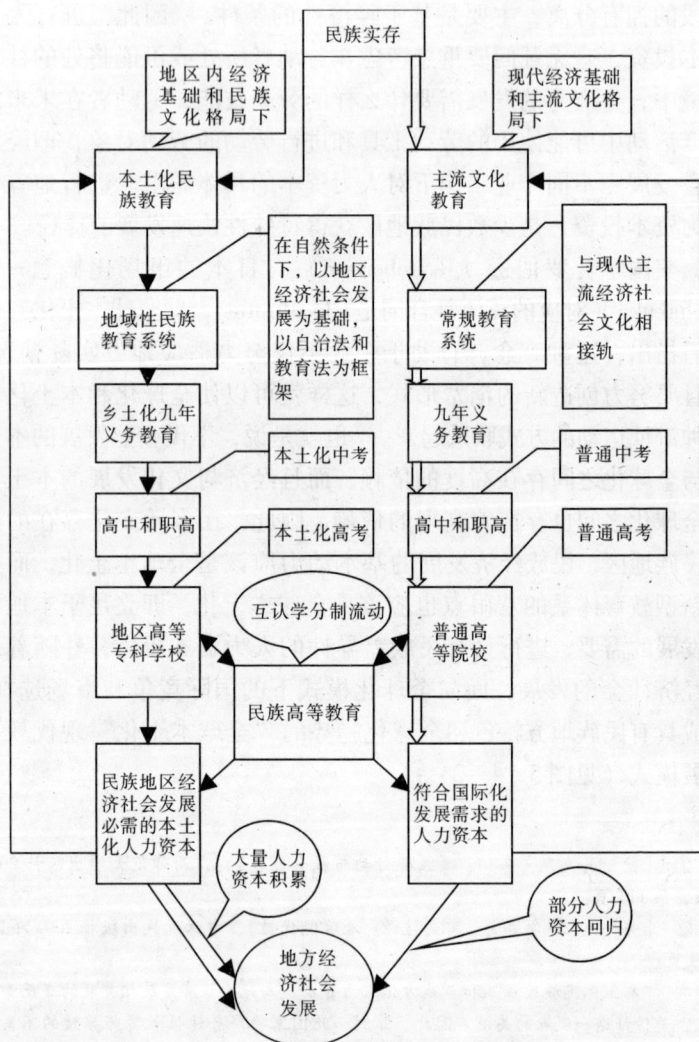

图 5 - 4 - 2　少数民族地区文化教育模式设想

　　随着民族地区的文化认同程度和经济水平的提高，制度环境体系也将随着社会的变迁而变革：

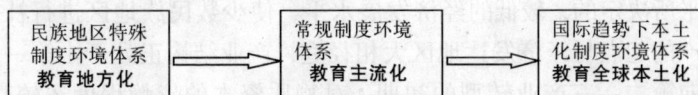

民族地区特殊 制度环境体系 **教育地方化**	→	常规制度环境 体系 **教育主流化**	→	国际趋势下本土 化制度环境体系 **教育全球本土化**

　　最终形成具有鲜明地方特色和全球化趋势的现代地方化教育模式——全球本土化模式。

　　地方化人力资本，是指以地方经济发展为目标，以文化适应为指导，以民族区域自治法和教育法为安排与制度创新的框架，以本土化教育为手段，在发展原有常规教育的同时，建立一整套与民族地区经济社会发展相适应的地方化教育体系，并根据地方经济发展和社会变迁的需求，不断从教育理念、办学层次、师资培养和课程设置等方面进行改革，从而为当地经济社会的发展提供一种有效的、必需的、能够被保留的人力资本。①

　　地方化人力资本的存量与人力资本的效率，直接关系着少数民族地区经济社会发展的推动力。而人力资本的形成必须以相适应的教育体系为基础，人力资本效率的实现必须满足生产力发展的必要条件，即劳动者能有效地使用生产工具对生产资料进行高

---

　　① 常规性人力资本，指在主流文化背景下，能够满足大多数地区经济社会发展需求，并且迁移流动能力较强的人力资本；地方化人力资本，指在特定区域内，一定的民族文化背景下，地区内经济社会发展所急需，并且能够被地方经济所保留的人力资本。作为人力资本，两者对经济社会的发展都有相似的作用。在全球一体化背景下，文化融合与市场竞争的趋势日愈强化，知识与教育的共通性增加，随着地方经济社会的发展，地方性人力资本在具有充分地方差异性的同时，还将逐步充实全球化技能，并参与和应对全球化竞争的需求，从而为实现民族地区经济的长远发展提供强有力的支持。

效率生产，也就是说，人力资本必须满足地方产业结构进行社会生产的需求。而地方内的产业结构的状况是由地区内的经济发展水平所决定的，较低的经济发展水平，使少数民族地区进行社会生产的起点与经济发达地区大相径庭，产业结构正处于由第一产业向第二、三产业转型的初期，对物质资本的依赖程度还较高，普遍适用的人力资本并非具有高、新、尖专业技术能力的高层次专用型人力资本，而是具有初、中级专业技术能力和地方文化价值适应性的地方化人力资本。而之所以产生这种类型的特殊需求，是由少数民族地区传统的价值体系和产业基础所决定的。因此，根据少数民族地区多元文化特殊存在的特点，以帕森斯结构功能论的 AGIL 架构来分析相对独立的少数民族地区，可以得出以下一个模型（见图 5-4-3）。

L	I
文化环境体系	制度环境体系
人力资本	社会价值体系
A	G

图 5-4-3　少数民族地区 AGIL 架构

第一，特殊的历史文化环境和经济结构，使少数民族地区整个体系差异性特点突出，这样的文化环境体系与主流文化环境体系差异的程度成为我们进行系统分析的切入点，也就是说要根据差异性的大小分类为其他要素进行协调安排。对于文化环境差异性较大甚至存在冲突性的地区，所构建的行动系统必须重点考虑差异特点，在充分尊重地区内的历史文化传统和思想价值观念的前提下，循序渐进地引进现代学校教育体系，加快地区内社会文化环境的现代化转变，使人力资本投资产生有效产出；对于文化环境与主流文化地区存在一定差异性的地区，要加大现代信息技术知识推广的力度，并将教育体系做相应的一些调整，使民众在进行本民族文化传承的同时，自觉地接受现代文化价值体系，从而提高人力资本的效率，促进地方经济社会的发展；对于文化环境与主流文化地区相类似的少数民族地区，由于当地民众的价值观念对主流文化具有相当高的认同程度，教育体系不仅要担负着当地民族文化不被主流文化同化的使命的同时，还要有效地促进传统民族文化与主流文化的融合，从而形成对当地经济社会发展具有积极效用的多元文化人力资本。

第二，现代化进程中处于社会、经济、文化和观念正在激烈变迁中的少数民族地区，面对外来的种种新鲜事物和丰富信息，有所取舍的民众，往往具有一定的变迁意愿，适合于当地经济社会发展的教育制度变迁，是形成有效人力资本的关键。因此在动态的变迁过程中，根据地区的实际情况不断对教育制度进行修正，动态合理地进行教育资源配置，是提高人力资本投资效率，促进经济社会发展的有效手段。

第三，在全球经济一体化进程中，面对少数民族地区的传统文化与主流文化的冲突，不能简单地用僵硬的模式架构少数民族地区教育行动体系，而是给予系统一定的弹性，使变迁中的社会体系能迅速有效地获得新的平衡，从而成为整个国际化体系中具有地方特色的有机组成部分。

第四，不断提高少数民族地区民众的生活水平，使地区经济社会获得长远发展是进行少数民族地区的社会结构体系架构的目标，因此，少数民族地区教育体制的架构必须建立在大多数民众能够参与的基础上，改变少数民族民众受教育程度低，受教育效率低下，进入高中以上教育水平人口比例偏低等不合理现状，使地区内大部分民众都能从适当的教育体制中获取有效的人力资本，从而达到改善个人生活水平和加速地区发展的目的。

第五，外部世界的支持是经济薄弱的少数民族地区得到有效发展的关键，在传统农业生产结构下，较低的劳动生产力使民众忙于生计，无法进行社会发展积累，因此地区社会体系的构建必须具有开放性和兼容性的特点，才能有效地获得地区发展急需的物质和知识技术支持。

第六，在以语言为纽带的社会体系中，体系的维持与发展必须以一定的语言为基础，因此在多语言文化的少数民族地区，为了便于与其他系统的交流与合作、节约交易成本、增强学生的学习能力，在关注民族语言传承的同时，必须重点进行主流文化通用语言的普及和传播。

因此，在架构少数民族地区的社会行动体系中，具有多样性、动态性和民族性的地方化教育体系是人力资本形成与实现高效的基础。在不断变迁的社会体系中，不断协调各要素关系，从而达到各民族现代化多元发展的目标。

第六章　少数民族地区学校教育分析

第一节　少数民族地区的教育问题

　　人力资源的开发和人力资本的形成是实现经济增长的一个极为重要的因素。在知识经济时代，具有一定劳动知识和技能的人是生产力诸要素中最为活跃的因素。人的劳动技能并非与生俱来，必须通过各种学习途径才能获得，因此，人力资本的投资和收益是通过学习过程中的各种投入和学习后的个人收入及社会收益所反映的。学校教育是各国人力资源开发的主要渠道，在中国也不例外。在校生的人数和毕业生的人数直接地反映了人力资源开发的规模和水平，决定了以后进入劳动阶段的各种教育水平的劳动力数量。[①] 研究一个地区人力资本的投资和收益，可以通过研究地区内大、中、小学生接受教育的投资和收益而获得大致的结论。因此，教育是一个国家或地区经济和社会发展的基础，如果二战后的日本没有勒紧裤带优先发展教育，即使有 20 世纪 60 年代发展经济的良好时机，也没有能力将其抓住并转化为现实。

---

　　① 沈利生、朱运法：《人力资本与经济增长分析》，社会科学文献出版社 1999 年版，第 90—91 页。

对于少数民族地区来说，在目前中国经济转型的时期，要抓住西部大开发的机遇，就必须大力发展教育事业，有效提高人力资本的存量和效率。

由于历史文化原因，目前我国少数民族地区人力资本的投资收益与汉族主流文化地区相比存在很大的差异。从学校教育投入与收益的角度可以总结为以下一些特点。

一、基础教育阶段投入与收益不成比例

现阶段中国虽然已大体进入了小康社会，但还是一个发展极不均衡的发展中国家，存在较大的城乡差异、区域差异和阶层差异。目前，中国逾 1 亿的少数民族人口中的 60% 以上居住在贫困的西部农村地区，他们基本上属于低收入阶层的范畴。在知识经济社会，教育是人们向上层社会流动的前提条件和主要途径。造成当今社会的城乡、区域、阶层和族群差异的一个重要因素是知识分配的不合理。因此，基础教育的均衡化，特别是西部偏远贫困少数民族农村地区的基础教育资源优先配置，是突破知识分配不合理障碍和少数民族地区发展人力资本瓶颈的有效手段与途径。[①]

少数民族地区义务教育的投入不足，导致学校硬件设施严重缺乏，寄宿贫困生补助力度较弱，教师收入提高缓慢，师资水平较低及少数民族农村地区学生受教育的起点和内容不平等问题，进一步导致了升学率较低、受教育的成本过高、受教育的收益不大，即受教育的结果不平等，等等一系列现实问题的

---

① 滕星：《小康社会与西部偏远贫困地区少数民族基础教育》，载《云南民族大学学报》（哲学社会科学版）第 21 卷，2004 年第 4 期。

存在。

首先，少数民族地区义务教育阶段经费投入严重不足，许多乡村中小学建制不全，目前还有部分的山区小学为一师一校，或二师一校，教师的受教育程度不高，又缺乏进一步培训深造的机会，导致少数民族地区乡村教师的教学能力有限，课程体系难以完善。2003 年，云南省全省共有普通小学 20 296 所，教学点19 154 个，其中一师一校就有 12 676 个。时至 2008 年，全省共有普通小学 16 573 所（其中完全小学 12 933 所），教学点 14 034 个，教学班 138 483 个，其中一师一校 8 770 个，学校过于分散的问题有所缓减，但教学点和一师一校的问题依然存在。①

其次，山区的完中和完小的辐射半径过大，很多山区小学只有低年级，没有高年级，因此少数民族地区的中小学生往往上学要爬山越岭，花费在学习途中的时间成本过高。每逢雨季和冬季，由于山区自然地理环境复杂，学生在上学途中将遇到许多不可预测的困难和危险，求学的阻力较大。

第三，山区的地理环境，使许多少数民族地区的基础教育不得不采用寄宿制和半寄宿制的办学方式。然而，由于民族地区中、小学的寄宿设施有限，补助经费严重不足，一个孩子每月寄宿所需的粮食和 10 元以上的菜钱往往超出贫困的少数民族村民的承受能力。调查资料表明，一般少数民族地区农村家庭的人口数为 4 人，有两个子女上学，如果按目前许多少数民族地区人均年收入为 1 500 元（含实物收入）的标准来进行计算，则两个子女上小学，家庭的教育经费支出占家庭全年收入的 33% 以上，

---

① 云南教育厅编：《云南省教育事业统计快报》，《云南省教育事业统计手册》2004 年版、2009 年版。

尚可承担；如果一个上小学，一个上初中，则占50%以上，于是出现家长拖欠学费或家庭举债供子女读书的现象；如果两个子女都上初中，则占60%以上，家庭已无力承担，将出现一个子女辍学的现象。以此类推，如果家庭年人均收入低于1500元（含实物收入），那么，家庭经济将因承担子女的教育费用而更将趋于贫困化或自动放弃子女的受教育机会。因此，根据云南省的测算表明，低于年人均800元收入的地区"普九"困难。①

第四，少数民族地区语言众多，方言土语的差别很大。云南省25个少数民族中有自己语言的就有23个，其中有文字的民族有13个，全省少数民族人口中大约有54.55%不通汉语。而双语模式的多样化，一方面使双语教学的经费成本一般数倍于单语教学；另一方面增加了学生的学习内容和学习负担。在教育经费严重短缺的少数民族贫困地区，又往往缺少合格的民汉双语教师、双语教材、教学参考资料。少数民族地区儿童接受多种语言教学所需花费的成本较大，提高了基础教育的门槛，极大地影响了少数民族学生的学习效率和融入现代主流社会的能力。

第五，教育经费投入的不足和教学质量监控制度的不完善，直接导致了少数民族贫困地区基础教育的效益低下，有限的教育资源浪费严重。教室、学生宿舍、食堂、图书馆和教材、教具等基础设施的投入不够，教师的工资收入增长缓慢，没有升留级制度和有效的师资培训与考评制度，在抑制了师资水平提高的同时，导致了教育质量较差和学生学习效率较低。根据1987年一次统考的结果表明，云南省楚雄州山区小学学生数学、语文两科

---

① 滕星：《小康社会与西部偏远贫困地区少数民族基础教育》，载《云南民族大学学报》（哲学社会科学版）第21卷，2004年第4期。

的及格率只有 12%，而西双版纳州勐海乡打洛区小学的毕业率仅为 2.3%。[①] 因此，总的来说，少数民族地区基础教育虽说是国家义务教育中一个重要的组成部分，但由于种种原因，教育投入的严重不足，导致学生并未获得与经济较发达地区平等的受教育起点、受教育内容和受教育结果，学生及家庭需要支付的间接学习成本很高（包括长途跋涉的时间成本，双语教学的教材成本，孩子放弃帮助家庭劳动的收入成本，外出寄宿学习的生活成本和学习多种语言的精力成本等）。同时，由于少数民族地区经济文化的影响，处于贫困状态的少数民族村民对教育的投入有限；生产生活方式单一的少数民族农村地区，社区文化服务设施和商业不完善，市场对人力资本的吸收力很低，民众进行人力资本投资的刺激性因素不足；传统的习俗和宗教以及大量文盲存在的现实，使少数民族自觉接受现代学校教育的积极性不高。根据韦伯（Max Weber）关于理性的社会行动的论述我们可以看出，在宗教和传统势力影响下的现代学校教育，在相对较高的成本投入和相对较低的收益的状况下，将导致理性的少数民族地区民众进行学校教育投入的积极性不高。

二、高中和中等职业教育阶段教育资源分布不合理

教育事业的存在和发展，其根本目的是要通过人才的培养和科学研究，为经济社会的发展服务。全局性的教育与经济的协调发展，有赖于区域性的教育与经济的协调发展来实现。但是，像中国这样一个幅员辽阔的大国，各地区间经济、教育发展水平极

---

① 哈经雄、滕星主编：《民族教育学通论》，教育科学出版社 2001 年版，第 132 页。

不平衡。而经济发展的不平衡，势必会对教育的发展提出不同的要求。面对这样的现实，要想在短时间内拿出一个普遍适用的教育发展方案是极为困难的。在经济基础薄弱的少数民族贫困地区，在各类的转移支付和财政补贴都不是很完善的情况下，迅速巩固义务教育，大幅度地提高地区内的人口的受教育程度需要一个循序渐进的过程。许多经济欠发达地区，由于教育发展的滞后，有效人力资本存量的不足，使教育与经济发展之间形成了一种恶性循环，即经济发展落后→教育投入不足→教育整体水平很低→有效人力资本不足→启动经济发展的动力微弱→经济发展滞后。① 因此，在各方面实力都较为薄弱的少数民族地区，发展教育与经济的道路不可能是大幅度跨越性的激进方式，而必须根植于地方发展的实际情况，以地方经济社会良性发展的要求为基础，确切而充分地利用现有的资源进行有效的配置，最大限度地实现少数民族地区人口整体素质的提高，使具有一定文化技术素质、思想素质的人力资本进入到地方发展急需的部门，成为促进地方经济社会发展的助推器。根据目前大多数少数民族地区的发展实情，面对尚需大量经费投入进行巩固的基础教育和大量受教育程度较低的人口，大部分少数民族贫困地区现阶段进行教育发展的重点应该是发展地区内的高中和中等职业技术教育，以较为可行的教育改革与发展方案，有效地满足这一时期少数民族贫困地区经济社会发展的需求。

然而，目前少数民族地区的高中和中等职业技术教育学校分布不合理、数量过少、缺乏特色、收费过高，在提高了少数民族

---

① 广州大学高等教育研究室课题组：《推动教育与经济协调发展的思路与对策》，载《广州大学学报》（综合版）第 14 卷，2000 年 8 月第 4 期（总第 41 期）。

地区学生接受职业技术教育成本的同时，降低了毕业生的就业能力，教育投资获得收益的周期过长而收益量过小。首先，少数民族地区的高中、中专和农职中学的学校数量严重不足。以2000年《云南省各级各类学校校数》① 为例，普通中等专业学校全国有3 647所，云南省只有127所；农职中学全国有8 849所，云南省只有199所。总体上云南省每百万人口所占有的学校资源数低于全国平均水平，使云南省少数民族地区人口获得中等职业教育的机会远远低于经济发达地区。其次，少数民族地区的高中、中专和农职中学的学校布局不合理，以2000年《云南省学校分布》② 表为例，全省有普通中等专业学校127所，昆明拥有49所，其他15个州市最多的是曲靖市和楚雄州各有8所，怒江州最少，只有1所；全省有职业中学199所，昆明拥有36所，红河州23所，曲靖市20所，而最少的是怒江州，只有2所。大量的中等教育资源集中在经济较为发达的城镇地区，这类地区由于经济和社会文化的发展，对人才的需求已转入了较高的层次，中等职业教育程度毕业生的就业前景并不良好，影响了学校的扩大和发展。而在中等职业教育程度人才需求量较大的少数民族农村地区，由于地区内办学资源的不足，学生外出求学花费的教育成本过高，外部地区学校教育内容的不适用，极大地影响了少数民族进行高中和职业教育投资的积极性。第三，少数民族地区的高中、中专和农职中学专业设置脱离当地的实际情况，使毕业生获得投资收益的周期较长，影响了生源的扩大和学校的发展。因为完成中等职业教育进入劳动力市场的人力资本，一般都只能从事

---

① 云南省教育厅：《云南教育五十年》，教育科学出版社2002年版，第29页。
② 云南省教育厅：《云南教育五十年》，教育科学出版社2002年版，第27页。

较低端的工农业基础生产活动，工作环境一般欠佳，工作的稳定性较差，能获得的收入报酬也较低。但由于接受这一阶段教育所需花费的受教育各类成本远远低于高等教育的费用，所需要具备的基础知识拥有量也较低，因此，选择这一教育类型的学生多为家庭经济较为困难、急于尽快获得收入回报的农村贫困家庭子女，或本身所接受的教育程度较低、就业选择面较小、为尽快获得就业机会的低学历人口。然而，目前我国的中等职业教育着眼点还是紧跟大都市的潮流，以都市人口的职业需求作为专业设置的基础，严重脱离了贫困少数民族地区经济社会发展的人才需求，使毕业生就业的难度较大。在都市生源大规模转向高等教育的情况下，农村生源的进入较为缓慢而艰难，生源的不足而使学校的生存受到威胁。加上这类院校所得到的省级和中央财政支持严重不足，大部分办学经费的筹措主要还依靠学校和地方政府自己解决，在生源萎缩、经费匮乏的双重压力下，学校的发展举步维艰，进一步使少数民族地区人口投资这一阶段教育的收益前景更加暗淡。

三、高等教育阶段成为少数民族地区人力资本的瓶颈

新中国成立以来，我国的少数民族高等教育取得了很大的发展。1999 年，全国共有民族学院（大学）12 所，在校生有22 000 多人，少数民族自治地区高等学校95 所；至 2009 年，全国共有民族学院（大学）15 所，少数民族自治地区高等学校167所，较之 1950 年的 4 所有了很大的增长。少数民族人口接受高等教育的人数逐年增加，全国 55 个少数民族都有了本民族的大学生，有的还有了硕士和博士研究生。但是，我国少数民族人口在高等教育领域的教育参与比例仍然低于全国人口中少数民族人

口的比例。特别是 1998 年全国开始实行高等教育收费以后，少数民族大学生占全国大学生总数的比例呈下滑的趋势。值得关注的是，由于入学起点上的差距，少数民族学生往往只能入读高等民族院校，或者高等教育的预科班，进入重点大学的少数民族学生更是凤毛麟角，影响了学生个体今后在社会中的流动和个人的发展。而且，高等院校中的少数民族学生大多局限于以文科为主的专业，既不利于少数民族地区经济发展的需要，也不利于学生的就业前景。由于母语和文化的影响，少数民族学生在接受高等教育的同时，必须面对两种文化的冲突和沉重的学习负担，学业水平提高困难。

目前，我国许多少数民族地区的经济发展水平还很低，在市场竞争机制的压力下，少数民族地区的经济和科技发展陷入了较为被动的境地。如何从少数民族地区的特质出发，促进有效人力资本的形成，实现少数民族地区的现代化是少数民族地区高等教育的重大理论和现实问题。然而，由于目前少数民族地区的高等教育并未处理好地方化发展与国际化发展的关系，民族文化传承与现代经济发展的关系等等，盲目地引进经济发达地区的成功经验和国际化教学管理模式，以城市发展需求为标准的专业设置和教学理念脱离了少数民族地区发展的实际，所形成的高等教育人才的就业范围只能停留在城市周边地区，在少数民族地区的就业前景较差和所能发挥的作用较低，人力资本流失的现象严重，少数民族地区高等教育一时成为少数民族农村贫困地区人力资本外流的通道。

少数民族贫困地区的人均收入增长速度跟不上高等教育收费的增长速度，也是少数民族地区高层次人力资本形成困难和人力资本效率提高困难的一大原因。中国青少年发展基金会

2006年公布的一项调查表明，平均每年每个贫困高考学生家庭的子女教育支出费用为6780元左右，高于他们的平均家庭总收入4756元，超过2/3的家庭入不敷出，八成的贫困学生家庭致贫的主要因素是教育支出。2006年全国有178万贫困大学生需要经济援助，高昂的高等教育费用使许多贫困学生放弃大学教育。而且，经济水平偏低的少数民族地区高等教育学校数量严重低于经济发达地区人口的拥有量。学生获得高等教育的机会甚少，学生和地区进行教育投资的成本投入与收益严重不成比例，教育投资的积极性不高。

四、少数民族地区的特殊需求无法得到满足

社区是聚集在一定地域中的人们的生活共同体。社区以多种社会关系的结合而呈现，从事经济、政治、文化、教育等各种活动，组成一个相对独立的区域性社会实体。[①] 少数民族地区以一定的社会关系、一定的地域条件及生活服务设施、特有文化和共同认同感等构成了社区的主要因素。我国各民族的分布具有大杂居、小聚居的特点，经过数千年的民族大融合，中国境内已经没有一个县全部人口都属于某一民族的现象。在同一地区生活的各民族的生存环境、生活习惯、通用语言和受教育程度都大体相同，因此，以区域划分来研究少数民族教育是较为有效的研究方式。例如，云南省的少数民族地区一般具有村寨群落较为分散，交通运输较为不便，技术信息交流较少，可用耕地较为稀缺，生产力水平较为落后，民族、宗教、语言文字和风俗习惯多样性等特点，这就对地区的教育提出了特殊的要求。

---

① 向洪等主编：《人口科学大辞典》，成都科技出版社1994年版，第55页。

目前大部分少数民族地区的学校教育还是沿用以汉族主流文化地区实际需求为规范的教育理念、教学模式、教材和教学方法，特别是普遍存在的应试教育趋势，使教育与当地民众的需求产生一定的差距。同时，不考虑地区内经济社会发展水平所培养的人力资本与地区内的生产资料难以结合，融入社会生产生活方式的困难直接导致人力资本的外流和人力资本存量增加的缓慢，地区高速发展的人力资本基础无法保障。首先，在一些地区，特别是在傣族、藏族等少数民族聚集的地区，宗教文化是民众生活中不可或缺的主要部分，许多家庭仍然将寺庙的宗教教育选择为孩子接受知识的主要渠道。在这种非理性的宗教情绪影响下，只进行简单的、现成的、规范的学校教育，就会将许多孩子隔离在现代文化知识的栅栏之外而导致义务教育的收效甚微，因此，如何在教育法规定的范围内，既不影响民众的宗教信仰，又同时为孩子提供现代学校教育的机会，是传承地方传统宗教文化，同时使民族得到现代化发展的关键。其次，学校教育与地区社会实际的脱离，直接导致少数民族地区学校教育是输出式或外向型教育。也就是说，能够完成高层次学业（大中专以上）的人数是地区人口中的极少部分，而且他们大部分都没有回原住地工作而是留在了城镇。对他们来说，教育的回报就是找到一份固定的、收入相对稳定的工作而融入现代都市生活。其中部分就业较为困难的毕业生宁可在外打工也不愿回归家乡，除经济因素外，更多是担心返回原籍后就业依旧困难，教育的投入与收益不对等而受到取笑。对地区而言，大量的教育投入随着毕业学生的外流而收益甚微。第三，对于未完成学业者来说，简单的读写能力无法应对劳动力市场的专业技术需要而导致就业的难度很高，受教育的回报率接近于零。同时，长期脱离体力劳动和农业劳作使他们从心理和体力上都很难适应父母的生活方式，回归原居社会的难度很高。因此，要促进少数民族地区人力资本的提高，就必须彻底改革少数民族地区的教育体制、目标和内容，在提倡使教育面向未来、面向世界、面向现代化的同时，也要提倡教育面向实际，面向本地区，面向民族的经济、文化、社会发展。[①]

综上所述，目前少数民族地区的各级各类教育在一定程度上还不能满足少数民族地区经济社会发展的需求，教育成本超出了贫困的少数民族地区农村民众的经济承受能力，在收益回报较低和回报周期过长的双重制约下，贫困的少数民族农村地区进行教育投入的收益远不及进行其他生产性投资所带来的利益。因此，在理性的支持下，少数民族地区民众为了维持生计、原有的生存环境和文化传统，无意于进行加重家庭负担的人力资本投资。人力资本的匮乏严重地抑制了地区内人口现代化发展的趋势。

第二节　少数民族教育现状分析

一、教育的需求不足

2000 年"五普"时，中国少数民族人口占总人口的 8.41%，同 1990 年第四次全国人口普查相比，汉族人口增加了 11 692 万人，增长了 11.22%；各少数民族人口增加了 1 523 万人，增长了 16.70%。根据国家统计局公报显示：2005 年，全国人口中，汉族人口为 118 295 万人，占总人口的 90.56%；各少数民族人口为 12 333 万人，占总人口的 9.44%。与第五次全国人口普查相比，

[①]　哈经雄、滕星：《民族教育学通论》，教育科学出版社 2001 年版，第 127 页。

汉族人口增加了2 355万人，增长了2.03%；各少数民族人口增加了1 690万人，增长了15.88%。从各类院校少数民族在校生情况来看（见表6-2-1），只有职业初中阶段少数民族在校生人数的比例超过少数民族占全国人口的比例。也就是说，目前大部分少数民族人口获得高等教育的机会低于全国平均水平。造成这一结果的原因主要是因为少数民族人口选择的教育形式比较单一，所偏好的受教育程度为初中教育水平：首先，因为初中及以下教育属于义务教育阶段，这一层次学校校址一般都较近，学生家庭需要支付的教育成本较低；其次，因为这一阶段的孩子年龄较小，还不能成为家庭的主要劳动力，读书所付出的机会成本很低；第三，初级职业教育使孩子能具备一定的专业技术知识，就业的机会有所增加。

表6-2-1 各级各类学校少数民族学生统计数据（2006年）[1]

学校分类	少数民族学生	
	人数（万人）	占学生总数的比重（%）
普通高等学校	95.32	6.10
普通中专	35.31	5.61
职业高中	21.25	3.65
普通高中	159.47	6.62
职业初中	8.55	19.82

通过对云南大学少数民族村寨调查资料和教育部统计资料进行分析发现，造成目前少数民族人口受教育程度较低的原因主要

---

[1] 教育部：《全国教育事业发展统计公报》（2008年）。

有三点：（1）受教育的高成本和低收益率超过了少数民族地区群众的经济和心理承受能力。目前我国少数民族地区教育资源较为稀缺，经济发展迟缓，人均 GDP 占有量很低，家庭收入微薄。从我国的少数民族教育体系中不难看到，居住在贫困民族地区的少数民族儿童，在入学的第一天就得面对语言的障碍、文化的冲突和教育资源的稀缺。随着学业的发展，学习的成本也在逐年的增加：儿童放弃帮助家庭生活生产活动的机会成本（虽说儿童不应具有进入生产领域的权利，但对于贫困地区的农村家庭而言，儿童的辅助性劳动是家庭收入中不可忽视的一个部分）、远距离求学的交通成本和学生家庭支付的教育投入（在社会投入不足的情况下，转移由学生家庭支付的教育投入）等，语言文化障碍和教育成本投入过大严重影响了学生的学习积极性和教育的效率。贫困地区的学生顺利完成现行的基础教育后，如果考取普高并幸运①地进入高等院校，首先，遇到的往往是远远高于家庭年收入（许多少数民族农村人均年收入仅千元左右）的学费和生活费；其次，巨大的文化差异势必对其心灵产生严重的冲击；第三，获取毕业证以后的就业信息缺失和身份歧视，使其在城市就业困难重重。而所获得的知识与家乡地区的经济发展状况严重脱钩，使回乡就业的前途也不令人乐观。如此一来，少数民族地区千辛万苦培养的人力资本要么处于不得用的状态，要么就流失在经济发达地区。另外，完成现行的基础教育后如果失去继续深造的机会，花费 9 年时间接受的知识由于在目前的乡村经济中使用频率过低，要么逐渐遗失而返盲，要么因为无用而受到乡邻的嘲笑。

---

① 农村地区学生进入高等院校的比例相当低，而少数民族地区学生进入高等院校的比例就更低（参照教育部教育统计年报）。

因此，受教育的高门槛、高成本、低收益率和长收益周期使许多少数民族学生的受教育水平大多停留在义务教育阶段。（2）少数民族地区培养的高等教育人才洄游困难，使地区经济社会发展遭遇人力资本限制，抑制地方经济社会发展的同时更恶化了人才的回归。目前中国的教育机制，使接受高等教育的学生所获得的知识大多是综合性和普遍性知识，因此，毕业生可选择的工作领域一般都存在于城市周边的范围并且上岗前还需要更为深入的专业技术培训。对于经济欠发达的少数民族地区而言，经济社会发展程度较低，地区内并未建立起足量成型的现代工商企业，受过普通高等教育的人才在当地就业的尺度很小，人力资本洄游困难，地区进行高等教育投资的收益很低。同时，少数民族地区在特有文化资源背景下和经济基础上，地方经济社会的发展需要大量具有相关特殊知识的人力资本。而大量人口处于初级中学教育水平，缺乏进行创业和技术开发的能力。人力资本的缺失抑制了地方经济社会的发展，更恶化了受过高等教育人才的回归。（3）目前教育资源配置与少数民族地区实际情况不协调，在提高少数民族地区学生进入高等院校门槛的同时，也阻碍了民族地区经济社会的发展。在教育资源分配向东部倾斜的现实情况下，目前西部大部分少数民族地区并未拥有足够的高等教育院校（有些地区甚至缺失），教育资源严重不足。在文化和经济的双重作用下，少数民族地区学生受教育的效率很低，学生学业水平与城市学生存在巨大的差距，通过高考进入高等院校的希望渺茫。作为近年来在各级政府部门支持下发展起来的高等职业技术学校（院）（先不讨论该类学校进行专业技术性教育的成果如何），由于该类院校的招生也并未脱离中国规范统一的高考招生系统而使用单一的高考分数标准，简单地使大部分少数民族地区的子弟"望分兴叹"，①也很难获得接受高等职业教育的机会。因此，不论从简单的经济价值出发，还是从发展可预见的个人前途来看，"理性"的少数民族人口大多选择了初级中学教育。但这一选择的后果，使大量的少数民族人口缺乏必要的专业技术培训，在人地关系日益紧张的今天，渐渐沦为收入颇低的简单劳动力，同时产生的人力资本不足的问题抑制了地方经济社会的发展。

二、教育的配置不当

2008 年全国教育事业发展统计公报显示：①基础教育，由于全国学校分局调整、学龄人口的逐年减少和学校规模的扩大，小学和初中的学校数和学生数继续减少，学龄儿童净入学率不断提高。全国共有普通高中 15 206 所，比上年减少 475 所；全国成人高中 753 所，比上年增加 11 所；全国中等职业教育（包括普通中等专业学校、职业高中、技工学校和成人中等专业学校）共有学校 14 847 所，比上年增加 15 所；招生 812.11 万人，比上年增加 2.09 万人；在校生 2 087.09 万人，比上年增加 100.08 万人。全国共有普通高等学校和成人高等学校 2 663 所，其中，普通高等学校 2 263 所，比上年增加 355 所，成人高等学校 400 所，比上年减少 13 所；普通高校中本科院校 1 079 所，高职（专科）院校 1 184 所；高等教育招生数和在校生规模持续增加，2008 年全国各类高等教育总规模达到 2 907 万人，高等教育毛入学率达

---

① 大部分少数民族农村地区，在教育资源和当地经济文化等条件的限制下，能达到高考最低录取分数线的学生毛过线率相当低。以云南省为例，至 2000 年，云南省农村高中的招生数与初中毕业生数的比例仅为 8.36%，而同期农村初中在校生数占全省在校生数的 65.63%，参见《云南教育五十年》，第 108 页、第 287 页和历年云南省招生录取情况简报。

到 23.3%。

根据教育部颁布的教育统计数据我们不难发现，随着经济社会的发展，各级教育部门的数量与规模都发生着不同的变化。普通高等教育部门（在并校合校的同时）逐年增长，扣除逐年萎缩的成人高等教育，近十年来增长速度极快，发展态势喜人；作为教育根本的基础教育，近年来在进一步提高办学规模、办学能力和办学效率的思想指导下，在政府部门各类资金的支持下发展稳定；但作为地方经济发展基础人才培养部门——职业教育学校的发展状况令人担忧，普通中专在 2000 年后便逐年下降，成人中专学校和职业高中自 1999 年以来便年年下滑，而职业初中的下滑情况更为严重，好在 2004 年以后的统计数据显示，这一情况已得到扼制。虽然高等职业院校近年来如雨后春笋般地涌现出来，但由于办学的地区性特色不足，专业的技术性不强，与普通综合性院校的区别不大，无法满足人才市场对特殊专业技术人才的需求。

在地方财力不足、人均收入过低和地方产业结构单一的条件限制下，目前少数民族地区的教育需求严重不足。面对这一现状，教育资源的配置必须正视地区内人力资本投资能力较弱，对基础性技术人才需求较强这一事实，在稳定发展义务教育的基础上，将有限的教育资源尽可能地配置在地区经济发展需求较旺而地区家庭收入较能接受的中等职业教育阶段，从而使地区内掌握一两项专业劳动生产技能的人口比例大幅增加，在提高人口素质和民众生活水平的同时，实现地区内人力资本的积累和地方经济社会的发展。

三、教育的发展缓慢

1990 年进行全国第四次人口普查时，全国拥有人口 113 368

万人，其中少数民族人口为9 120万人，占人口总数的8.01%；2000年进行全国第五次人口普查时，全国拥有人口126 583万人，其中少数民族人口为10 643万人，占人口总数的8.41%，十年来少数民族人口的增长较为迅速。然而，少数民族人口受教育程度的发展缓慢已成为少数民族地区经济社会发展和群众生活水平提高的障碍。

表6-2-2　部分民族人口（6岁及6岁以上）受教育程度及其所占本民族人口比例之比较表[①]

人/%

民族		合计	大学本科	/%	大学专科	/%	中专/%		高中/%		初中/%		小学/%	
汉族	1990年	734 351 609	5 803 242	0.79	9 114 499	1.24	16 012 856	2.18	68 563 346	9.34	248 671 291	33.86	386 186 375	52.59
	2000年	1 061 196 336	13 323 659	1.26	27 250 348	2.57	36 139 553	3.41	93 677 240	8.83	395 955 476	37.3	398 665 791	37.57
藏族	1990年	1 215 772	7 152	0.59	13 240	1.01	53 597	4.41	40 988	3.37	209 657	17.24	891 138	73.30
	2000年	4 791 241	18 315	0.38	45 702	0.95	119 504	2.49	81 366	1.70	369 913	7.72	1 685 203	35.17
彝族	1990年	2 959 424	6 497	0.22	10 655	0.36	49 904	1.69	86 761	2.93	557 782	18.85	2 247 825	75.95
	2000年	6 848 737	20 119	0.29	52 165	0.76	153 103	2.24	176 369	2.58	1 124 234	16.42	3 537 042	51.65

①　《中国民族人口资料》（1990年人口普查数据），中国统计出版社1994年版，第42—49页；《2000年人口普查中国民族人口资料》，民族出版社2003年版，第124—147页；由于1990年的统计数据未将文盲和扫盲班人员分别列出，而将这两类人口统计入小学教育程度人口，使当年的小学教育程度人口比重偏大，而2000年的数据分别列出后，小学受教育人口比重就较为合理。

续表

民族		合计	大学本科 /%		大学专科 /%		中专/%		高中/%		初中/%		小学/%	
白族	1990年	1 007 061	8 023	0.79	8 929	0.89	25 256	2.51	60 531	6.01	279 174	27.72	625 148	62.08
	2000年	1 679 629	18 027	1.07	31 423	1.87	60 981	3.63	85 073	5.06	495 595	29.51	781 424	46.52
傣族	1990年	530 439	1 095	0.21	1 891	0.36	8 028	1.51	14 047	2.65	86 264	16.26	419 114	79.01
	2000年	1 057 092	2 509	0.24	7 641	0.72	25 636	2.43	27 244	2.58	186 773	17.67	604 129	57.15
傈僳族	1990年	195 670	304	0.16	679	0.35	3 261	1.67	3 379	1.73	27 172	13.89	160 875	82.22
	2000年	571 678	842	0.15	2 272	0.40	9 725	1.70	6 350	1.11	57 880	10.12	290 024	50.73

由表 6-2-2 所选择的几个民族受教育程度的比较数据中我们不难发现，少数民族人口受教育程度发展缓慢。十年的时光，中国的经济取得了突飞猛进的发展，各级教育部门的发展态势也令人欣慰。然而，从数据分析中能清晰地看到，十年来少数民族教育的发展迟缓，特别是人口接受高中及高中以上教育的发展水平远低于汉族人口受教育程度的发展水平，一些少数民族甚至还出现了接受高层次教育人口比重下降的现象，这一现象一方面证实了中国经济发展的不均衡程度在加剧；另一方面也证实了东西部地区人力资本的差距在进一步扩大，这一事实是我们在进行少数民族教育问题研究时必须正视而不可回避的。因此，少数民族教育问题的特殊性和困难性不容置疑地成为少数民族地区人力资本研究的重点。

第三节　少数民族地区教育资源配置

一、教育"回波效应"理论

所谓的教育"回波效应"指的是由于经济较发达地区具有较强的资源积聚和吸引能力，因而在教育的绝对水平上升的同时，中心地区和边缘地区，经济发达和欠发达地区教育的相对差距将会越来越显著。[①] 改革开放以来，中国的经济得到快速的发展，但是由于地域间发展的不平衡，城乡二元结构和东西部地区差距越来越大，特别是西部少数民族地区，在各种条件的限制下，经济社会发展水平与东部地区的差距逐步扩大，尤其是知识差距的进一步扩大，使地区的发展前景令人担忧。

根据美国人口普查局的调查数据显示，个人收入与受教育年限成正比，并且随着知识经济的发展，受教育年限所引起的个人收入差距在逐步扩大，在 1975 年时，美国具有学士学位的全日制工人平均年收入是具有高中学历工人的 1.5 倍，至 1999 年差距已经扩大到 1.8 倍；同期，硕士以上学历的全日制工人比具有高中学历的平均年收入由原来的 1.8 倍上升到 2.6 倍。2008 年，美国联邦人口普查局发表了"美国学历与平均年薪"调查数据：高中以下学历平均年薪为 ＄19 169；高中毕业平均年薪为 ＄28 645；大学毕业平均年薪为 ＄51 554；硕士以上学位平均年

---

① 王保华、张婕主编：《高等教育地方化——地级城市发展高等教育研究》，人民教育出版社 2005 年版，第 7 页。

薪为＄78 093。① 由此可见，高素质的人力资本的重要性正在凸现，因此，教育推动区域经济发展的作用不容忽视。

然而，目前中国教育的"回波效应"使西部少数民族地区的教育发展困难重重。

首先，教育资源分布不均衡，呈东高西低的状况，并且随着经济的发展，中、东部地区资源的吸纳能力不断加强，教育资源过多地集中于中、东部地区，使西部地区人力资本的提高困难。以高等教育为例可以看出，按照行政区划，我国地级城市的分布，东、中、西部大致均等，但高等教育的分布却相当悬殊。至2005年时，西部地级城市拥有的高等院校数仅占全国地级城市高等院校数的16%左右，而西部地区的土地面积占全国的56.8%，人口占20.23%，GDP占14%。西部地区人口拥有的高等教育资源明显低于全国平均水平。

其次，学校教育模式的确立是以中、东部地区发展的普遍状况为基础，使学校教育的内容和学科设置等各方面并不能很好地适应西部地区地方经济社会发展的需求，西部地区投资形成的人力资本被中、东部地区所吸纳，地区间"回波效应"明显，进一步加大了地区间知识经济的差距。以高等教育为例可以看出，东部经济发展较好的地区，高等院校主要设置的专业从数量上依次为经管类、理工类和师范专业，专业设置比较注重适应地方经济发展的需求。而经济欠发达的中、西部地区，设置的专业从数量上依次为师范类、经管类和理工类专业，很少考虑适合本地区经济发展需求的农林牧业、石油矿产、水利资源利用等专业，很

---

① 《金融危机最关心：美国硕士、博士毕业生的工资》，http://www.51ibt.cn/abroad/usa/402.html

难达到为地区输送急需的人力资本的目标。而且，各级各类学校的教育模式大多是经济发达地区成功教育模式的推广，在这一教育系统内所培养的人力资本往往能满足经济发达地区的需求，使高等教育成为西部人力资本流失的媒介，导致西部经济发展所需的人力资本在培养的初期就处于不良状态。[①]

第三，教育投入不均衡。长期以来，在扶优保重观念的影响下，中国的教育投入并非一种均衡投入，经济较发达地区投入往往高于经济欠发达地区，使地区间的教育投入差距不断拉大。2007 年全国共有普通高校 1 908 所，其中中央部委所属 111 所（其中教育部属 73 所，其他中央部委所属行业特色强的高校 38 所），占 6% 不到。地方所属院校 1 797 所，占全国高校总数的94.2%。地方普通高校本、专科在校学生 1 716.8 万，占全国总数的 91.1%。地方普通高校本、专科招生 522.8 万，占高校招生总数 565.9 万的 92.4%。地方高校数和在校生数均占到了全国普通高等学校的 90% 以上，而获得的教育经费仅占全国普通高等学校经费收入的 57%，地方院校的生均经费不足部属院校的50%，这一状况延续多年没有丝毫的改观。[②] 而西部地区高校学生的生均教育经费明显低于全国平均水平，使西部地区的教育经费投入捉襟见肘。西部地区经济不发达的实际，使地方财政和地方企业为教育提供大量经费投入的能力有限，严重抑制了学校教育的发展。加上西部地区特殊的文化自然环境下，学校教育存在规模小、校点多、效益低、地域分布广和教育需求多样化等特

---

① 王保华、张婕主编：《高等教育地方化——地级城市发展高等教育研究》，人民教育出版社 2005 年版，第 10—13 页。

② 长沙理工大学发展规划办（院校研究中心）：《我国地方高校发展情况简析》，载《理工参考》2009 年第 4 期（总第 14 期）。

点，使西部少数民族地区教育投入效率较低，有限的教育投入无法满足当地群众不断增强的多样化教育需求。

二、城镇化建设与教育地方化

所谓城镇化①，一般是指随着经济的发展，城市数量的增加和城市规模的扩大，人口在一定时期内向城市聚集的人口城市化过程。城镇化是人类进入工业化社会后，非农业活动的比重逐步上升，经济结构和产业结构发生变迁，导致了乡村人口比重不断下降，人口的物质面貌和生活方式向城镇性质转化和强化的过程。从世界范围来看，不论是发达国或者是发展中国家，它们的工业化和现代化发展的历程，都是从传统的农业国演变为现代工业国的过程；是农民获得转化身份，不断从农业生产领域转移出去的过程；是农业在国民经济中所占比例不断缩小，二、三产业所占比重不断扩大的过程；是农业劳动力在产业结构中所占比例不断降低的过程。在整个过程中，始终贯穿着人口从农业领域向非农业领域、从农村向城镇转移的城镇化现象。也就是说，随着现代社会的发展，交通和传媒所提供的便利条件，加大了城乡人口的相互了解和交流，现代社会的生活和工作方式得到越来越多的公众的认可，城镇化成为大部分人口和地区所选择的社会发展道路上不可避免的过程，② 也是高效利用现代科技和人力资本，实现经济高速发展的一种有

---

① 城镇化与城市化的基本含义相同，由于中国采取"积极发展小城镇"战略，因此，使用城镇化一词，更适合中国的国情。

② J. S. Sharp, M. B. Smith, *Social capital and farming at the rural – urban interface: the importance of nonfarmer and farmer relations*, Agricultural Systems 76（2003）913—927.

效手段。

根据发达国家工业化的经验，经济发展到一定程度，增长的源泉已不再仅仅是生产要素的增加，而主要在于经济结构的进步，即产业结构的调整和优化。从世界各国的工业化发展实践来看，人口的素质，其中包括人力资本的数量从要素供给的角度影响着一个国家或地区产业结构的变向。产业结构向合理化和高级化方向的演进是以专业化人员的人力资本存量与结构的调整为基础的。而我国少数民族地区独特的经济基础和产业结构发展的特殊要求，使我们在进行城镇化建设的过程中不得不对学校教育提出地方化的结构调整需求。

世界城镇化运动兴起于 18 世纪至 19 世纪中叶，当时的城镇化水平低于 20%。19 世纪至 20 世纪中叶，世界进入城镇化扩张阶段，机器工业的大发展，使世界的城镇化水平提高到将近30%。20 世纪 50 年代至今，世界进入了城镇化加速发展的阶段，总体水平上升到 47% 以上，经济发达国家的城镇化水平甚至达到了 80% 左右。改革开放以来，中国经济的发展推动了各地区城镇化的水平。然而，由于经济发展的特殊性，使各地区城镇化的步调并不一致，2000 年，全国的平均城镇化水平已达36%，最高的北京地区已达到了 77.5%，而最低的西藏自治区只有 18.9%；到 2008 年底，全国城镇人口为 6.07 亿人，城镇化水平为 45.68%，比新中国成立初期提高了 35 个百分点，年均增长 0.95 个百分点，但地区间城镇化水平差距进一步加大。① 城镇化水平的不同，主要是由地区内的经济结构和产业结构所决定的。因此，不同的城镇化水平使地区对人力资本数量和类型的需

---

① 见《人民日报海外版》，人民网，2009 年 8 月 24 日。

求各不一致，特殊性的人力资本需求又必然导致对人力资本产出部门——学校教育提出特殊的要求。根据地方经济产业结构的需求，培养地区性人力资本是教育地方化思索的源泉。

据统计，2000 年我国农村剩余劳动力已达 1.5 亿左右，许多地区农村人均耕地不足 1 亩，人多地少使农业的生产效率无法提高，因而集约化的生产模式无法推行，农民致富的愿望难以实现。因此，从农村发展的需要和提高农业生产效率的要求来看，只有在未来的数年间有效地使 2.5 亿农村人口向城镇转移，并在 2015 年使我国的城镇化水平达到 45% 至 50%，才能保证留在土地上的农民的收入增长速度跟上国民经济扩张和城镇居民收入的增长速度，实现全民富裕的目标。农村剩余劳动力向城镇和非农产业转移既是客观现实的要求，又是农民主观愿望的体现，反映了经济发展和人的发展两种需求。研究表明，在工业化发展的初期，由于物质资本在经济发展中的作用较大，人口的劳动生产力水平和工资水平都较低，家庭对孩子的劳动力依靠程度较高，人力资本对经济的促进作用不明显。当工业化水平提高到一定程度，资本劳动比不断上升，人力资本的作用不断提升，家庭对孩子劳动的依靠程度降低，人口的迁移流动程度提高。[①] 然而，时至今日，我国每年约有 700 万初中毕业生不能升学，其中 80% 以上的在农村地区。随着我国经济社会的迅速发展，大量的农村剩余劳动力势必向城镇和非农产业进行转移，而初中以下的文化程度不仅制约了劳动力进行转移的速度和力度，而且较低的整体素质和技能水平还制约了进行转移人口的自身发展能力和生活水平

---

① Elise S. Brezis, *Long - Run Growth and Demographic Transition——Social Class, demographic transition and economic growth*, European Economic Review 45 (2001) 707—717.

的提高，更加影响了接受转移人口城镇的经济发展速度。因此，迅速提高广大农村人口的受教育水平是城镇化发展的必然要求。与此同时，我国少数民族地区农村人口比重大而升学率低的现实，使少数民族地区城镇化发展与低素质人口大量存在的矛盾更加突出。中国的少数民族主要集中在西部地区，西部复杂的地形地貌、自然环境和历史发展过程，使西部少数民族地区的发展特色和水平各一，资源和经济开发优势更是差异巨大。面对与东部地区差异性很大的少数民族地区发展问题，我们不能一刀切、武断地引入经济发达地区的成功经验，更多的是要依据地方的实际情况发展自己的优势产业。经济发展的实际要求大量有效人力资本的进入，而具有丰富特色的民族地区产业水平的提高，要求必须具备一批能适应地区特色产业发展需求的人才，对特色人才的需求使教育地方化的需求随着城镇化的发展而加剧。

教育地方化有多种含义：第一种是指教育为地方服务，地方为教育提供必要的支持；第二种是指教育管理权转移到地方，中央部门主要进行宏观性指导，具体的日常管理工作由地方组织实施；第三种是指中央将关注的重点由经济较发达的中心城镇地区转移到经济发展水平较低的西部少数民族地区，使这些地区摆脱长期教育资源匮乏的禁锢，得到充分的教育资源配置，使少数民族地区的地级城市高等教育①、乡级城镇中等职业教育和村级学校基础教育得到优先发展。根据目前中国为发展中国家的基本国情和多民族国家的稳定发展需求，三种教育发展思路在使少数民

---

① 地级城市高等教育，是高等教育资源行政区域分布的概念，主要是指分布在省会城市以外、中心城市以下的地区（州、盟）所在地城市及其所辖县市的不同办学主体（中央、省、地方）主办的各类高等教育机构。摘自王锡宏《发展地市高等教育应有战略眼光和有力举措》，载《中国高等教育》2002年第19期。

族地区得到平等发展机会的同时，进一步加强了中华民族的统一民族意识，使各民族在团结安定的环境中选择适合本民族特点的经济社会发展道路。

实践证明，人力资本是经济发展的第一资源要素。一个国家在经济起飞初期，人力资源的开发重点是基础性教育与培训，以保证国民的基本素质；在经济起飞中期，重点是中等层次的职业性教育与培训，以满足各种中级技术人才和技术工人的需要；在产业结构调整、经济增长方式转变开始进入经济发达阶段后，则要重点发展高等职业教育与培训，以满足对高级应用性技术人才的需要。因此，根据各少数民族地区不同的经济发展水平和产业结构的需要，有计划地进行人力资本投资，将有利于中国城镇化水平的提高和产业结构的升级。

按照传统的观念，一般都将科学技术定位为高层次的高、新、尖，具有一定创新性的技术，而往往忽视了具有较高实用价值的中低层次的科学技术。然而，对于许多西部少数民族地区而言，由于地区的经济发展水平不高，产业结构以传统农业为主，人口的受教育水平较低和汉语及汉文化的普及率较低的情况，地区经济社会的发展更多需要的是中低层次的实用型科学技术，如：常见的农业科技、小水电技术、畜牧业技术、医疗和科普服务等。因此，少数民族地区教育改革的定位不应以经济发达地区的发展目标为准绳，更多的是要立足于本地的实际需求和进行人力资本投资的经济能力，有效地调整教育结构配置，从初等、中等至高等教育各层次进行有效的学校设置、专业安排和经费分割，并从教学的内容、教材和所使用的语言分地区进行调整，最大限度地利用有限的教育资源培养地区发展所需要的人力资本，改变所培养的人才因为所具备的知识不能与当地经济相结合而浪费的现象，以丰富的地方化的人力资本支持少数民族地区特色经济的发展。

第四节　云南省的学校教育①

众所周知，20世纪以来，随着现代科技的发展和工业生产效率的提高，世界范围内的生产力正发生着巨大的变化。生产力的这种巨大变化，使教育的收益率逐渐超过了物质资本的收益率。与这种收益率的差异相应的是，以教育为主要组成部分的人力资本存量的增长，一直高于物质资本存量的增长。② 使教育成为研究地区经济增长时不可忽视的重要因素。

一、云南省学校教育发展的环境与基础

云南省拥有土地面积39.4万平方公里，独特的自然地理环境使云南省在经济社会发展的进程中具有一定的资源优势、区位优势和民族文化优势。根据2008年的统计数据表明，云南省总人口为4 543万人，比上年末增加29万人。文盲人口占总人口的比例为14.13%，比2005年1%人口抽样调查时下降了1.1个百分点。少数民族人口达1 590万人，占总人口的35%，民族人口占总人口的比重较为稳定。

从经济活动的实力来看，2008年云南省实现生产总值5 700.10亿元，比上年增长11.0%，高于全国平均水平2个百分

①　本节的各项数据摘自《2004中国统计年鉴》、《2004中国教育年鉴》、《云南省教育厅教育统计快报》、西部十二省区统计局网、国家统计局网和人民网。

②　[美] 西奥多·舒尔茨著，吴珠华译：《对人进行投资——人口质量经济学》，首都经济贸易大学出版社2001年版，第100页。

点。其中第一产业实现增加值1 020.94亿元，增长7.6%，高于全国平均水平2.1个百分点；第二产业实现增加值2 451.09亿元，增长11.4%，高于全国平均水平2.1个百分点，其中工业完成增加值2 056.95亿元，增长12.5%，建筑业完成增加值394.14亿元，增长5.5%；第三产业实现增加值2 228.07亿元，增长12.1%，高于全国平均水平2.6个百分点。人均GDP达到12 587元，比上年增长10.3%，但与全国23 128元相比仍然存在较大的差距，位于全国第二十五位。非公经济蓬勃发展，经济规模不断扩大、活力增强，创造增加值2 194.5亿元，比上年增长12.6%，占全省GDP的比重达38.5%，比上年提高1.1个百分点。总体说来，目前云南省的经济增长速度较快，已有多项增长指标高于全国平均水平，但由于经济基础较为薄弱，整体性的经济发展水平还处于全国较后序列。

2008年，云南省地方财政一般预算收入完成613.6亿元，比2007年决算数增加126.9亿元，增长26.1%。全省教育支出完成241.3亿元，比上年增长26.7%，重点支持全省农村义务教育发展。改革高校投入机制，进一步完善大中专家庭经济困难学生资助体系，积极支持呈贡高校新区建设。全年普通高等学校在校学生34.77万人，比上年有所增长。各类中等职业教育在校生41.39万人，毕业生10.32万人。普通高中在校生59.47万人。初中在校生200.01万人。普通小学在校生451.04万人。幼儿园在园幼儿89.57万人。小学学龄儿童入学率达107.31%，小学毕业生升学率达96.52%。高等教育毛入学率达16.17%，高中阶段教育毛入学率达52%。新增5个"普九"县。扩大"两免一补"覆盖范围，投入2 489万元，全面免除城乡义务教育阶段学生学杂费；投入6.6亿元，使638万名农村中小学学生享受到免费教科书及练习册。

2008 年全省每万人口中接受过各种教育的人口分别为：在幼儿园阶段云南省为 198.4 人，而全国为 187.3 人；小学阶段云南省为 999.2 人，而全国为 781.9 人；初中阶段云南省为 445.7 人，而全国为 442.7 人；高中阶段云南省为 240.9 人，而全国为 334.0 人，高等教育阶段云南省为 117.4 人，而全国为 204.2 人。可以看出，云南省每万人口对基础教育的需求量非常大，从 2006 年到 2008 年教育经费总投入 849.62 亿元，但规模与需求相比，缺口大，义务教育面临普及与巩固提高双重压力。另外，高中和高等教育阶段数据说明，云南省每万人口中的接受高中以上教育程度的不是很高，明显低于全国。虽然高学历文化程度人口在每十万人口中的拥有量有所增长，小、初中文化程度人口有所下降，但与全国平均水平相比，仍然存在较大的差距。[①]

作为一个边疆多民族省份，云南省境内世代居住的人数 5 000 人以上的少数民族有 25 个，总人口约 1 400 万，占全省总人口的三分之一。但在中国实行改革开放 30 年后的今天，云南省少数民族地区的贫困现象仍然十分严重。全省 129 个县（市、区）中，被列入《国家八七扶贫攻坚计划》的固定县有 73 个，占全国贫困县总数的 12.3%，重点贫困县贫困人口占全国贫困人口总数的 9.7%。全省尚有 400 万左右贫困人口未能解决温饱问题，其中 85% 的贫困人口是少数民族。全省 25 个边境县有 17 个国家和省扶贫开发工作重点县[②]。在这样的实际情况下进行少数民族

---

① 云南省教育厅：《云南省教育事业"十二五"发展规划研究报告》，2009 年 7 月。

② 赵曦：《中国西部贫困地区扶贫攻坚难点问题战略选择研究》，西南财经大学出版社 2001 年版，第 21 页。

教育，我们更多的是要立足于实际，立足于地区内产业发展的需求及民众的经济和心理承受能力，不能以偏概全，更不能好大喜功，才能使教育所培养的人力资本最有效地投入到社会生产之中，从而实现效益最大化的目标。

二、幼儿教育现状

幼儿教育是指向 0 至 6 岁或 7 岁的儿童实施的启蒙教育，是儿童接受教育的第一个阶段。良好的幼儿教育不仅直接影响到幼儿的身心健康发展，而且对于一个民族优秀传统文化的传承和巩固，培养幼儿的自尊、自爱和自信心都有着事半功倍、不可替代的作用。[1] 幼儿教育分为非正规教育和正规教育两个部分。非正规教育由幼儿家庭教育和社会教育所构成。首先，家庭教育是幼儿接受教育的源头，是伴随着家庭对儿童的养育过程而自然进行的。父母作为幼儿的第一任"教师"，其教育的内容涉及幼儿步入社会所应具备的各种知识和技能：从母语的习得到生产、生活技能的训练，从行为习惯的养成到自我意识的萌发。家庭教育在幼儿的社会化过程中起到了无可替代的作用。由于家庭教育的主要责任一般由母亲承担，因此，母亲的知识程度直接影响着幼儿个性的培养和日后发展的潜力。[2] 其次，社会教育是幼儿成长过程中不可缺少的一个部分，除了受正规教育的影响之外，儿童还要常常受到来自同辈伙伴、家庭亲友、邻居及大众传媒等社会因素的诱导。与儿童日常生活紧密相关的社会环境对幼儿行为方式

---

① 哈经雄、滕星：《民族教育学通论》，教育科学出版社 2001 年版，第 333—357 页。

② 目前少数民族地区过高的女童失学和辍学率势必影响若干年后这一辈人成为母亲后所能承担的家庭教育的能力。

和价值观念的养成具有不可忽视的作用。正规教育是以托儿所、幼儿园和学前班为主的各种专门机构及社会组织对幼儿实施的启蒙教育。正规的幼儿教育是在良好的环境中，由经过专门训练的幼儿教师和保育员对幼儿进行有目的、有计划、有秩序的教育，能够有效地促进幼儿身心的健康发展。

2003 年，云南省共拥有幼儿园（含小学附设班）1 711 所，招生人数达到528 528人，在校生数达到668 471人，教职工总数达到22 710人，其中专任教师达到14 525人。幼儿园少数民族在校生为145 200人，占幼儿园在校生的21.72%。2008 年，云南省共有幼儿园 3 085 所，幼儿园（包括学前班）在园学生数达到89.57 万人，学前教育毛入园（班）率明显提高，达到51.66%。教职工人数达 37 011 人，其中专任教师人数达 23 178 人，幼儿园少数民族在校生人数 243 054 人，占总人数的27.14%，较之2003 年有较大提高。总体上，全省城镇儿童接受幼儿教育的情况较好，但少数民族农村地区由于经费限制，儿童获得现代幼儿公共教育的比例很低。少数民族幼儿的现代公共教育（又称正规化的少数民族幼儿社会教育）是在保存各民族传统的幼儿教育精髓的前提下，用现代科学的幼儿教育理论去规范传统的抚幼方式，使之更加符合少数民族在现代社会生存和发展需求的幼儿教育。世界最早的民族幼儿园是由德国的政治家约哈勒斯·伦克（J. H. Renk）及夫人柏尔达（Berdu Renk）在英国开设的用德语为教学用语的移民幼儿园。在中国的近代史中可以查到，1905年英籍传教士波拉德（S. Pollard）在贵州石门坎（今威宁彝族回族苗族自治县境内）传教时为苗族儿童曾开办过幼稚园。20 世纪 40 年代，云南省丽江地区也出现过黄山幼稚园等几处提供少数民族幼儿教育的幼儿园。由于少数民族儿童在家庭和生活环境中接触到的只有母语环境下的文化和意识，如果没有经过一定的现代幼儿教育而直接进入小学阶段学习，其业已形成的文化价值观念和理解能力势必会与以主流文化为背景的现代学校教育产生较大冲突，在艰难的语言沟通过程中一些学生逐渐产生自卑和厌学心理，学业水平呈现普遍较低的状态。有研究发现，在进入小学教育以前，如果给予少数民族儿童一定时间的汉语和民语的比较与熟悉过程，以母语为学习汉语的桥梁，培养儿童学习汉语的兴趣，将有助于儿童尽快克服语言障碍，并提高少数民族学生的学习效率。同时，利用地区内的传统文化，对少数民族儿童进行本土化的民汉双语教学，将有助于儿童建立适应现代少数民族社会发展的价值观念和意识形态，从而提高个人发展的潜力。因此，作为边疆少数民族省份的云南省，在发展各地区经济的同时，必须重视发展少数民族地区的幼儿教育，在地方财政许可的范围内，合理利用本土资源和本土文化，尽可能地为少数民族儿童提供必要的学前教育，帮助少数民族儿童树立完整的世界观和民族的自豪感。

三、基础教育现状

教育经济学中的教育投资利益共享成本分担理论认为，教育成本的分担有两条原则。首先，受益原则，即谁受益谁就应当负担教育的成本；其次是能力原则，谁占有国民收入，谁就有能力负担教育的投资。研究发现，各级各类教育的性质差异较大，从基础教育、中等教育到高等教育，受益的外在性方面逐渐减小，而消费的排他性方面逐渐增强。也就是说，随着教育层次的升高，教育的公共产品属性逐步减少而私人产品属性不断增强。因此，基础教育较高的公共产品属性使基础教育投资收益对经济社会发展的贡献最大，也就决定了基础教育的社会强制性和政府财政对基础教育投入的责任。

随着地方经济社会的发展和人口结构的变化，云南省基础教育通过近几年的优化调整，在教育规模和教育效率上都有了一定的改进，并在一定程度上反映出云南省正向小城镇化变迁的趋势。

至2008年，云南省有普通小学16 573所，较之前一年减少590所，减少率为3.44%，小学学龄儿童净入学率达98.29%，小学学生辍学率降为0.58%；有普通初中1 812所，较之前一年减少4所，初中阶段毛入学率102.21%；全省129个县中完成"普九"县已达126个，人口覆盖率达94.7%。

从师资力量来看，实行"以县为主"的管理体制，教师工资由财政统筹，而贫困地区财力不足，无力承担大量公办教师的薪酬，教师数量无法满足教学需求，有的少数民族乡镇缺编教师达45%左右。例如，2007年，昭通全市小学专任教师与学生之比为1:30.4，初中为1:24.74，目前，全市仍有代课教师6 419名，教职工缺口达1万余人。学科结构不合理，多数教师都要超负荷承担教学任务，一人教多班、授多科、带多个年级的现象很突出。一些学校的教师年龄结构老化，农村教师参加培训的机会普遍偏少，在职进修缺乏条件，有的教学点上，教师没有电视机或收音机、报纸、杂志等，信息闭塞、知识难以更新，教育理念滞后、教学手段单一，直接影响着教师队伍素质的稳定、提高和义务教育质量的提高。

从教学条件来看，云南是少数民族杂居、地理环境复杂的省份，许多边远少数民族山区交通、通信等基础设施严重落后，居住高度分散，致使教学布局分散。2008年，云南省还有教学点

14 034个，一师一点多达8 770个，造成教学成本居高。同时，还普遍存在办学条件差、校点分布不合理、寄宿制校点少、教学设备缺乏、教育投资效益低的情况。例如，镇雄县的坡头镇，是一个偏远、落后乡镇，教育点多，面广、战线长，是穷镇办教育的典型，"六配套"仅约为50%。其中，课桌椅配备率：小学为89.9%，初中89%；图书配备率：小学34.7%，初中7.1%；教学仪器、文体器材、劳动设施配备率几乎为零。其次，寄宿制、半寄宿制条件差。特别是人口较少民族、边境地区、少数民族直过区、藏区，危房率高和危房面积大的情况依然存在。有的小学生生均校舍仅有2.22平方米，初中生均校舍更少至1.57平方米，按照"普九"规划，校舍缺口达到45%。许多学校师生宿舍、食堂、办公用房、运动场地等配套建筑、设施非常紧缺，有的校点甚至连厕所都无法满足师生需要，有的学校不得不继续使用已经被城建部门鉴定为D级危房的校舍，不得不让学生挤住在十分简陋的宿舍里（有的学校让3个学生挤住在2个床位上）。目前，全省义务教育阶段学校共有D级危房546万平方米（不含较适用房）。

从教育经费使用来看，截至2005年底，云南省历年"两基"欠账37.3亿元，随着"普九"的逐步完善，其后年份不少地区在原已负债的基础上，又出现了新的欠账，包袱越加沉重。并且云南是西部经济欠发达的省份，在129个县（市）区中，就有73个国家扶贫工作重点县和7个省扶贫工作重点县，经济力量薄弱和贫困面大，使得在分税制的财政体制改革和农村税费改革下，各地省级以下财政逐渐萎缩，地方财政对教育的支持力度显得非常薄弱。另外，云南省是首批实施《关于深化农村义务教育经费保障机制改革的通知》的15个试点省份之一。目前，全省农村义务教育经费基本得到保障，"两免一补"，贫困生补助政策基本落实。但个别地区还存在挤占挪用义务教育经费、乱收费、降低贫困生补助标准、任意扩大补助范围和拨付不及时等现象。

从教育质量来看，云南省的县域之间、城乡之间的教育质量很不平衡，部分农村义务教育的教学质量不高，全科合格率很低，个别学校毕业班的全科及格率居然为零。教育质量的不高，在浪费教育资源和学生受教育时间的同时，挫伤了学生学习的自信心和升学的理想，在严重影响学生下一阶段学业水平的同时，进一步恶化了地区内的教育投资意识，使学校的入学率和升学率难以保证，厌学、辍学现象加剧，新的"读书无用论"重新抬头。

四、高中教育与中等职业教育现状

近年来，云南省高中教育有了一定的发展，高中学校总数和在校生总数都有所增加，其中，农村和城市普通高中学校减少较快，县镇学校数量增加迅速；农村和城市在校生数量增加平缓，而县镇学校学生数量增加较快，使学校的整体规模较快扩大。但总的来说，学校规模仍低于全国平均水平。2007年，云南省每十万人口中，高中阶段在校生2 218人，全国每十万人口的高中阶段在校生是3409人，与全国水平相比仍有一定差距。这不仅影响了地区内的高等教育毛入学率的增长和地方化高等教育的发展，而且还无法满足地区经济社会发展和人口结构变迁的需要。

2007年，全国有中等专业学校3 801所，在校生781.63万人，生师比值为31.39∶1；全国有职业高中2 120所，在校生725.25万人，生师比23.50∶1；全国有职业初中275所，在校生

15.30 万人，生师比 17.59∶1。相比较 2003 年数据可见，随着高校的扩招，中等专业学校和职业学校的数量、规模、师资曾一度出现萎缩，2007 年后职业初中继续呈现萎缩状况，职业高中和中等专业学校重新步入增长阶段，但专任教师的增长速度明显不足，使生师比过大的现象普遍存在。将西部地区与全国的数据比较发现，不论是中等专业学校，还是职业学校，西部地区每十万人口拥有的学生数明显低于全国平均水平，2003 年至 2007 年间，差距略有缩小，但依然存在。2007 年，云南省中等专业学校和职业高中规模略有发展，但师生比增长过快，师资力量不足的问题已经凸现（见表 6 - 4 - 1）。

表 6 - 4 - 1　云南省、西部地区及全国中等专业学校和职业
学校各项教育指标比较表（2003 与 2007 年）①

			学校数（所）	学生规模（万人）	在校生数（每十万人）	教职工数（万人）	专任教师数（万人）	生师比例（%）
全国	中专学校	2003	3 065	502.37	389.2	34.7	19.86	14.5∶1
		2007	3 801	781.63	597.8	38.85	24.9	31.39∶1
	职业高中	2003	5 824	455.7	353.0	36.33	25.79	17.70∶1
		2007	2 120	725.25	554.7	41.73	30.87	23.50∶1
	职业初中	2003	1 019	72.4	56.1	36.3	30.79	24.00∶1
		2007	275	15.30	11.7	1.04	0.87	17.59∶1

① 摘自《中国统计年鉴》（2004、2008 年）、《中国教育年鉴》（2004、2008 年），国家统计局网。

续表

			学校数（所）	学生规模（万人）	在校生数（每十万人）	教职工数（万人）	专任教师数（万人）	生师比例（%）
西部	中专学校	2003	877	109.41	298.2	9.92	5.69	11.00：1
		2007	1 265	211.07	578.1	11.39	7.16.	29.50：1
	职业高中	2003	1 558	97.8	266.6	7.85	5.58	17.50：1
		2007	1 362	82.26	225.3	8.85	6.40	12.85：1
	职业初中	2003	341	23.3	63.5	1.38	1.10	21.20：1
		2007	146	8.43	23.1	0.52	0.42	20.07：1
云南	中专学校	2003	113	14.84	342.5	1.24	0.73	11.90：1
		2007	93	18.63	412.7	1.01	0.63	29.57：1
	职业高中	2003	167	10.3	237.7	0.92	0.67	15.40：1
		2007	171	17.85	395.4	1.09	0.85	21.08：1
	职业初中	2003	14	2.2	50.8	0.06	0.05	44.00：1
		2007	11	1.66	36.8	0.05	0.04	41.50：1

职业中学教育阶段，云南省的职业中学从数量、规模到师资的水平和每万人拥有的师资数量等各方面来看，都远远低于全国平均水平；在高中教育阶段，普通高中和职业学校所占比重失衡，职业教育结构不合理；在职业教育系统中，专业重复设置、资源浪费和政出多门的问题严重。同时，职业技术教育并未充分考虑地区的自然环境和人文优势，并不能充分满足劳动力市场的具体需求。各种因素使云南省的中专和职业教育并不利于处于经济转型期的少数民族地区急需具有较低知识含量、较高实用价值的人力资本的产生，使地区内经济社会的发展受到制约。目前，云南省的国家级贫困县和省政府确定的扶贫攻坚乡大多数在少数民族地区，地区内的经济基础薄弱、人均收入低下、生活条件艰苦，

许多乡村至今依旧未通电、通路，地区内的人口对科学技术的吸收和应用能力普遍低下，进行经济发展的基础人才严重不足。仅以农业为例，尽管农业仍是当今广大边疆少数民族地区的支柱产业，但农业科学技术在少数民族地区的覆盖率不到30%，对农业增产的贡献率不到20%，这两个数据仅达到全省平均水平的一半左右，一般性的自然灾害和畜牧业瘟疫对许多少数民族地区的经济都具有致命性的打击。基础运用型人力资本成为目前贫困的少数民族地区走出贫困阴影，实现经济增长的迫切需求。由于少数民族地区学校校点较为分散和长期教育投入不足等原因，地区内办学条件较差，教学设备简陋，教师队伍不稳，教师学历合格率低，教学内容脱离地区实际，教学手段陈旧等现象颇为普遍，一方面使地区内的教育质量较差，地区内三高三低现象突出。三高三低，即辍学率高、毛入学率高、文盲率高和文化程度低、升学率低（初中、高中、大学）、适龄儿童入学率低；另一方面难以为社会提供所急需的人力资本，"应试教育"的后果使许多完成基础教育的学生"高不能升学，低不能就业"，所学的知识与地区生产生活方式相脱离，教育资源和人力资源严重浪费。纵观国内外职业教育的发展历史和经验不难发现，职业教育与经济发展有着最直接、最密切的关系。发展职业教育是促进地方经济发展的一条有效捷径。但问题在于，首先，开展职业教育必须要以一定的文化教育为基础。少数民族地区基础教育发展滞后，势必影响后一阶段职业教育的开展；其次，进行职业教育所需要的经费投入远远高于基础教育，而少数民族地区财政和个人的支付能力都有限，进行较为普及的职业教育投资可能性较低。第三，职业教育模式和内容与当地经济需求相脱节，教育投入后收益较低，影响了教育投入的积极性。少数民族地区较为单一的产业结构和较低的工业化程度，使地区内对职业教育的需求规格和层次都低，需求量不大并较易达到饱和状态，这使少数民族地区的职业教育陷入两难的境地，一方面急需培养大量具有一定理论知识和较强实际动手操作能力的中、初级技术人才以推动地方经济社会的发展；另一方面还要随时随地进行地区内职业教育结构、内容和学制的调整，以免形成同类人力资本饱和而影响人力资本效率的发挥。因此，少数民族地区走单一发展职业教育的道路难以达到预期的效果，应该选择促进经济发展和加强智力开发相结合的综合发展道路，将基础教育与职业教育相结合，改变过去教育发展与地方经济发展相脱节，基础教育与劳动生产相分离，职业教育与学生实际需求不相干的状况，充分利用有限的教育经费，提高教育的效率，为地区的经济社会发展提供有效的人才支持。

基础教育与职业技术教育相结合是当今世界职业教育改革的重要趋势之一。无论是美国、德国这样的发达国家，还是马来西亚、泰国这样的发展中国家，都积极采取措施促进和加强两者的结合。知识经济时代的到来是一个渐进的过程和发展的过程，不可能在短时间内产生突变，一夜之间实现由农业社会、工业社会向信息化社会的转变。而是随着知识在经济发展中的功能日益增强和扩大，知识逐步向产业化、信息化、网络化发展，知识经济的因素不断向社会各个领域渗透和加强，从而在旧有的经济体系中孕育出新的发展模式。因此，像云南省这样的边疆少数民族地区，我们既要承认客观存在的差别，更要因地制宜地采取行动去主动迎接知识经济时代的到来，适应知识经济时代的需要。知识经济不仅需要大量的能够把科学知识转化为技术、转化为生产力的技术型、应用型人才，从目前边疆少数民族地区经济发展和产业结构来看，在今后相当长的时期内，主要需求的将是技术型、实用型和准技术型、准实用型的人才。因此，职业技术教育改革，应当紧扣当地经济社会发展对不同层次人才的需求增长趋势，培养具有较宽的文化基础知识，较强的综合职业能力，一定深度的专业知识技能的中、初级人才。① 对于云南省而言，基础教育与职业教育相结合的方式，一方面能够充分利用现有资源，在较少投入的情况下，发挥基础教育和职业教育的优势，培养适应地方经济发展需求的各种应用型人才；另一方面，既重视基础知识、基本技能，又注重个人素质、工作能力的培养，为个人潜力的最大实现奠定基础；再一方面，根据地方的实际需求量体裁衣地设置职业教育模式，使所形成的具有地方特色的人力资本能很快地融入地方经济发展之中，在加大地区人力资本存量的同时，有效地抑制少数民族贫困地区的人才流失，加快地区的发展。换而言之，这是一种从主动迎接和适应知识经济时代的战略高度出发，立足于今天的实际要求，着眼于未来发展需要的有效的人才培养途径。

五、普通高等教育与高等职业教育现状

1949 年以来，在各级政府的重视之下，我国少数民族高等教育得到了长足的发展，少数民族接受高等教育的机会大大提高，全国普通高等院校少数民族在校生人数从 1951 年的 0.21 万人上升到 2000 年的 24.77 万人，2005 年达到 99.52 万人。目前，我国即将进入高等教育大众化阶段，随着我国高等教育收费制度的实施，处于经济欠发达地位的少数民族地区，培养高等级人力资本的难度加大了。统计数据表明，自 1998 年全国开始实行高

---

① 王凌、曹能秀：《论边疆少数民族地区基础教育与职业教育相结合的现实意义》，载《学术探索》2002 年第 2 期。

等教育收费制度以来，少数民族大学生占全国大学生总数的比例呈不断下滑的趋势，其中，贫困农村地区的少数民族学生比例下降最多。从各地区高等院校少数民族在校生的比例来看，除了少数几个省份少数民族在校生的比例达到或超过少数民族在该地区内的人口比例外，大部分省份少数民族在校大学生的比例都远低于少数民族人口比例，少数民族人口获得高等教育机会不均等的事实依然存在。

云南省的高等教育一直以来在招生数、在校学生数和毕业生数等各方面均低于西部地区平均水平，并且远远低于全国平均水平（见表6－4－2）。

表6－4－2 云南省与全国及西部省市高等教育
发展规模主要指标比较表（2007年）①

	全国	西部省市	西部省市占全国比重（%）	云南省	云南省占西部比重（%）
普通高等学校数（所）	1 908	467	24.48	51	10.92
招生数（万人）	565.9	124.83	22.06	9.36	7.50
在校生数（万人）	1 884.9	401.91	21.32	31.11	7.74
毕业生数（万人）	447.8	95.59	20.00	7.30	7.64

① 摘自《中国统计年鉴》（2008年）、《中国教育年鉴》（2008年），国家统计局网。

续表

	全国	西部省市	西部省市占全国比重（%）	云南省	云南省占西部比重（%）
高等教育毛入学率（%）	23			14.61	
生师比	17.28：1	15.60：1		16.42：1	

近几年高等教育的发展，使云南省的高等教育学校的数量和规模都有了很大的发展，但高等教育毛入学率偏低，在校生规模偏小，师资结构中行政管理人员比例相对略高等问题，使云南省的高等教育水平与全国平均水平相对来说，还存在一定的差距。同时采用交叉列表（Crosstabs Tests）（见表6－4－3和表6－4－4）来检验云南省与西部省市、全国教育指标结构吻合性程度后可以看出，① 云南省高等教育学校分类结构不论与西部地区相比，还是与全国相比，都具有相当高的相似性，一定程度上反映了云南省的高等教育具有相当稳步的国际化发展趋势，同时也说明了云南省的高等教育缺乏多民族地区的经济文化特色，在产生大量可以自由向经济发达地区流动的人力资本的同时，为本地区发展奠定地区性人力资本的职能并未充分体现。

---

① 施涌等：《云南与西部及全国教育主要指标比较研究》，见云南省教育科学规划办"十五"第三批规划课题。

表6-4-3 各地区分类学校结构分布①

院校类别结构百分比%	云南省	西部其余11 省市	中东部19 省市	全国
综合院校	8.8	7.9	7.8	7.8
理工院校	5.9	12.8	15.1	14.4
农业院校	2.9	2.0	2.5	2.4
林业院校	2.9	2.0	0.4	0.4
医药院校	8.8	7.3	5.9	6.3
师范院校	26.5	16.6	10.4	12.1
语言院校	0	0.8	1.1	1.0
财经院校	2.9	3.5	4.3	4.1
政法院校	2.9	2.3	2.0	2.1
体育院校	0	0.8	1.0	1.0
艺术院校	2.9	1.7	1.9	1.9
民族院校	2.9	2.0	0.3	0.8
职业技术学院	32.4	42.2	47.3	45.8

表6-4-4 云南省分类学校分布与西部、全国和
其他地区分布的比较 (Crosstabs Tests)

地　　区	相似检验值	相似程度
云南省与西部省市	0.698	较高
云南省与中东部地区	0.980	极高
云南省与全国	0.941	极高

① 施涌等:《云南与西部及全国教育主要指标比较研究》,见云南省教育科学规划办"十五"第三批规划课题计算数据。

从分布形态做进一步分析后，不难发现云南省高校布局存在以下一些问题：第一，理工类院校分布相对较少，与地方经济相协调的专业设置缺乏；第二，师范类院校分布相对较多，教育资源没有得到充分的合理利用；第三，职业技术院校的发展较为缓慢，不仅规模小而且层次低，办学的地方性特色不强。世界各国的发展实践证明，人口的素质，特别是专业技术人才的数量和质量从要素供给的角度影响着一个国家或地区产业结构的变化。作为经济发展水平较低的边疆少数民族省份，云南省各地区经济发展的结构很不均衡，有的地区刚刚开始传统农业经济向现代经济的转变，对人力资本需求还停留在较低的运用型层次，而有的地区已开始进入产业结构调整阶段，经济增长速度加快，对人才的需求层次不断提高。面对这一实情，云南省发展高等职业教育刻不容缓。

早在 1882 年，美国就创办了世界上最早的高等职业教育，迄今为止美国已建立了包括社区学院、技术学院和工业管理学院等在内的多层次、多种类的高等职业教育体系，这些高职院校不仅为美国培养了大批高级技术人才，而且也成为美国经济增长的加速器。德国是二战后经济发展仅次于美国的国家，据有关专家研究，高等职业教育在德国经济的高速增长中扮演了极其重要的角色。60 年代以后，德国将"双元"制模式引入高职教育，通过招收初、高中毕业生，为企业进行职工培训，不仅为社会培养了大批应用开发型人才，而且实现了德国经济增长方式的转变。面对 21 世纪经济发展的挑战，云南省要实现赶超经济发达地区的愿望，有效发展高等职业教育，提高有效人力资本存量是关键的一环。作为自然和人文资源都相对丰富的地区，充分以矿产、水利、动植物生态资源为依靠，以紧邻的越南、缅甸、老挝和泰国等国家和地区为伙伴，利用便利的水路运输，大力发展特色农业、畜牧业和旅游业，并在保持生态平衡的基础上，可持续地发展生物工业、矿产加工业和食品加工业，使地区内的资源优势转化为地区发展的动力。这一切的实现必须以一定的人才支持为保障。因此，云南省高等职业技术院校的发展，不能生搬硬套其他地区的成功经验，更不能以综合性院校的发展模式为范本，要从专业设置、教学内容、教学办法、学制长短和学费收取，甚至招生形式和毕业方式上进行特色性的改变，一方面要面对少数民族地区发展的特色需求，以区域经济中的产业结构和技术结构为依据，进行专业结构调整和教育资源规划；另一方面充分考虑民众的经济承受能力和受教育需求进行招生制度改革、办学模式设置和校企合作项目，使高等职业教育真正成为地区产业结构调整和经济增长方式转变时期所需适用型高层次人力资本的供给源。

2002 年，中国的人均 GDP 已达到 1 000 美元，至 2005 年达到了 1 703 美元，位居世界的第 110 位；至 2008 年，达到 3 315 美元，位居世界的第 106 位。国际经验证明，人均 GDP 1 000 美元至 4 000 美元是一个国家经济发展的重要关口。在这个关口上；有的国家一跃而起，有的国家却长期徘徊。比如，从人均 1 000 美元到 4 000 美元，美国花了将近 100 年的时间，日本用了 70 年，韩国只用了 25 年左右。这固然与前一阶段的经济发展积累相关，但最根本的是得益于教育投入的长期积累。世界银行在 2000 年的《增长的质量》中指出，1999 年中国总人口是世界总量的 20.9%，15—64 岁劳动年龄人口占 22.4%，居世界第一，而人口的平均受教育年限仅为 8 年左右，与美国和英国的 14 年、韩国的 12.3 年和菲律宾的 9.4 年相比存在明显差距。激烈的国际竞争实质上是综合国力的竞争，而以经济实力、科技实力、国防实力及民族凝聚力为基础的综合国力，将越来越集中体现为高新技术和创新人才的数量和质量。少数民族地区的区域经济作为整个国民经济的重要组成部分，要实现突破依靠矿产、能源等自然资源来发展的传统模式，改变资源配置的单一化和平面化而缩小地区间差距，首先必须缩小在知识和人才方面的差距。20 世纪80 年代，我国的高等教育理论家提出的教育外部关系规律理论认为：其一，教育具有内部关系规律和外部关系规律。教育外部关系规律的核心是"适应"，即教育一方面必须受一定社会的经济、政治和文化所制约；另一方面还要为一定社会的经济、政治和文化的发展服务。其二，高等教育地方化是使高等教育能更好地、主动地适应市场经济的有效途径。高等教育能对地方经济社会的发展做出敏锐的反应并满足地方发展的需要，将有利于高等教育资源的有效利用和管理体制的改革。目前，我国高等教育的非均衡发展与经济发展的不平衡密切相关，经济发达的东部地区吸引了大量的高、精、尖人才，使西部少数民族地区人力资本匮乏的现象更为突出，西部地区经济的快速发展要求西部地区的高等教育，特别是高等职业教育能为地区培养大量符合地区发展需求、流失率较低的地方性特殊人才。一般情况下，一个地区所需的技术、资金和管理均可引进，甚至高级的科研和管理人才也可聘请，但为数众多的成熟的技术型人才和技能型人才不可能大规模地引入。因此，目前少数民族地区经济发展最为需要的是一大批生产第一线从事现代农业、现代工业和制造业等专业的技术应用型专门人才。由于长期以来的高等教育和高等职业教育与地方经济发展相脱节，使贫困的少数民族地区经济向纵深和高层次发展时遭遇到人力资本短缺的制约。随着区域经济的发展，高等教育地方化必将成为我国高等教育发展的一个重要特征。

六、成人教育现状

成人教育是当代教育发展最迅速的领域之一，作为终身教育框架的重要组成部分，日益受到了现代社会的重视。联合国教科文组织 1976 年召开的第十九届教育大会上提出的《关于发展成人教育的建议》指出，成人教育是指整个有组织的教育过程，不论其内容、水平和方法如何，是正规的或是非正规的，不论是延续的还是取代学校而进行的初步教育以及在企业内的学徒训练。通过这个教育过程，成年的人们获得其所属社会的承认，并获得个人全面发展和独立参与社会、经济、文化活动的能力。不同的教育思想流派对于成人教育的目的各不相同，古典人文教育观强调的是文化传递，以经典性的文化知识陶冶成人的品格；进步主义强调以成人实际生活问题的解决为目的；马斯洛（Maslow Abraham Harold）等现代人本主义者认为，成人教育是为了使成人个体达到充分的自我实现；行为主义要求训练成人个体的技能以提高生产效率；当代的激进主义教育观认为，教育是为唤醒成人的批判意识从而引起社会的变革。显然，这些流派侧重的是成人教育目的的某一方面，有一定的局限性。应当说，完整的成人教育目的必须兼顾文化、技能和政治等方面。同时，不同的成人教育参与者的目的观也各有侧重，成人学员关心的是个人问题的解决以获得更满意的生活，学员所在的部门看重的是通过培训以提高人员的效率和产品的质量，政府部门可能更希望通过成人教育，以提高公民的素质而保证社会的稳定。但总的来说，成人教育实践必须兼顾个人、机构和社会诸多方面的要求。[①]

---

① 哈经雄、滕星：《民族教育学通论》，教育科学出版社 2001 年版，第 488 页。

成人教育不能简单地等同于扫盲、在职进修。成人教育背景的差异性和成人职责的多样性决定了成人教育任务的多层性和多样性。现代社会的发展一方面要求人们必须不断更新知识以赶上社会进步的潮流；另一方面也为人们的学习提供了现代的教学和通讯工具。根据成人已受教育程度、学习目的和社会责任的不同，成人教育一般分为高等成人教育、中等成人教育和初等成人教育三个部分，以多样性和开放性的成人教育机构和学制，为成人开展灵活适用的教育培训工作。终身教育思想自 20 世纪 60 年代正式提出以来，日益成为许多国家教育改革的指导思想。终身教育思想认为，在充满挑战的现代社会，教育应当是一个人一生中连续不断地学习的过程，能够在个体需要之时以最好的方式供给必要的知识技能。成人教育打破了起始性的传统学校教育做法，在纵横两方面将人一生所需要的教育资源进行整合，保证了教育的连续性和灵活性。第四次国际成人教育大会指出：发展成人教育是实行终身教育的基本条件和教育民主化的重要因素，成人教育在使终身教育远景变为现实方面起了明显的推动作用，从而向终身教育方面大大前进了一步。[①]

---

① 司荫贞：《建立终身教育体系——当代世界成人教育发展的大趋势》，载《比较教育研究》1995 年增刊。

表 6 - 4 - 5　云南省 1998—2008 年各级成人学校基本情况①

	1998	1999	2000	2001	2002	2003	2004	2005	2006	2007	2008
成人高等学校											
学校数（个）	16	11	10	8	7	7	5	5	3	2	2
招生数（万人）	1.46	1.78	2.69	3.84	6.28		6.65	5.98	4.65	5.37	5.83
毕业生数（万人）	1.12	1.23	1.31	1.22	1.39	2.40	3.97	5.21	1.25	6.24	5.05
在校生数（万人）	3.93	4.38	5.73	7.63	12.37	9.91	12.32	13.11	16.31	15.53	16.22
教职工（人）	2 431	2 033	1 764	1 768	2 227	2 470	2 538	2 593	2 098	1 842	1 842
专任教师（人）	1 206	1 051	917	887	1 291	1 422	1 383	1 443	1 112	898	898
成人中等专业学校						成人中专					
学校数（个）	142	141	141	139	138	138	137	134	135	135	136
招生数（万人）	2.79	2.13	2.42	1.93	1.10		0.54	0.44	0.30	0.22	0.31
毕业生数（万人）	1.90	2.59	2.90	2.63	1.99	1.38	1.19	0.68	1.14	0.52	0.27
在校生数（万人）	8.05	7.09	7.06	6.17	4.29	1.90	1.61	2.13	1.07	0.75	0.77
教职工（人）	3 864	4 173	4 256	3 997	4 002	3 875	3 845	3 784	3 846	3 758	3 744
专任教师（人）	1 906	2 160	2 197	2 268	2 339	2 346	2 335	2 356	2 483	2 493	2 538
成人中学											
学校数（个）	9	18	18	18			31	11	2		
招生数（万人）	1.11	0.15	0.16	0.02	0.03						
毕业生数（万人）	0.67	0.12	0.05	0.07				0.01	0.03	0.17	
在校生数（万人）	1.12	0.15	0.21	0.02	0.03		0.02	0.06	0.06	0.04	
教职工（人）	190	229	224	215				25	26	12	
专任教师（人）	184	191	188	180				12	13	8	
成人技术培训学校						职业技术培训机构					
学校数（个）	9 773	12 514	12 570	12 716	13 274	12 033	11 525	12 238	12 129	11 385	11 208
招生数（万人）	236.29	238.48	232.13	240.00	128.26						
毕业生数（万人）	537.85	548.46	566.92	524.30	539.62	546.48	494.78	515.14	531.99	513.74	509.75
在校生数（万人）	241.17	242.05	238.45	271.48	148.05	306.25	276.56	274.74	409.13	361.10	413.63
教职工（人）	2 866	2 806	2 585	2 631	2 453	5 945	4 359	4 427	5 574	4 233	4 071
专任教师（人）	267	304	367	138	81	468	1292	1069	1773	1281	888
成人初等学校								成人小学			
学校数（个）						334	310	642	306	212	70
招生数（万人）	4.12	3.12	3.72	2.78	2.82						
毕业生数（万人）	50.25	44.66	41.52	32.62	29.66	31.29	24.24	19.67	18.19	12.88	19.84
在校生数（万人）	42.63	33.70	32.69	20.13	18.19	21.33	20.66	27.22	22.78	15.22	16.50
教职工（人）	548	651	795	586	571	1 728	979	1 662	1 857	1 735	2 104
专任教师（人）	267	304	367	138	81	339	373	248	521	515	587

①　云南省教育厅：《云南省教育事业统计快报》，2008 年 12 月。

云南省在发展现代成人教育的过程中，尤为关注的是地区内少数民族的成人教育问题。进行少数民族成人教育的意义在于：一方面，少数民族成人教育将直接或间接地促进少数民族地区的政治改革，有利于民族政策的落实，并充分保证在教育上的民族平等和维护国家的安定团结；另一方面，少数民族成人教育能直接提高少数民族地区劳动力的素质，有效提高劳动人口的工作技巧和生活能力，增加地区的人力资本存量，从而切实促进地区经济社会的发展；再一方面，少数民族成人教育与其他教育类型一样，具有传递、整理和创新文化的功能，在多元文化观念日益得到社会重视的今天，少数民族成人教育日益显示出其加强民族个体自我认同、理解并吸取外来优秀文化的重要性。长期以来，云南省各级政府和学校一直致力于积极发展各类成人教育，特别是农村成人教育。至2003年，全省80%的县组建了县职教中心或职业学校，共建设乡村成人文化技术学校1.26万所，共培训524万人次，有3.75万人通过成人教育脱盲和小学辍学人口通过学习达到成人小学毕业程度。[①] 但是，根据《云南省1998—2008学年各级成人学校基本情况》（见表6-4-5）我们不难看出，云南省的成人教育工作呈现"两头大，中间小"的不合理格局，即高等成人教育发展迅速，初等成人教育成果显著，而中等成人教育发展不足的现象。随着知识经济时代的到来、产业结构的调整和技术手段的更新，许多城镇成年人口为了应对社会变更的压力纷纷重回学堂，向高等成人教育寻求提高个人素质和适应社会变革的新动力，这一需求有效促进了高等成人教育的发展。作为发展人口福利和增加人力资本的有效工具，国家对成人初等教

---

① 《云南年鉴》（2003），云南年鉴杂志社2003年版，第111页。

育，特别是少数民族地区农村人口成人初等教育的重视程度很
高，并以政策法规为依据，以财政拨款为保障，有效支持成人初
等教育的发展，在提高少数民族地区人口识字率的同时，还传授
一定的简单农业生产技能，提高了少数民族地区人口的生活水
平，增进了地区经济的发展。然而，少数民族地区的现代化发
展，不是简单的脱盲和简单的一两项实用型技术所能支撑的，地
方经济社会的现代化发展，需要掌握一定的科学文化知识、自行
更新文化知识和技术水平能力的新型人才，在地方和个人经济能
力较低及地方经济结构较单一的情况下，具有中等受教育水平的
人才将是促进地区现代化发展的有效生力军。因此，近阶段云南
省少数民族地区成人教育的重点，应该是在巩固和发展初等成人
教育基础上，大力发展中等成人教育，使目前地区内大量的低素
质劳动力迅速转化为支持地方经济高速发展的有效人力资本。

第五节　云南省少数民族地区
学校教育案例分析

　　出于经济、政治、军事等需要而由国家组织区域性经济开
发，古今中外早已有之。进行区域性开发的根本目的在于形成融
资金、人才、物资、技术、信息于一体的"能量流"，并通过外
界注入"能量流"的方式启动地方资源从而造成可持续发展的
态势。当前，我国西部少数民族地区的开发，就是要通过产出资
本、人力资本、社会资本的积聚，启动蓄势较强的自然资本，形
成一个强有力的发展态势。[①] 目前，由于西部少数民族地区在历

---

　　① 田雪原主编：《中国民族人口》（三），中国人口出版社2005年版，第7页。

史原因的限制下，人口平均受教育年限低于全国平均水平，大学、高中及初中人口比重较低，特别是高等教育和职业技术教育阶段人口比重过低，严重影响地区内实用型和高技术含量型人力资本的形成，使人力资本成为制约西部地区发展的瓶颈。因此，展开对少数民族地区学校教育的积极和消极因素的分析，是研究少数民族地区人力资本的基础。

一、文化认同与学校教育——大理、丽江地区案例分析

云南省大理白族自治州的主要聚居民族是白族，作为云南省少数民族历史最为悠久的土著居民之一，白族具有自己独特的历史和文化。白族的起源可以追溯到数千年以前，并且在此之后的历朝历代的历史中都有清晰的记载。白族有自己的语言而无文字，在长期的历史发展过程中，形成了自己特有的民族习俗和宗教信仰。由于在新石器时代就与华夏中原有着密不可分的联系，长期接受汉族文化的影响，因此，大多数白族人口通晓汉语，并长期以来一直借用汉文作为自己经济文化交流的工具，其风俗习惯自然也受到了汉族的影响，对汉族文化的认同程度较高。白族是一个开放的民族，先民自唐朝起就有知书识礼的优良传统，南诏时期在政治上模仿唐制，接纳汉族知识分子进入统治集团，邀请汉军俘虏教化其子弟，并分批派子弟到成都学习汉族文化。元、明、清各代地方政府都大量建立学宫、书院，对子弟进行文化教育。白族群众具有重视教育的文化传统，民间素有"养儿不读书，不如养头猪"的说法。在《剑川县志·教育篇》内有"三为耻"的记载："子弟成童，即肆诗书，以不学为耻；父母节衣缩食，也要送其子女读书求学，以不供为耻；教师培养学子学有实学，兼有实行，以学用知行脱离为耻。"相对较高的文化

认同和接受教育的意识使大理地区的白族群众受教育水平较高。但由于白族地区存在极为严重的重男轻女观念，许多女性受教育的权利被剥夺或自己缺乏受教育的信心，女性人口文盲率一直偏高，影响了地区内人力资本整体存量的提高。①

根据云南省大理州永平县龙门乡官上村完小和鹤庆县新华村的村寨调查表明，在对汉族主流文化认可程度较高的白族聚居地区，群众对现代学校教育的表现往往是充满热情而实际行动迟缓。永平县龙门乡官上村完小距县城仅 12 公里，附近有四级公路，地理上属于半山半坝地区，54% 的在校学生为白族，学生家庭距离学校一般为 1—18 公里，大部分学生需要住校。住校学生每月需支付 25 元费用，而学校需为每名住校生每月支付 2 元费用。农村的收入主要来自于传统农业生产和经济林果，基本上已达到温饱以上水平。在这样一个经济发展水平一般的地区，民众对主流文化的认同程度很高，普遍将汉语作为进行对外交流和获取更高生活水平的基本工具，因此，大多数学生很乐意接受以汉语为媒介的高层次教育，也具备较强的责任感和为家乡发展而服务的意愿。但是，教育办学经费严重匮乏，来自县级财政的 36 万元拨款只够用于教职工的工资分配，学校的正常维修和运行只能依靠学生的杂费和一些单位的资助。在举步维艰的环境中办教育，抑制学校发展的同时，也相对减少了当地学生升入高等级院校的机会。大理州鹤庆县新华村是个美得让人赞叹的地方，该村坐落在县城以北 4 公里的凤凰山下，距丽江机场仅有 12 公里，村子西靠逶迤的凤凰山，东接平坦的鹤庆坝子，东南有一片 2 000

---

① 田雪原主编：《中国民族人口》（三），中国人口出版社 2005 年版，第 3—94 页。

多亩的草海，村中有一池清冽的龙潭。近乎完美的地理环境，该村一方面土地肥沃、平坦、水源充沛、气候条件良好，具有发展新型现代农业经济的基础；另一方面交通便利、环境优异，具有发展旅游业和工业的潜力。但调查显示，2005 年，该村有人口5 295 人，户数为1 141 户。自 2000 年来，全村的耕地面积从4 097亩下降到 2005 年的2 965亩，人均耕地不足 0.56 亩，传统农业经济的发展受到极大的限制。绝大多数民众依靠自明代以来代代相传的手工艺技巧，凭着木墩、小手锤、小凿子等简单工具从事具有 600 多年历史的银、铜手工艺加工业。由于其产品在周边藏族聚居地区存在一定的销路，该村的大部分从业者能从中获取较之传统农业或普通商业更多的收益，使民族手工业成为这一白族村落主要的经济支柱。虽然几年前"云南盛兴集团"将旅游业引入了村中，但由于缺乏相应的管理措施和人才，大部分村民还依然游离在这一新兴的行业之外。更令人吃惊的是，对于这样一个较为富裕村落的调查发现，该村中小学的入学率虽然很高，但辍学率也同样不低，升入高中以上院校的学生比重不大（高等教育收费制实行以后，接受高等教育的人数锐减，而之前培养的大学生并未回归，村中人口受教育程度主要停留在高中以下），文盲半文盲的数字偏大，返盲率偏高（见表 6 - 5 - 1）。在村中的作坊转一圈后发现，许多 10 岁左右的学徒已在自家亲戚的教导下进行着手工艺品的制作，甚至还有七八岁的儿童被小锤的叮当声所吸引，流连于作坊而不去学校。因此，在缺乏充足优质教育资源的少数民族地区，尽管当地民众的价值观念认同主流文化的教育理念，也具有送孩子接受高等级教育的理想和行动，但地区内目前的生产生活方式主要局限于传统农业生产和小手工业生产，使地区内的学生进行高层次教育投资的欲望较低，接受教育的目的主要是为了走出原有的生活地域，获得更多的向外发展机会。因此，一定程度上造成了地区内的人力资本投资的两极化发展，一部分的家庭想方设法地花巨资为孩子寻求优质教育资源，以获得高等教育机会，改变生活的地域和社会地位；而另一部分的家庭，在孩子完成义务教育或甚至未完成义务教育的情况下，将孩子引入手工业作坊，以与常规教育相背离的传统手工艺教育方式，谋求超出于传统农业之外的有效家庭经济来源和更为宽阔的生活领域。然而，传统手工业受资金和技术等方面的限制，面对世界市场的原材料涨价和原有销售区域群众生产与生活方式的转变，工艺更新迟缓的传统手工业在现代市场上的竞争力岌岌可危，新型生产、管理体系的介入将是有效提高民间传统手工业生存能力的关键，而大量相关人力资本的引入更是产业结构提升的重点。

表 6 - 5 - 1　云南省鹤庆县草海镇新华村人口受教育情况调查表①

各受教育程度人口数	2000 年	2001 年	2002 年	2003 年	2004 年	2005 年
小学以下	1 458	670	739	783	862	862
小学	2 568	2 926	3 011	3 012	3 014	3 014
初中	611	1 060	1 060	1 060	1 062	1 062
高中	30	81	81	81	82	81
高中以上	361	7	7	7	7	7

云南省丽江市的主体民族是纳西族，纳西族族源的形成是多

① 该数据由鹤庆县草海镇人民政府办公室提供。

元的，是由远古时代的羌、夷等部族发展而来的，并在一次次的历史更替中与其他民族进行融合形成了目前的民族状况。纳西族有自己古老的宗教文化、文字和语言，并在特殊的时空背景下完整地保存了民族文化的内涵。元明以后，木氏土司的崛起，上层阶级大多男性成员系统地接受了汉文化的熏陶，着手开始推进宗教文化和世俗文化的分离，并积极加强与周边民族和中原地区的联系，使纳西文化逐渐融入了外来文化并在形式上更趋于开放性和多样性。清代木氏土司衰落和中央政府对丽江地区改土归流后，地方政府积极兴学，汉族文化迅速在丽江地区普遍传播。清末，在原有书院和义学馆的基础上，现代学校教育体制开始建立，特别是抗日战争期间，大量国内大中学生和知名学者涌入，使丽江地区的现代学校教育得到空前的发展，在地区内形成了程度较高的主流文化认同，民众大多具有重教兴学、崇尚知识、酷爱科学、培养人才的意识和观念。在这一历史文化背景下，丽江地区纳西族的文化教育水平综合值较高，达到甚至超过了云南省汉族的发展水平。并且每万人中拥有各种文化程度人口数，以及在校大学生比例和性别结构等各项指标均高于全省平均水平，甚至还高于汉族人口水平。但是，虽说纳西族传统文化中没有男女偏见，然而长期在周边地区文化的影响下，近代地区内重男轻女的观念有所抬头，限制了女性受教育程度的提高，并在一定程度上影响了民族教育综合水平的进一步增长。[1] 资料显示，丽江纳西族地区的人力资本状况仅次于朝鲜族和满族，在云南省位于各少数民族教育综合水平的前列。在丽江地区的村寨和学校的调查

---

① 田雪原主编：《中国民族人口》（三），中国人口出版社 2005 年版，第 557—625 页。

表明，地区内的人力资本现状与当地群众较高的主流文化认同和教育价值观念有着极强的联系。抗日战争以后，当地政府和民众对学校教育极为关注，建成了丽江一中等一系列优质的学校和教育机构，在官方的学校教育和民间的社会组织教育的双重努力下，许多丽江学子在学业上获得了极大的成功，一方面证明了少数民族学生的学业水平与其民族本身没有必然联系；另一方面也证明了现代学校教育能在主流文化认同感较强的地区取得成功。然而，丽江地区常规学校教育取得成功的背后，我们不得不正视这样一个问题，一方面学业有成的当地人口，大部分都离开了少数民族农村地区进入经济较发达的城镇地区，甚至省外城市就业，地区内进行人力资本投资的后果是输出型的，地区内人力资本积累不足，形成了贫困地区为经济发达地区"输血"的机制，对地区的长远发展造成很大的不利影响；另一方面，常规的学校教育对于少数民族地区而言，无法有效支持当地文化传统的传承和地区特殊产业结构的发展，造成目前丽江的东巴文化逐渐老化，年青人掌握东巴文字的人数越来越少，在很大程度上影响了民族文化和意识的传承与发展。同时，当地的支柱产业旅游业所需要的大量旅游传统手工艺，因为缺乏有效的人力资本培养机制，目前处于一种低效的无序状态，影响了地区内经济文化的发展和变迁。

因此，在汉族主流文化认同程度较高的少数民族地区，以帕森斯结构功能论的 AGIL 架构分析时发现（见图 6 - 5 - 1），在文化融合程度较高的文化环境中，必须考虑当地地区性文化传承与变迁和地区经济发展的现状，整个教育体系在加强与主流文化地区进一步接轨，有效提高常规教育效率的同时，要大力加速与当地产业结构相适应的职业教育体系的发展，在有效进行常规人力

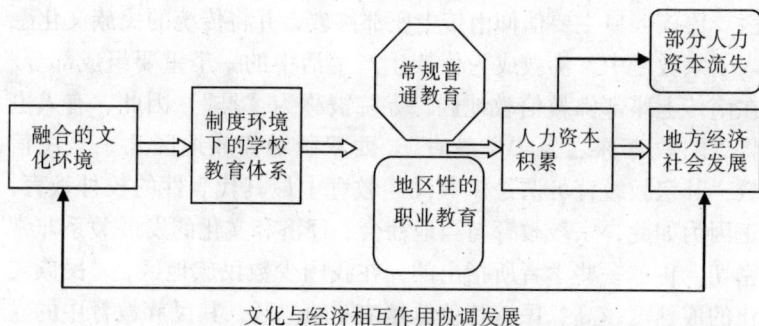

文化与经济相互作用协调发展

图 6 - 5 - 1 汉族主流文化认同程度较高少数民族地区的 AGIL 架构

资本投资的同时，培养大量能在地域内留存的有效人力资本，即具体的一定的地区专门产业生产所必需的具有较高专业技术能力的人力资本，从而达到促进少数民族农村地区经济发展和文化传承与变迁的双重目的。

二、宗教与学校教育——西双版纳地区案例分析

西双版纳傣族自治州的主体民族是傣族，傣族的族源说法很多，但较被接受的是双重族源论，即百越族群与本地土著融合论。傣族拥有自己的语言和文字，以傣文为媒介流传下来的著作有数十万册。傣族聚居地区处于亚热带，雨量充沛，物产丰富，为地区内的经济发展奠定了雄厚的物质基础。同时地处边境的优越地理位置，也推动了傣族地区商业经济的发展。

印度佛教传入我国，经由南北两条线路。北传佛教经中亚一带传入我国中原地区（东汉时期）。南传上座部佛教则是由印度本土南部先传至斯里兰卡，继而至中南半岛的缅甸、泰国、柬埔寨、老挝和马来西亚等国，于公元 7 世纪（隋末唐初）经缅甸传入我国云南西南部的傣族、布朗族和阿昌族等少数民族聚居地

区。傣族人口主要信仰南传上座部佛教，并将传统的民族文化融入了宗教之中，佛教成为傣族生产生活中的一个重要组成部分。在南传上座部佛教信教地区，寺院被称为"奘"，因此，有人也将寺院教育称之为"奘教育"。西双版纳傣族地区几乎全民信教，其宗教教育可谓是少数民族教育中最具代表性的校外教育，正因为如此，宗教教育与当地社会、经济和文化的发展关系非常密切。正如一些学者所指出的，在我国少数民族地区，"民族文化的成熟度越高，民族特色越是浓厚的地区，其民族教育中的立体作用就更多地由民族学校教育以外的教育所承担"①。在西双版纳傣族地区，宗教成了整个民族的集体意识和民族文化的基本内容。所以，宗教的全民族性决定了宗教教育的长盛不衰。宗教教育的最基本含义是某种或某些宗教信仰及其活动的导入、传承或教授。其中包括了宗教世界观、宗教情感、宗教仪式、宗教组织、宗教道德规范、宗教偶像等内涵。由于宗教内容的广博性，决定了宗教教育及其教育内容的多样性。②

在西双版纳傣族地区，各村寨的佛寺除进行日常的宗教活动外，还承担对学僧进行佛学知识和文化教育的重任。按规定一般傣族男性儿童在8—10岁之间便要到寺院学习，再根据家庭经济、劳动力状况和求学要求等情况决定还俗的时间。由于寺院的宗教教育是免费的启蒙教育，使南传上座部佛教教育思想在地区内根深蒂固、源远流长，更使宗教教育成为傣族群众意识观念中男子成长的必经过程。同时，宗教教育一方面通过将高深的教义通俗化，将严厉的教规与民众的日常生活结合起来的方式培养信

① 张诗亚：《祭坛与讲坛》，云南教育出版社1992年版，第5页。
② 赵玲：《传统文化与现代经济——对我国傣族传统教育的理性思考》，载《学术探索》2001年第3期。

徒，在信众中形成了较为统一的道德观念和行为方式；另一方面还使信徒在本民族语境中，在文化认同的气氛里，接受严格的传统文化教育的洗礼并同时掌握一些特有的文化知识和基本生产生活技能。这就形成了在过去较长一段时间内，西双版纳傣族地区基本上是宗教和教育合一，寺院成为传播文化知识主要场所的状况。

但由于妇女不能出家接受教育，使傣族妇女的文盲率大大高于男性。同时，虽然历史上傣族地区与汉族地区有着较为广泛的贸易往来，但傣族地区人口汉文字的识字率很低，只有少数傣族上层人物掌握一些汉语知识。清末，傣族地区内的有识之士开始创办学馆，教授汉语言和文化，但由于普及面较低，对地区内的语言文化格局影响不大。辛亥革命以后，当地政府开始创办新学校进行汉语言文化教育，并由政府统一派出校长和教员，少数民族儿童可以免费入学，但由于当时的民族隔阂很深，民众对汉文化的认同程度较低，强制教育的方法并未得到民众的认可，教育的效率很低。新中国成立以后，随着经济社会的发展，西双版纳地区的各项事业迅猛发展，现代科学知识和信息技术的传播，使地区内民众的观念和生产生活习惯发生了很大的改变，电影、电视、汽车、摩托等现代生活用品和工具已走进了寺院，而佛学院的课堂上已开始讲授中、英、日、泰等语的课程。地区内单一的寺院教育已不能满足社会发展的需要，广大群众为了让孩子适应现代社会的要求而开始心甘情愿地改送孩子到学校学习。1993年，自治州人民代表大会通过并报省人大常委会批准了关于民族教育管理方面的条例，其中规定儿童必须完成6年的学校教育后才能出家。这条例一方面对佛教教育进行了规范；另一方面保障了地区的发展，对增加地区内的人力资本具有积极的作用。但由于原有基础较差，目前傣族人口的傣文和汉文的识字率都不是很高，熟练掌握两种语言的人力资本更为稀缺。在国家义务教育法的规范下，西双版纳地区人口受教育水平呈现一头高的状况，即小学生的人数较高，而初中、高中至大学教育各阶段人数大幅度锐减，高等教育人才稀缺的现状。①

根据西双版纳州勐海县勐海镇中心小学和景洪市景洪镇中学的问卷调查表明，目前地区内中小学生辍学和学习效率较低的原因有三个。第一，家庭经济较为困难，无法支付孩子接受高层次的教育，甚至一些贫困家庭需要孩子的辅助劳动以维持家庭的生计；第二，受地方价值观念的影响，认为少数民族天生学习主流文化的能力较差和学习现代科学知识的实用价值不大，形成了少数民族学生缺乏学习信心，因为学习效率低下而厌学、辍学；第三，中小学校办学经费不足，地区内生均办学经费不足 50 元，主要经费来自县乡一级财政，而大部分经费都用于教职工工资，学校基础建设费用、师资培训费用和学生住校补贴费用不足。优质教育资源的不足，在抑制地区内教育质量和升学率的同时，影响了学生的学习积极性。从调查表中还发现，虽然义务教育政策已在西双版纳地区执行多年，目前勐海县勐海镇中心小学2 148名傣族在校生中还有 200 多名在同时接受着传统的宗教教育，而景洪市景洪镇中学 249 名傣族学生中有 50% 同时接受着传统教育。因为地处亚热带地区，当地农村家庭一般男孩子 15 岁以后，女孩 13 岁以后便成为家庭生产的劳动力，继续接受学校教育对于学生家庭而言，所需支付

---

① 田雪原主编：《中国民族人口》（三），中国人口出版社2005 年版，第171—229。

的学习成本和机会成本相对于当地经济来说显得过高。不同文化观念的冲突，使许多学生学习的目标不明确，大部分学生明确表示没有升入高等院校的打算，而少量坚定地表示要接受大专以上教育的学生的学习目的却是为了走出经济发展迟缓的少数民族农村地区，为自己和家人未来得到更好的物质生活而努力，缺乏对地区经济社会发展的责任感，而将教育作为改变个人社会地位的捷径。

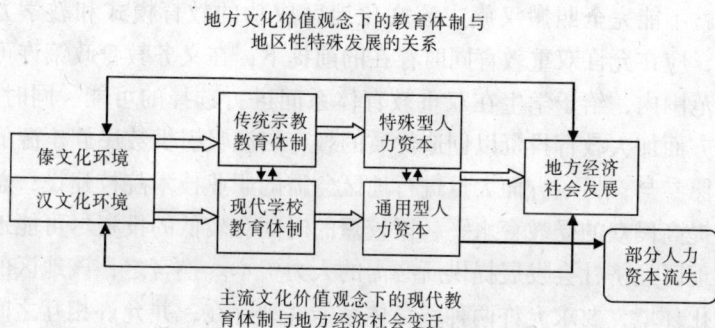

地方文化价值观念下的教育体制与
地区性特殊发展的关系

主流文化价值观念下的现代教
育体制与地方经济社会变迁

图6-5-2 两种文化并列存在的少数民族地区 AGIL 架构

根据帕森斯结构功能论中的 AGIL 架构，我们可以看出（见图6-5-2），在两种文化并列存在的西双版纳地区，优良的地理位置，丰富的物产和较容易的生存环境与浓厚的传统宗教文化融合在一起形成了地区内的大多数人口认可的生活和生产习惯，汉族主流文化的进入，使地区内少数民族人口获得了另外的发展空间，与主流文化接触较多的城镇人口的价值观念发生了一定的改变，在国家义务教育政策的激励下，许多家长开始送孩子进入正规学校接受教育。但是，由于地区内传统的价值观念和生产生活方式仍然具有一定的地位，加上学习两种语言的限制，当地少数民族学生的学业水平偏低，能升入高等院校的人口比例很低。至 2003 年，勐海县小学升初中的毛升学率为 83.63%，而 17 周岁人口初中完成率仅为 55.2%，高中毛入学率和完成率、至大专以上教育的入学率下降逐级加速，并且完成高等教育的人口外流出少数民族地区的情况严重，使地区内的人力资本存量严重不足。因此，在大量人口已认同现代学校教育的西双版纳傣族地区，面对传统宗教教育依旧存在很大影响的现实，学校的教育体制就不能完全照搬汉族主流文化地区成功的教育模式和教学方法，应在允许双重教育同时存在的前提下，在义务教育政策许可的范围内，给予学生在双重教育体系间进行选择的可能。同时，一方面加大教育投资以创造优质的教育资源吸引少数民族生源的自愿参与；另一方面大量进行地区急需的职业技术院校建设，总体提高民众的受教育水平，以较短的时间和较低的投资尽可能地为地区经济社会发展提供所必需的人力资本。换言之，该地区的文化环境，要求允许两种教育体系能并列存在，并允许相互之间进行交流，从而在民族价值观念的支持下，最有效地进行学校教育，以促进两种人力资本的形成，提高人力资本在地方社会活动中的效率，取得地区的长远稳定发展。

三、经济、观念与学校教育——凉山地区案例分析

彝族这一族称是 20 世纪 50 年代进行民族识别后开始使用的名称，其人口众多，主要分布在云南、四川、贵州和广西等省区，不同地区的彝族在语言、风俗习惯等方面差异很大，分操 6 种属于藏缅语族的不同方言，相互之间不能通话。难以交流的语言，多样性的自然环境、生活地域和经济生产方式，使各地区的彝族生活水平、生产力状况和民族文化风俗各不相同，并以不同

的自称，形成了内部多样性的群体。由于彝族各支系的区别很大，作为彝族中最大的一支系，居住在云南西北部与四川交界处凉山地区的诺苏彝，具有许多特殊的文化特点，值得进行深入的分析研究。

1956年以前，诺苏彝的经济文化几乎完全独立于汉族经济文化体系之外，在其传统的社会中具有严格的等级制度和家支制度，依据等级制度，诺苏彝社会分为贵族（汉称黑彝）、平民（汉称白彝）和家奴（常源自汉族），并实行严格的族内婚和等级内婚制，而家支是维系家族经济社会地位和对外交往的政治经济组织和婚姻联盟。父系制度是诺苏传统社会的一个重要特点，在与汉族地区相对隔离的状态下，诺苏彝的经济社会和文化具有强烈的民族特点，使诺苏彝人口的族群意识很强，对主流文化的认同程度较低，在内部完全只使用本民族语言进行沟通，汉语的使用程度很低。诺苏彝的历史表明，诺苏彝对汉族的统治势力和汉族的文化一向都持有排斥的态度，而且诺苏彝与汉族的政治体制差异很大，自明代以来，诺苏彝地区一直处于名义上受封于中央政府而实际上是根据自己的政治体制进行统治的本地土司手中，与汉族地区的经济文化交往很少，面对汉族地区财富、权力的诱惑和压力，诺苏彝一直顽强地试图保持自己独特的文化特点与社会形态。诺苏彝的隔离状态，使1956年民主改革前呈现诺苏彝和汉族两种教育制度各行其是。诺苏彝的传统文字掌握在宗教职业者——毕摩手中，其教育形式是由一个毕摩指导几个毕徒的师徒式教育，教育的普及程度很低。从民国到新中国成立初期，很少有诺苏彝人口接受现代学校的教育，时至今日，在诺苏彝地区送孩子到学校读书还被作为一种新的风尚在艰难地进行推广。

　　作为中国最贫穷的少数民族自治地区之一，诺苏彝的许多村子目前还没有通水、通电、通路，经济也以传统农业经济为主，地区内人口的生活水平大多处于维持生计的状态，村小也只能办到二三年级，而且妇女的地位过低，女性的受教育机会远低于男性。学校教育以汉语教学为主，但由于地区内诺苏彝语言的广泛使用，初小教育引入了规范后的诺苏彝文字，以激发学生的学习兴趣。因此，在汉族主流文化认同程度较低的凉山诺苏彝地区进行人力资本投资，必须考虑地区内的文化和经济背景。

　　时至今日，凉山彝族教育的发展仍然存在着大量学生求学困难、流失率较高、教育投入严重不足、师资状况较差等一系列问题。由于历史和地理环境等原因，凉山彝族地区经济依然以农业经济为主而且原始农业生产占有很大的比重，70%属粗放型的靠天吃饭的农业经济，生产力水平极低，抵御灾害的能力较弱，自然灾害一旦发生，当地居民的生活水平就会受到极大的冲击。目前当地年人均收入不足千元，经济上无力参与现代学校教育活动。同时，地区内的产业结构和生产力水平，决定了地区内财政收入的不足和对教育的投入相当有限，一方面制约了各级学校的发展，使地区内中小学办学的条件很差，职业院校起步较慢，教师待遇过低，师资流失严重；另一方面，较差的办学基础，使地区内学生的学业水平不高，升入高一级院校的可能性较低。加之招生制度改革以后，大、中专学校实行收费制，昂贵的学费和毕业后就业希望渺茫的现实，严重挫伤了贫困群众的受教育积极性。凉山彝族地区的地理环境主要以山地为主，只有不足5%的地区为沟坝和平原，在现有的小学中，每个学校（包括教学点）平均服务13.7平方公里范围内的4.52个村民小组。4—5个村共有一所小学的状况，对于大部分"两山能喊应，走拢大半天"

的少数民族聚居地区的孩子来说，入学的困难是可以想象的。有的小孩子每天上学翻山越岭往往需要两三个小时才能到达学校，若遇雨雪天气，行程的时间就更长，危险性也就更高，出于安全因素考虑而影响了家长送孩子读书的积极性。进入 21 世纪，凉山彝族聚居地区中小学生的流失量又达到了一个新的高峰，而且流失的范围还在不断扩大，小学生的年流失率平均已达 25% 以上，初中达到 11% 以上（此为教育部门统计数据，实际调查的数据高于此数）。尤其严重的是，绝大部分的流失学生都是女生。凉山彝族地区的女生巩固率十分低，有 70% 以上的彝族女童没有能接受完小学阶段的教育就已失学，大多数彝族女童只读完一二年级后即辍学回家并逐渐成为新的文盲。由于学生的流失量过大，地区内的少数民族教育呈畸形发展态势，形成年级越高，流失越多，学生人数越少的"三角形"状况，有的学校甚至出现了高中班仅有 4 名学生的现象。为了巩固学生的入学率，一些地方政府采用不当的手段强制家长送孩子入学；有的地方以干部分片包干的方式，安排干部深入乡村，入户动员学生入学和返校，甚至还采取了罚款的方式。虽然充分体现了政府对教育的重视程度，但是强制执行的偏激行为却激化了干群矛盾，使民族教育发展的矛盾显得更加尖锐。同时，教育投入的严重不足，学校办学经费的严重缺少，教学设施的严重短缺，使音、体、美等课程无法正常开展。有的学校实验仪器不全，许多实验课被迫取消。许多乡村学校教师严重短缺，但地区财政困难，一方面无力培训山村代课教师而使教育质量难以提高；另一方面聘不起新教师，无力接纳新的大、中专毕业生而使地区内的教师供需矛盾进一步突出。许多因经济贫困而流失的学生被动员返校后，书本费、杂费甚至食宿费用往往要由教师和学校垫付，教师的办公用品全由教师私人购买等一系列问题，使凉山彝族地区发展民族教育困难重重。

随着时代的发展，凉山彝族地区诺苏族群已开始摆脱完全封闭的状态，与周边的地区和民族进行全方位的交往，获得较高的物质生活水平已成为接受过现代科学知识熏陶的诺苏彝的目标。然而，传统的民族意识和独特的文化制度，使诺苏彝不能完全放弃本民族的语言和文化价值观念，全面地接受现代生活方式和观念，因此，在诺苏彝地区，彝语和汉语没有一种能算做优势语言，而是在不同的语境中争夺着使用地位。①

强势本土文化与强势主流文化的
相互渗透对文化融合的影响

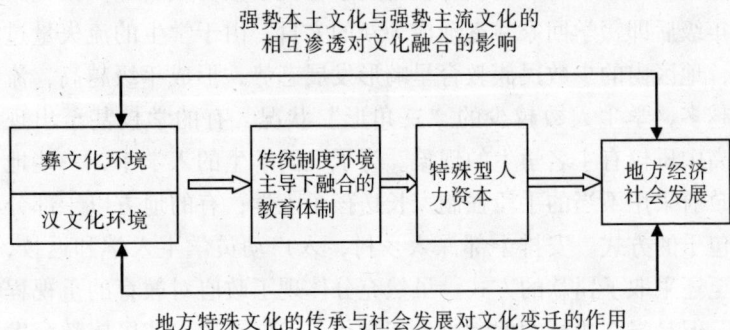

地方特殊文化的传承与社会发展对文化变迁的作用

图 6 - 5 - 3　汉族主流文化认同程度较低的少数民族地区 AGIL 架构

根据帕森斯结构功能论中的 AGIL 架构，我们可以看出，在两种文化并驾齐驱的凉山地区，人们主动接受学校教育，获取支持地方经济社会发展的人力资本的前提是必须具有减少两种文化冲

---

① 斯蒂文·郝瑞著，巴莫阿依、曲木铁西译：《田野中的族群关系与民族认同——中国西南彝族社区考察研究》，广西人民出版社 2000 年版，第 86—105 页。

突，维持传统文化传承，并有利于主流文化传播的特殊教育体制（见图 6-5-3）。在以初级农业生产为经济基础的凉山彝族地区，传统的生产方式和强烈的民族文化意识，一定程度上制约了现代科学技术和生活方式的直接进入，学校教育成了沟通两种文化的重要媒介，学校教育的普及程度不仅关系着地区内的人力资本的提高，还关系着凉山彝族摆脱封闭的状态，全面进行经济、文化交流以获取民族整体发展的契机。然而，现实中贫困的家庭，遥远的上学之路，浓厚的母语意识无不成为地区内儿童接受现代学校教育的障碍，双语教学额外增加的语言负担和教材成本，直接引入的汉族体系教育制度，无不成为地区内的儿童面对的困难。

因此，双重文化认同并驾的凉山彝族地区，在经济基础薄弱的层面上构筑教育、发展教育，外来的经济支持，特别是国家资金的强力投入是教育得到认可和发展的基础。将处于地域封闭状态下一个个村寨的学龄儿童集中起来，从小学阶段开始，免费提供学习和住宿条件，在双重文化氛围中，根据地区的需求编写教材，制定教育内容和教学方法，开展具有彝汉双语特色的学校教育。并以此为基础，建立相应的地方高等教育体制，特别是建立有针对性的地区招生体制和经费制度，使掌握双语或单一语种的学生，都能获得与汉族地区人口相同比例的高等教育机会。这类地方化高等院校的目的，就是为地区的发展和文化的变迁培养特殊型的人力资本，其主要的生源应来自当地，所需的经费来自外界而不是来自学生交纳的学费，其毕业生面向当地经济发展的需求。虽说，走向外界与国际接轨是大部分少数民族地区发展的目标，但对于目前的凉山彝族地区而言，这一目标只是部分较高程度认同汉文化的人口的理想，对于许多处于封闭村寨的人而言，当前的发展目标是加速地区经济发展，减少文化冲突，引入现代科学技术知识和文化意识，有步骤地完成社会的变迁和经济的进步，从而实现民族的整体发展。根据当地学校的统计资料表明，目前进入学校读书的学生70%以上来自附近交通便利、经济较发达的集镇和坝子地区，山区儿童的入学率不高，其中就读的学生中80%为男性，女性受教育的机会很少。在巩固基础教育与提高高等教育入学率的同时，大力推广基础教育与中等职业教育相结合的教育模式是现阶段凉山彝族地区发展教育的一个关键点，目前的中学教育内容在很大程度上不大适合当地学生的实际需要，在升学率和升学意愿都很低的凉山彝族地区，学生最迫切需要的是掌握一门能学以致用的专业技术知识。因此，在国家财政给予充分扶持的前提下，全面减免学生进行中等职业教育的学习费用，并结合当地实际开展"农、科、教"融为一体的办学方式，一方面根据地区经济的实际产业需求灵活地培养人才；另一方面向每个有教育需求的劳动者开展劳动技能、实用技术和文化知识相互补充的交叉教育，从而形成一整套适合民族地区学生实际的基础与职业教育相结合的教育体制和办学内容。另外，现行的升学制度在很大程度上压制了学校进行双语教育的尝试，使学校不得不全面进行汉语教育，而使汉语程度较低的山区儿童失去深造的信心和能力，辍学率过高，降低了人口的综合受教育水平。因此，适应的特殊的地方化教育体制是诺苏彝地区人力资本提高与经济社会发展的关键。

四、多元文化与学校教育——怒江、文山地区案例分析

地处云贵高原的云南省，在地理环境等自然条件的约束下，大部分少数民族群众以地域为范围，形成了大杂居、小聚居，生产方式和文化风俗多样性的社会实存，许多地区并未形成以一种

主体民族文化价值观念为主导的地域性文化，而是在多民族共处的状态下，形成了较为稳定的多元文化社会环境。地处云南省西北部青藏高原的南延部分、横断山脉纵谷地带的怒江州，与缅甸毗邻，是全国唯一的傈僳族自治州，并是举世闻名的世界自然遗产"三江并流"景区的核心区域。境内地形地貌独特，立体气候明显，水能、矿产、旅游、生物、民族文化等资源极其丰富，民俗风情浓郁独特。然而，由于历史和自然的原因，怒江州丰富的自然资源尚未得到合理有效的开发，至今仍是云南省乃至全国最贫困的地区之一，是一个集边疆、山区、民族、宗教、贫困为一体的自治州。全州国土面积1.47万平方公里，国境线长450公里，辖泸水县、福贡县、贡山独龙族怒族自治县、兰坪白族普米族自治县，总人口49.2万人，有傈僳、怒、独龙、普米、藏、白、汉等民族，少数民族人口占总人口的92.2%，居全国30个民族自治州之首。复杂的多元文化环境和薄弱的经济基础，使怒江州的现代化发展极为特殊。而地处云南省东南部的文山壮族苗族自治州，东邻广西百色地区，西连红河州，北接曲靖市，文山州南部的麻栗坡、马关、富宁3县与越南河江省接壤，全州辖文山、砚山、西畴、麻栗坡、马关、丘北、广南、富宁8个县，总面积3.22万平方公里，97%是山区和半山区。全州有汉、壮、苗、彝、瑶、回、傣、布依、蒙古、白、仡佬等十几个民族，总人口308.03万人。各民族多为聚居或单居，大体上是汉族、回族住街头，壮族、傣族住水头，苗族、彝族住山头，瑶族大多住箐头的特殊格局，具有浓郁的民族特点和鲜明的地域特色，形成了多元文化融合而多种经济共同存在的稳定社会体系。

根据云南省怒江州六库镇泸水一小和云南省文山州砚山县平远二中的问卷调查分析表明，在多民族杂居的少数民族地区，长期多民族之间的和平共处，已形成了对其他文化和价值观念较为容易认同的价值体系，在多民族之间共同的生产生活过程中相互融合，逐步建立了一种较为稳定的多元文化社会体系。虽说这两个地区现代学校教育的起步较晚，但在学生的调查表中，大部分学生都表达了较强的获得现代科学技术知识的愿望，在经济允许的范围内，大部分的学生愿意完成大专以上教育，以获得向经济发达地区流动的机会。地区内民众对汉族主流文化的认同程度很高。由于没有一个民族的语言和文化占有主导地位，大多数学生都赞同使用汉语授课，以减少学习的时间成本和实物成本，并同时避免被社会所边缘化。同时，地区内经济欠发达的现实，在吸引学生进行迁移流动的同时，教育投入的不足和学校经费的紧张，一定程度上也提升了学校内优秀教师的迁移流动愿望。①

较强的文化融合程度，使这类地区的民众较容易接受外来的文化、宗教意识形态。如怒江州的傈僳族，所使用的语言为藏缅语族彝语支，传统上信奉原始宗教，崇拜祖先和自然，相信万物有灵，村寨中有巫师存在。20 世纪初，西方传教士进入德宏、怒江地区，传入基督教和天主教，目前有许多傈僳族人信仰基督教和天主教就是该民族具有较高文化融合程度的最好例证。因此，面对经济基础依然薄弱，经济生产状况各不一样的多元文化地区，进行教育制度的创新和人力资本存量的提高，必须立足于多元文化环境的基石之上。以帕森斯结构功能

---

① 2005 年，云南省以文山州作为教育改革试点，进行教师聘用改革尝试，许多基层农村学校的优秀教师获得了竞聘具有较好办学条件学校的机会，大量优秀基层教师的流失，使城乡二元化的矛盾进一步恶化，农村学校教育资源的不足，严重地影响了学生获得公平教育的机会。

论中的 AGIL 架构分析多元文化地区时（见图 6 - 5 - 4），学校的教育体系不能完全照搬汉族主流文化地区的模式，应兼容多民族文化中的优势成分，发展"多元文化整合教育"，即教育在担负人类共同文化成果传递功能的同时，不仅要担负起传递本国主体民族优秀传统文化的功能，同时也要担负起传递各少数民族优秀传统文化的功能。①在当地经济发展需求的推动和相关政策的扶持下，建立有效的普通教育体系和地区性职业教育体系，从而大幅度地提高地区内的人力资本存量，促进地区经济社会的发展。

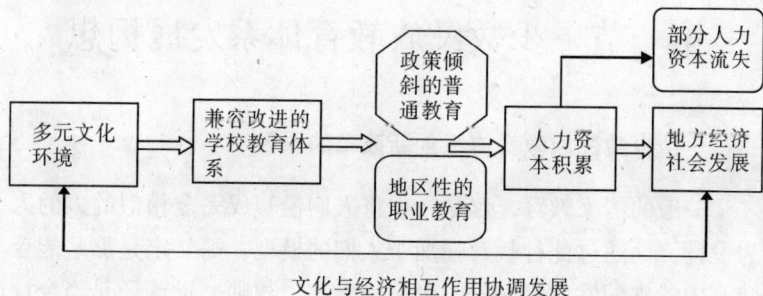

文化与经济相互作用协调发展

图 6 - 5 - 4 多元文化融合的少数民族地区 AGIL 架构

---

① 哈经雄、滕星：《民族教育学通论》，教育科学出版社 2001 年版，第 580 页。

第七章　少数民族地区多元文化背景下人力资本的发展战略

第一节　少数民族教育体系发展构想

一、少数民族教育体系创新改革的原因

一般的国家教育，仅是一项将人们模塑成完全相似的人的人为设计，而通过此种教育强加于人们的模型，则又定是那些能令政府中的支配性力量——不管它是君主、牧师、贵族还是当今社会的多数——感到满意的东西；随着这种国家教育的效率及成功程度的提高，它将渐渐确立一种控制人们心智的专制，而这也势必会导致确立一种人身的专制。——约翰·穆勒（J. S. Mill）①

普通教育并非只是一个——甚至有可能并不主要是一个——传播知识的问题。这是因为在一个社会中，人们需要确立一些共同的价值标准，而且尽管过多地强调此种必要性有可能会导致非常不自由的后果，但是，倘若没有那些共同的价值标准，那么人

---

①　［英］弗里德利希·冯·哈耶克著，邓正来译：《自由程序原理》（上），三联书店2003年版，第159页。

们显然不可能和平共处。然而，所有的教育都必须且应当根据某些明确的价值观念加以指导的事实，却也是公共教育制度会产生真正危险的根源。① 因此，对于文化和自然环境都存在极大差异性的少数民族地区，当地人的价值观念与主流文化地区的价值观念存在着相当的差异，少数民族地区的教育制度如果完全照搬主流文化地区成熟的教育制度，必然导致人力资本的形成必须面对许多特殊的困难。而且已形成的人力资本与当地的经济社会接合度不高，势必导致人力资本流失或人力资本效率低下，这样的结果完全违背了地区进行人力资本投资的初衷，使我们在进行少数民族地区人力资本研究时，不得不更为关注少数民族地方化教育体制设置的必要性。

当代西方经济学认为，资本采用两种形式，即物质资本和人力资本。人力资本是对人进行投资而形成的资本存量，人力资本具有多种投资渠道，包括对卫生和营养的投资以改善人的健康状况，对人进行培训可以提高个人的生存技能，通过正规教育可以提高人的认知能力并有助于学习能力的增强，对开发研究进行投资可以通过外部效果来提高个人的技术水平。目前，在人民生活水平步步提高的中国，学校教育是人力资本投资取得有效成果的主要手段。内尔森（R. Nelson）和菲尔普斯（Edmund. S. Phelps）认为，人力资本的存量推动了经济增长，因为生产者的技术水平更高也就更有可能创造新的技术。对于那些没有处于技术前沿的经济，平均的人力资本存量越高，其学习的能力就越强，也就越有可能吸收已有的技术，并实现更快的经济增长。巴罗（Robert J. Barro）和萨拉

---

① ［英］弗里德利希·冯·哈耶克著，邓正来译：《自由程序原理》（上），三联书店2003年版，第160—161页。

－伊－马丁（X. Sala－I－Martin）的研究发现，中等教育的平均受教育年限较之初等教育对经济增长有更为积极的效果，这一结果隐含了这样的道理：具有更高技能的人群采纳和吸收新技术的能力会更强。本·哈比比（B. Habib）和斯皮格（Speigel）的实证分析则发现人力资本水平对经济增长的作用在收入相对较低的国家和地区更为明显，这也就说明了人力资本存量的多少，在发展中国家和地区赶超技术领先国家的过程中居于重要的地位。现实世界中的一些案例表明，一些发展中国家和地区由于平均人力资本处于很低水平，使得地区在进行现代化发展的过程中往往会遇到不可逾越的障碍，即陷入发展经济学理论中的"增长陷阱"，要突破"增长陷阱"常常需要某种外部力量的干预，适当的政府政策是提高人力资本存量，避免"增长陷阱"的有效方式。因为人力资本存量的增加会使进行更多的（人力资本）生产变得更廉价，因此，对于一个国家和地区而言，随着人力资本存量的增加，与物质资本不同的是，人力资本的投资回报率开始上升而不是下降。同时，一些国家发展的经历也证明，初始条件的差异会导致不同的增长路径。① 世界银行 2000 年发表的《增长的质量》提出了新的发展分析框架，认为提高人力资本存量，就等于增加人民的福利。美国密执安大学教授殷格哈特（Inglehart）将 1970 年以来发达国家发生的变化称为后现代化，而后现代化的核心目标不是加快经济增长，而是增加人类的幸福和提高生活质量。

　　因此，对于初始条件各不相同，人力资本存量相对较低的少

---

① 中国教育与人力资源问题报告课题组：《从人口大国迈向人力资源强国》，高等教育出版社 2005 年版，第 13—15 页。

数民族地区，进行不同的教育体制设置，有效地提高地区内人力资本投资的效率，增进地方经济社会的发展，是提高地区内人口福利，实现增加人类幸福和提高生活质量的有效保障。

二、教育制度与人力资本变迁

人力资本的积累是社会发展阶段转型和经济结构变迁的重要推动力，而社会发展阶段的推进和经济结构的变迁同时又为教育和人力资本的进一步发展创造了条件。从理论上讲，一定的发展阶段、经济结构就同一定的人力资本积累水平和教育发展程度相联系。持续地增加一个国家或地区的人力资本存量并改进其质量使之符合经济社会发展的需求，有赖于是否具备一个完善的人力资本积累体系。不同的经济学家对不同时期、不同地区的经验材料的实证研究结果显示，教育水平的提高的确能提高人们在经济活动中的生产力水平。一般来说，教育所产生的生产力效应会随着国家、地区和行业的分布不同产生差异，[①] 教育发展的制度创新往往带来教育的发展和人力资本积累的大幅度提高。许多国家和地区在人力资本积累过程中之所以能够保持人力资本的长期持续增长，大多取决于在不同的阶段有不同的教育发展侧重点，各级教育的加速发展更多地得益于制度的创新，即与文化经济环境相适应的制度安排和相应的制度开放。

人力资本的积累同教育发展的关系密切。世界各地的教育发展过程，一般都经历了受教育人数由少到多，教育发展层次由低到高的过程。因此，教育发展一般要经历精英教育阶段、普及初

---

① 蔡昉、都阳主编：《2001 年：中国人口问题报告》，社会科学文献出版社2001 年版，第68 页。

等教育阶段、普及中等教育阶段、普及高等教育阶段和高等教育普及后阶段。相应的，根据人力资本的教育层次的不同，人力资本积累也可以分为精英教育驱动阶段、初等教育驱动阶段、中等教育驱动阶段、高等教育驱动阶段和终身教育驱动阶段。[1] 萨卡洛普洛斯（George Psacharopoulous）通过研究 1958—1978 年间 44 个国家教育投资的社会收益率和个人收益率后发现，各个教育层次当中，小学教育的社会收益率和个人收益率最高；教育的个人收益率超过社会收益率，在大学以上层次表现更为明显；教育投资的各种收益率都大大超过 10% 的物质资本收益率；经济欠发达国家和地区的教育收益率高于经济发达国家和地区（见表 7－1－1）。

表 7－1－1　不同类型国家及不同层次教育的平均收益率[2]

单位:%

	社会收益			个人收益		
	初等教育	中等教育	高等教育	初等教育	中等教育	高等教育
非洲	26	17	13	45	26	32
亚洲	27	15	13	31	15	18
拉丁美洲	26	18	16	32	23	23
中等发达国家	13	10	8	17	13	13
发达国家	—	11	9	—	12	12

目前，中国的大部分少数民族地区已完成精英教育阶段和普

---

[1]　中国教育与人力资源问题报告课题组：《从人口大国迈向人力资源强国》，高等教育出版社 2005 年版，第 16 页。

[2]　Psacharopoulos G.，Returns to Education：*A Further International Update and Implications*，Journal of Human Resource，20（4）：pp. 583—604，1985.

及初等教育阶段，人力资本的积累已从传统的社会积累方式向现代社会的发展方式变迁，在经济发展需求压力的影响下，人力资本存量增长迅速。根据不同类型的教育投资对于社会和个人的收益率来说会产生不同影响这一理论，我们在分析不同经济发展状况下少数民族地区的教育体系时，就必须关注当地人口的收入水平和经济发展趋势。对于经济发展水平较低而大量人口刚刚超过温饱水平的地区，教育发展的当前目标应该是巩固初等教育水平，逐步普及中等教育水平，在地方和个人经济允许的范围内，有效地获得个人和社会的最大收益率。因此，这类地区的教育体制一方面要满足地方大众人口的价值观念需求；另一方面要达到最有效地形成人力资本并使人力资本取得最佳收益的目标。对于经济发展水平较高、大量人口步入小康水平的地区，家庭的教育需求较高，有较强的经济能力支持家庭成员获取个人收益较高的高等教育。此时，地区内教育发展的目标即是有效普及高等教育，在与国际接轨的过程中，实现人力资本存量的高效增加。因此，根据不同少数民族地区不同的发展需求，有侧重点地进行教育制度安排，有序地引导人力资本数量、质量和类型的变迁，有效地使人力资本与地方发展需求相结合，是实现地区经济社会高速发展的关键。

三、人力资本投资存在的问题

目前，我国人口构成仍然以低层次文化人口为主，国民总体文化程度偏低，人力资本存量的不足已成为国家发展的重要障碍。对于现代学校教育起步较晚、步伐较慢的许多少数民族地区而言，人力资本存量的严重不足已成为阻碍当地人口获得平等发展的关键因素。在我国的许多贫困地区，义务教育巩固提高的任务仍然十分艰巨，文盲人口数量依然很大；教育资源的整体匮乏，教育投入的不足和教育资源配置的不合理，使许多少数民族地区接受义务教育学生所达到的学业水平令人担忧；高中阶段和职业教育阶段教育供给的规模不足和配置不合理，已逐渐成为教育发展的瓶颈；地区内高等学校的不足，人才结构和就业市场之间存在的结构性偏差，严重地影响了人力资本投资的效率。

2000 年，我国 15 岁以上人口接受学校教育的年限为 7.85 年，25 岁以上人口人均受学校教育的年限为 7.42 年，即初级中学二年级水平，仅与美国 100 年前的人口受教育水平相当。处于初中以下学历的人口比重过大，使我国教育发展与人力资本投资的任务十分艰巨。对于少数民族而言，除了朝鲜族、满族等少数几个教育综合水平较高的民族以外，大部分民族人口受教育综合水平低于或远远低于全国平均水平，因此，少数民族教育发展与人力资本投资依然处于极度不平衡状态，严重影响了少数民族地区的经济社会发展（见表 7-1-2）。

表 7-1-2　1990 年中国部分民族文化教育水平综合均值

民族	合计	男性	女性	民族	合计	男性	女性
全国	5.64	5.40	3.19	瑶族	4.15	5.01	3.24
汉族	5.74	6.27	4.94	景颇族	3.12	3.45	2.81
彝族	2.92	4.11	2.07	藏族	1.82	2.72	1.17
白族	4.72	6.49	3.62	布朗族	2.18	2.80	1.52
哈尼族	2.39	3.19	1.55	布依族	3.47	4.73	2.32
傣族	3.27	3.79	2.75	阿昌族	3.17	3.95	2.39
壮族	5.00	5.64	4.09	普米族	3.05	4.37	1.80
苗族	3.51	4.48	2.46	怒族	2.65	3.20	2.09

续表

民族	合计	男性	女性	民族	合计	男性	女性
傈僳族	2.08	2.78	1.30	基诺族	3.90	4.31	3.49
回族	4.95	5.42	4.30	德昂族	2.03	2.49	1.57
拉祜族	1.60	1.85	1.34	蒙古族	5.85	6.37	5.43
佤族	2.32	2.83	1.81	水族	2.90	4.10	1.62
纳西族	5.03	5.92	4.13	满族	6.37	6.56	5.87
独龙族	2.64	3.18	2.15	朝鲜族	8.55	10.26	7.95

资料来源：根据1990年人口普查资料编制。

综合平均值：为了简单统计各民族的整体受教育水平，便于各民族各地区进行综合比较。具体方法为，假设大学文化程度为20分，高中为15分，初中为10分，小学为5分，文盲和半文盲为0分，分别乘以各个民族的各级文化比率，然后加总，再乘以0.01即为所求的能够反映总体文化教育水平的综合均值。[1]

受政府公共财政投入及教育总供给能力不足等因素的影响，我国目前人力资本的形成并不能完全满足进行小康社会建设的需要。义务教育发展的基础仍然相当薄弱，"五普"资料表明，至2001年，义务教育阶段学生的按时毕业率仅为75%，也就意味着全国每年有500万学生不能按时完成义务教育阶段的学习，约占当年新生入学人数的1/4，大部分学生不能完成义务教育的根源在于大量辍学问题的存在，其中，西部地区义务教育阶段学生按时毕业率仅为62.0%，远低于全国平均水平，比东部地区整整相差21个百分点。对于少数民族地区而言，相对差异的文化价值观念，更为不足的教育资源配置和较低的教育质量，使已完成义务教育学生的学业水平值得担忧。

---

[1] 查瑞传：《人口普查资料分析技术》，中国人口出版社1991年版，第53页。

　　按照"五普"的实际人口计算，我国高中阶段毛入学率仅为41.3%，而云南、广西、海南、贵州、西藏的少数民族地区的高中毛入学率均低于30%，最低的仅为13.6%。高中阶段教育容量的不足，已成为制约人力资本存量提高的瓶颈，同时也使我国教育结构出现"两头高、中间低"的不合理格局，产生了教育发展的结构性失衡。[①] 本来职业中学和中等专业技术学校的教育水平，最能符合人均收入水平较低的少数民族地区的家庭教育成本支出能力和地区性模仿型经济发展的需求，但由于近年来专业设置和地域分布的不合理而使它们逐渐衰落，使少数民族地区错失了许多在地方经济许可范围内有效提高人力资本存量的机会。

　　目前，我国的高等教育偏重于系统的书本知识传授，培养的人才过分强调学术研究性而缺乏实用性和创新性，使高等教育培养出的人力资本与就业市场脱节，人力资本投资收益甚小，资本回收周期过长。大量人力资本失效一方面影响了个人对人力资本投资的信心；另一方面还浪费了大量的社会资源。高等教育投资成本过高，使许多经济较贫困的家庭因投资高等教育而陷入困境，或使许多贫困的学子不得不放弃接受高等教育的机会，使高等教育成为许多贫困少数民族地区学生的空中楼阁。高等教育的分布不合理和入门的不合理，使处于西部地区的人口并未得到与东部地区特别是几大都市人口平等的高等教育机会，而大部分少数民族地区高等教育学校的百万人口拥有量远远低于北京、上海等地，使少数民族地区高层次人力资本的形成困难重重。目前高

　　① 中国教育与人力资源问题报告课题组：《从人口大国迈向人力资源强国》，高等教育出版社2005年版，第58页。

等教育的统一规范模式，是与主流文化地区的产业结构和价值观念相协调的，因此，少数民族地区进行高等教育投资的后果，往往成为经济较发达的主流文化地区的"输血机器"，在获得个人上升机会和经济利益的主观动机驱使下，在就业市场和个人潜能发挥的客观现实吸引下，少数民族贫困地区完成高等教育的人力资本大量流失，地区内的人力资本存量的增加更为困难。

四、多元文化教育体系与教育公平

多元文化教育是指在多民族的多种文化共存的社会中，允许和保障各民族的文化共同平等发展，以丰富整个国家的文化教育。多元文化教育的目标在于"使属于不同文化、人种、宗教、社会阶层的集团，学会保持与协调相互之间的关系从而达到共生"，即在于教学内容多元化理解、教育机会均等、消除偏见与歧视、加强校园文化建设等，其最终目标在于不仅要使学生学到知识和技能，还要让学生具备容忍与接纳不同民族、保持与发展多元文化的态度等。

多元文化教育产生于 20 世纪 60 年代美国的"民权运动"，这一运动的一个主要目标在于消除公众在公共场所、住房、就业和教育等方面存在的偏见。其结果对种族、族群的教育产生了很大的影响。首先是黑人，然后是其他各族群纷纷要求通过学校和其他教育机构的课程重建来反映各少数民族的文化、历史、经验等，各少数民族族群通过学校聘用更多的少数民族教师和校长，从而确保少数民族学生取得真正的成功。少数民族族群通过他们的社区管辖学校及其课程和教科书逐渐推进了这一运动，并使之不断深化到种族、社会阶层、性别、特殊者和其他边缘人群。[①]
多元文化教育是多元文化思想的体现和深化,不仅在教育领域的
各个方面体现着多元文化的思想,而且通过对人的培养传递并发
展着多元文化,在民主、平等和公平思想的指导下,推动现代国
家的多元发展模式。在各民族特色文化获得保存和平等发展的同
时,增进不同民族间、不同文化间的宽容和理解,有效化解不同
文化尤其是宗教信仰之间的矛盾,从而实现各民族的团结和
发展。

　　英美文化教育人类学学派和多元文化教育学学派在研究的立
场、方法与观点等方面存在着诸多的不同,但一致将少数民族教
育作为研究的核心问题。特别是对少数民族学生在学校中学业成
就的归因形成了许多不同的归因理论。[②] 以美国学者詹森斯
(Jensen) 为代表的遗传基因差异理论认为基因是黑人学生学业
水平差的主要原因,这种将人的生物性差异和社会性差异混为一
谈的理论,在日本的 Burakumin 少数民族学生移居美国后与在日
本国内时大相径庭的学业水平实证面前丧失了说服力。文化剥夺
理论认为,黑人学生由于生活环境缺乏白人文化学校所需的文化
刺激,从而使学生不具备取得高学业成就所需要的成就动机、抱
负水准、语言和认知能力。由于该理论不考虑同化教育所导致的
对立情绪,而仅将文化不足的责任推给黑人家庭和社区,并不检
讨制度和措施的公平性,使理论的说服力严重不足。文化冲突理
论认为少数民族学生的低教育成就不是文化量的差异所致,而是

---

① 王鉴:《西方少数民族教育研究评述》,载《世界民族》2002 年第 4 期。

② John U. Ogbu (1995), *Community Forces and Minority Strategies*: *A Comparative Study*, Chapter3, pp. 44—75;谭光鼎:《原住民教育研究》,五南图书出版公司 1998 年版,第 51—87 页。

少数民族文化与主流文化存在质的差异而导致的文化冲突所致。这一理论将所谓的少数民族学生在本民族文化中形成的价值观念、行为方式与主流文化学校中的校园文化相冲突作为导致学生学业水平低下的原因，因为并不能解释存在巨大文化差异的东亚裔学生在美国白人文化社会中取得的巨大学业成就而处于尴尬境地。语言类型差异理论认为，少数民族学生的低学业成就是由于家庭生活用语与学校教学用语不同，以及师生语言沟通方式的差异所导致的。但仅将学业水平的差异归因于语言的差异，而忽略了社会文化环境的影响，导致了该理论在解释问题上的片面性。文化差异理论认为，在原社会的环境中习得了族群的传统语言和文化的少数民族学生，进入主流文化学校以后被中断了传统语言和文化过程，导致了学业水平低下。因此，该理论认为不仅要从体制上对学校教育进行改革，以适应不同文化少数民族学生的学业需求，还要从制度上改造社会，以融合的文化环境促进各民族学生学业水平的进步。以教育人类学家奥格布（Ogbu）为代表的阶层化社会理论认为，不同文化背景组成了以不同的肤色、生理特征、族群等因素为基础的阶层化社会。依照种族背景规定就业机会的"职业限制"（Job Ceiling），导致一些少数民族人口不成比例地集中于某些低阶层职业，也导致少数民族学生缺乏学习动机，最终"自行应验"地获得低教育成就而进入低社会职业阶层。这一理论看到了社会制度在学校教育中的缺陷，但忽视了多元文化社会里除了种族之外的其他社会因素的影响。[1]

　　上述种种理论都不能全面解释少数民族学生学业成就水平的

---

① 滕星：《西方少数民族学生学业成就归因理论综述》，载《湖北民族学院学报》2004年第2期。

成因，其理论的效度和周延受到了来自各方面的质疑和批判。美国教育人类学家奥格布（Ogbu）在原来阶层化社会理论的基础上，提出了一种综合理论模式，试图从传统文化、族群历史、生存策略和族群等多重角度，来寻找解释少数民族学生学业成就的原因。文化模式理论从人类学的文化相对论立场出发，认为任何一种文化模式或民俗体系都有其价值，彼此无优劣或先进与落后之分。在一个多元文化的社会中，各种文化应并存不悖。在教育领域，无论是多数民族或是少数民族，都可以运用其独特的文化价值观去解释教学活动中的内容、情境与族群成员的学习行为。文化模式的异同，使不同族群的学生的学习行为呈现出积极与消极之分，只有以文化模式为基础，调整少数民族地区的教育体系，才能有效地提高少数民族学生的学业水平，从而达到进行人力资本积累和提高人力资本效率的目的。

　　学校的功能是培养具有能够适应市场需求的社会行为和认知技能的劳动力，而能否获得平等的教育机会是少数民族地区人力资本大量积累，人力资本效率提高的入口。教育机会平等可以分为三个方面：教育入学机会平等（教育起点平等）、教育过程平等和教育结果平等（教育质量平等）。法律意义上的平等无论是针对个体还是民族整体，在理念和实施过程中都追求"绝对性"平等。而目前在我国个人之间和民族之间，在具体的经济文化领域中的事实上的平等只能是相对性的。中国的各民族在一定时期内，在历史、经济、文化、生产力发展水平等多方面还存在着差异和差距。发展少数民族教育，为民族地区培养优秀的人力资本，缩小民族间差距，就必须在政策上给予少数民族地区的教育一定的倾斜度。目前，我国教育不公平的现象日渐突出。首先，在教育经费投入方面，东部地区的投入远高于中西部地区。有关研究发现，东部的各项教育发展指标平均是中西部的 1—3 倍，在各项指标中教育公用经费是差距最大的一项。其次，城乡差别不断加大，少数民族农村地区的教育问题日益突出，教育环境、资源和师资上的巨大差异，使少数民族农村地区学生处在不公平的待遇下，学业成就普遍较低。

美国学者盖伊（Genera Gay）认为："多元文化教育哲学认为民族多样性和文化多元主义应该是教育的一个重要组成部分和不间断特征。学校应该教育学生真正地将文化和民族多样性作为社会标准和有价值的东西加以接受。这就意味着应该接受真实的、不同民族群体的知识，并培养适当的对于不同民族群体的历史、文化遗产、生活方式以及价值体系的态度。应该接受不同民族群体存在的权利，理解民族群体的生产类型的有效性与可变性，扩大个人在自己社区和其他社区中有效运作的能力。将保存民族和文化多样性作为一种保持社会的丰富性和伟大性的方法而加以促进。"[1] 美国教育人类学家葛阮德（Carl A. Grand）将多元文化教育定义为："多元文化教育是基于针对所有人的多样性力量、社会公正及不同生活选择基础上的人性概念，多元文化教育不仅仅是对不同文化的一种理解，它认识到不同文化作为彼此区别的实体而存在的权利，并了解到它们对社会的贡献。"[2] 美国西雅图华盛顿大学的班克斯（James A. Banks）教授认为："多元文化教育是一场精心设计的社会改革运动，其目的是改变教育环境，以便让那些来自于不同的种族、民族、性别与阶层的学生在

---

① Carl A. Grand（Eds）（1997），*Multicultural Education：Commitments，Issues and Applications*，pp. 95—96，By the Association for Supervision and Curriculum Development.

② Carl A. Grand（Eds）（1997），*Multicultural Education：Commitments，Issues and Applications*，pp. 3—4，By the Association for Supervision and Curriculum Development.

学校获得平等受教育的权利。多元文化教育理论假设，与其让那些来自于不同种族、民族、性别与阶层群体的学生仅属于和保持本群体的文化特征，不如让他们在教育领域获得更多的选择权，从而使社会化过程获得成功。"①

多元文化教育的目的是：一方面，帮助少数民族成员提高适应现代主流社会的能力，以求个人最大限度的发展；另一方面，继承和发扬少数民族的优秀文化遗产、丰富人类文化宝库，为人类作出应有贡献。多元文化教育是多民族国家实施的国民教育的重要组成部分。② 目前，我国的学校教育在对少数民族学生继承和发扬其本民族社会文化遗产方面的教育不足；在结合学生个性特点，提高其适应现代主流社会的能力方面教育不够；在联系地方实际需求培养适用型人才方面做得甚少。学校教育既不能在少数民族学生社会化的过程中充分发挥作用，也不能对地方经济文化的发展作出应有的贡献。在各民族地区不同的文化传统和价值观念的影响下，少数民族地区各级教育的升学率很低，而失学率和辍学率，尤其是女童的失学率和辍学率很高，学校教育在地区内很难得到应有的重视和社会的认可。因此，在少数民族地区有效地推广与地区经济社会发展状态相协调的多元文化教育，一方面可以改变地区内人口对现代学校教育的认识程度和对主流文化的认同程度；另一方面还可以有效地改善少数民族学生的生活和学习环境，使各民族学生获得平等的受教育权利和受教育的信心，从而提高少数民族学生的学业水平，真实有效地为地区经济社会的发展提供相当数量和质量的人力资本，使人力资本与地区

---

① James A. Banks and Cherry A. McGee Banks（1993），*Multicultural Education*：*Issues and Perspectives*，Second Edition，pp. 359，Allyn and Bacon.

② 滕星：《民族教育概念新析》，载《民族研究》1998 年第 2 期。

发展走上良性循环的道路。

五、多元文化教育与少数民族教育课程本土化

多元文化教育理论首先兴起于西方，根植于西方的社会文化背景，是以西方本土的视角来解决少数民族教育问题的有效理论。尽管多元文化教育已成为一种全球民族教育的理论，但因为文化背景的差异、国情的不同以及社会历史方面的特殊性，各国在多元文化教育理论指引下的方针、政策、措施及课程设置等方面均表现出了明显的个性。[①] 多元文化教育理论在我国的少数民族教育实践中起到了一定的积极作用，但在实际的教学过程中也遇到了一些现实性的困难。"一方面吸收输入外来之学说，一方面不忘本来民族之地位……此二千年吾民族与他民族思想接触史之所昭示也。"[②] 因此，立足于课程本土化的多元文化教育是我国少数民族教育的基本点。

西方学者塞缪尔·亨廷顿（Samuel P. Huntington）在其名著《文明的冲突与世界秩序的重建》中，从现代化、西方化、本土化三者之间的关系论述了本土化的实质。西方的扩张促进了非西方社会的现代化和西方化。在最终的选择方式中，接受现代化，拒绝西方化成了非西方国家的主要模式。反西方主义的现代化直接导致了本土文化的复兴。简言之，"现代化不一定意味着西方化。非西方社会在没有放弃它们自己的文化和全盘采用西方价

---

① 王鉴：《我国少数民族教育课程本土化》，载《广西民族研究》1999 年第 3 期。

② 陈寅恪：《冯友兰中国哲学史下册审查报告》，《金明馆丛稿二编》，三联书店出版社 2001 年版。

值、体制和实践的前提下，能够实现并已经实现了现代化"①。
正如布罗代尔（Fernand Braudel）所言，现代化加强了世界各伟
大文明中的历史文化的多元性，并减弱了西方的相对力量，世界
正在从根本上变得更加现代化和多元化。② 20世纪八九十年代，
本土化已成为整个非西方世界的发展日程，本土化过程在本民族
自身文化的伸张和西方文化的冲击中不断地行进着。而本土化的
提法及其进程是与现代化和传统文化密不可分的。也可以说，本
土化就是对现代化与传统文化矛盾的一种有效缓冲，本土化并不
是割裂与传统文化的关系，它所强调的是传统文化在新的历史及
社会条件下的更新、变迁。这种更新、变迁的原因在于外来文化
的冲击。本土化是外来文化与本民族传统文化相互沟通、融合的
过程，是外来文化及传统文化改变自己的初始形态以适应社会文
化发展要求的过程，也是两种文化发生碰撞时不可逾越的一个阶
段。因此，本土化是传统文化结合外来文化而迈向现代化的中介
与桥梁。③

在中国教育的现代化历程中，从洋务运动到维新变法，从五
四运动到二三十年代的教育实验运动，从新中国成立后的新教育
到八九十年代的改革开放，每一时期都可视为是现代化与本土化
进程中的一块"里程碑"。每一时期均是不同的代表阶层在不同
的目标驱使下学习西方经验、结合本国实际、达到富国强民愿望
的探索。从孙中山先生的"五族共和"到"中国学派"的形成，

---

① ［美］塞缪尔·亨廷顿著，周琪等译：《文明的冲突与世界秩序的重建》，新
华出版社1998年版，第70页。

② *Braudel On History*, pp. 212—123, Chicago：University of Chicago Press，1980.

③ 王鉴：《我国少数民族教育课程本土化》，载《广西民族研究》1999年第3
期。

从蔡元培先生的"说民族学"到30年代的民族调查，从中国共产党的"立足民族平等，各民族共同繁荣"到费孝通先生的"中华民族多元一体"格局，力图探索的是中华民族及其包括的所有族群之间的一种内在关系，从理论到实践上力图尽快实现全民族的现代化发展。然而，目前我国少数民族教育课程设置具有强烈的"重一体轻多元"的倾向。"重一体轻多元"主要表现为课程设置从形式到内容照搬主体民族的教育模式，使少数民族教育为主体教育所"支配"。这种课程除了科学教育内容的积极性外，几乎完全脱离少数民族地区及少数民族学生的特点，死板单一而缺乏灵活性的统一课程教育并不利于少数民族地区多元文化的发展。因此，少数民族教育的发展必须重视少数民族教育课程的本土化进程。首先，必须充分认识并确立中华民族多元一体教育。少数民族学校教育及其课程体系，除面临一般性的一体化和多元化的问题外，还应充分考虑到民族文化的多样性，以主体民族文化为基点建立的学校教育及其课程去要求少数民族文化适应的做法是欠妥的。其次，必须进行民族教育课程的改革。我国少数民族教育课程本土化不仅要借鉴西方民族教育中成功的课程经验，也要充分考虑各民族发展的各层次需求；不仅要充分考虑少数民族地区人口受教育程度的提高，更要充分考虑所培养的人力资本的使用效率，利用有限的教育资源最大限度地为地区的发展提供有用的人才。

第二节　少数民族地区的现代化发展趋势

一、教育的本土化与国际化

在全球化的经济环境中，新的世界分工不再以国家来划分，而是按照区域的竞争力来进行。全球化的分工，使物质资源和人力资本在不同的层次上发生着变化，并越来越集聚于具有一定个性的区域，并在区域崛起的过程中推动着经济全球化的发展。教育的目标是为经济社会的发展服务，随着知识经济和全球经济一体化时代的来临，教育也和其他社会意识形态一样面临着来自各方面的挑战。如何适应国际教育发展的趋势并和国际教育接轨，是我国少数民族教育发展必须面对的现实问题。

高新技术的运用和信息高速公路的建立，使我们的地球变得越来越小，各地区和各民族间的合作与交流不断地加强已成为现代社会的一种必然。其中，现代教育的国际化发展趋势十分明显。然而，随着全球现代化模式的多元化发展，发展中国家面对西方化的种种冲击，各个领域都传出了激昂的呼声——吸收外来文化的精髓来推动本民族、传统与现实文化的创新，成为许多民族国家和地区现代化发展的目标。在传统与西化的选择中，重新调整教育的理念和模式，建立适合本国或本地区发展需求的教育体系已成为现代民族教育发展的共识。因此，在以知识经济为主导的 21 世纪，表面上看来相互矛盾的国际化、本土化、地方化和个性化问题将在协调的制度环境中形成相互促进、共同发展的趋势。

从字面上来看，国际化与本土化是两个相异而相斥的命题，有着各不相同的对立范畴。但从理论上来说，它们之间并非没有关联，而是相互重叠、密切相关的。首先，从定义上来看，本土化与国际化具有内在的一致性。所谓的教育国际化是指一国教育面向国际发展的趋势和过程，是把国际的、跨文化的、全球的观念融合到学校的日常教学和科研活动之中。可见，教育国际化与强调超越国家和民族界限、忽视民族与国家教育愿望的"教育全球化"并不相同，更强调的是国家与国家之间、民族与民族之间进行的相互交流与合作的活动和过程，是在承认国家与民族间存在差异的基础上展开的，从本国或本地区自身条件和特点出发的变革。因此，教育的国际化与本土化并不是对立的，而是统一的，是在教育本土化基础上的国际化。同时，教育的本土化是相对于教育的国际化而言的，没有外来教育特别是西方教育的传入，就无所谓本土化问题。本土就是本民族的、传统的、现实的东西。教育本土化就是指吸收外来文化和自身文化创新，从某种程度上讲也是一种文化选择。从这个定义出发，教育的本土化就是强调民族和国家的特点。虽然在一定程度上本土化"情结"是有效保持教育的民族特色和民族自尊心的情感动力，但是理智的本土化是一种兼收"外来文化"与"自身文化"的创新，是一种文化选择。同时，它也是外来文化与本民族传统文化相互沟通、融合的过程，是外来文化及传统文化改变自己的初始形态以适应新文化发展要求的过程。其次，本土化与国际化具有相依相存的关系。教育的国际化并不排斥本土化，因为现代教育具有国际化的属性，知识的广泛性是教育创造知识的核心价值。本土化并不是割裂与西方文化的关系，更强调的是传统文化在新的社会条件下的更新和变迁。外来文化不经过本土化过程就很难有生长的根基，而本土文化不吸收外来文化则更加难以发展。一种未加反思的外来文化不是知识，而只是迷信，国际化过程就是将外来文化的合理成分有机地纳入本土社会之中并使二者相互融合，在双向的流动和更替中使彼此都具有生存与发展的空间和契机。第三，本土化与国际化互为补充才能体现出现代教育的完整性。教育的国际化是全世界国家和地区教育走向趋势的一种表现形式，而本土化则是一个特定国家或地区教育呈现出地区和民族特色的过程。一个国家和地区的教育就其完整性来说，需要国际化和本土化两者的结合。① 也就是说，教育的国际化是在教育的本土化、民族化的基础上发展起来的，脱离本地区的教育目的而盲目地追求教育的国际化是不可能的，也是不现实的。在教育日益成为社会中心的今天，政府必然要对其加强宏观调控，从而使之更有效地为本国、本地区的政治、经济和社会发展服务。而政府在制定相应的政策时，又必须顺应潮流，遵循规律，不断地推进本国教育走向国际化。正如美国著名教育家克拉克·克尔（Clark Kerr）所描述的那样：未来社会将是通过国际教育来实施民族化服务的时代。这是一个个性和共性的关系问题，正确的处理办法将是学习国际经验，建立国际化和本土化相结合、时代的特征和本地区的特色相结合的发展模式。②

二、少数民族地区的现代化进程

全球现代化的过程，在某种意义上来说，也是全球范围内文化多样性迅速丧失的过程，起源于西欧的地方文化正以一种普适标准的形式侵吞着世界各地多种传统文化的领域，几乎没有任何国家和地区能完全置身其外。其实，将现代化等同于西方化而否定传统价值的思想和实践是很难取得成效的。世界各国的发展历史证明，凡是将推进现代化和保留传统之间的关系处理得比较好的国家，其走向现代化的道路就相对平坦。弯路走得较少，付出的代价也较少，反之则现代化道路坎坷崎岖并有反复。例如，同

---

① 董云川、张建新：《本土情怀下的高等教育国际化选择》，中国教育和科研计算机网。

② 蔡克勇：《高等教育的国际化、国家化、地方化、个性化》，载《中国高教研究》2001年第10期。

属于亚洲的日本、韩国、新加坡等，由于传统文化的延续和现代化的进程二者之间的关系处理得较好，其现代化发展的道路也就相对较为平坦而快捷。当然，各个国家和地区由于在现代化进程中所处的地位、经济基础、资源环境、文化理念等因素的不同，以及各种偶然因素的存在，其发展的道路可能各不相同。但不可否认的是，民族文化传统中所形成的民族性格在面对社会变迁时，可以在快速的变化中为人们提供相对稳定的共同心理环境，从而帮助人们更好地适应现代化进程所带来的巨大文化冲击，并成为民族现代化过程中不可或缺的文化支持，有效地推动着民族的成长。因此，少数民族地区的现代化进程离不开民族文化的滋养，只有将少数民族文化与社会经济发展的步伐有效地协调起来，才能取得真实意义上的民族发展。

面对现代社会丰富的科学技术知识和高速的信息文化传播手段，少数民族地区传统文化的延续和现代化的进程存在着许多的矛盾和冲突。如何有效地协调二者间的关系，保持民族文化的传承在不被主流文化所边缘化的同时，取得经济社会的现代化发展是一个很困难的问题。特别是现代科学技术、信息传播和生活方式的介入，使传统文化的传承方式遇到了前所未有的困难，在民族语言文字使用频率越来越低，传统生活方式悄然改变的许多少数民族地区，传统民族文化的发展和传统价值观念的维持更是举步维艰。

当然，少数民族地区的现代化进程不应该成为少数民族地区文化多样性和发展多样性的"灭绝者"，而应该成为少数民族多样性发展的推动力。这期间，少数民族教育在地区的现代化进程中理所应当地应该肩负起传统文化传承与发展的重任。现代科学技术和文化价值理念的推广和传播离不开现代学校教育体系，而少数民族文化的传承与发展同样也离不开少数民族地区的教育。在经济发展水平相对较为落后的少数民族地区，人多地少、经济基础较为薄弱已是不争的事实。现代社会的发展现状和信息传播给予了少数民族地区人口追求较高物质生活水平的希望和范例。同时，现代社会的经济贸易方式也进一步对各地区的经济活动提出了降低交易成本的要求。少数民族地区传统的生产生活方式、文化环境和独特的语言文字在很大程度上使其人口进入现代社会的交易成本增加，也促使一些地区的少数民族人口为了获得更快、更高的短期利益而放弃传统的语言文化和生活生产方式。但这一选择在抛弃了传统束缚的同时也使少数民族地区丢失了独特发展的机会，在取得短时间的经济利益以后，或完全沦为经济较发达地区的附庸（如资源供给地及产品加工地等），或因逐渐丧失发展的动力而使发展的速度减缓。因此，少数民族地区的现代化进程应该是充分继承与发展传统文化和社会经济同步发展的过程，而少数民族地区的学校教育将不仅仅只是现代规范文化知识传播的途径，更应该是少数民族传统文化传播与发展的温床，更应该是少数民族地区特色快速发展的人才培养基地。

三、立足于本土的教育国际化趋势

作为一种社会活动，教育区别于其他社会事物的本质属性就是人才培养。教育的基本社会职能包含两个方面，一是传授生产技术和生产经验；二是传授社会思想意识。属于社会、历史范畴的教育不仅是社会生产力的生产和再生产的必要条件，还是灌输一定社会意识形态的重要手段，这两者之间是相互联系、相互制约的。它高度地反映了社会生产力和社会生产关系两个方面的客观要求，对人类社会的生存和发展起着十分重要的作用。一定社会的经济、政治是当时生产力与生产关系的反映，所以教育同生产力和生产关系的关系往往体现为教育与经济、政治的关系。教育受政治、经济的制约，也对政治、经济起着巨大的反作用，随着科学技术的发展和社会政治生活的复杂化，它的重要性也越来越明显。教育与政治、经济之间的本质的、必然的联系是制约教育外部关系的规律。①

当21世纪以一种充满了严峻挑战的崭新面貌迎面而来的时候，任何国家、民族和地区无论是被动的适应，还是主动地介入，都无法完全回避全球化的浪潮。现代生产力，尤其是科学技术的迅猛发展不仅冲破了全球化进程中的空间障碍，而且还冲破了国家、民族、文化与心理等社会障碍，使社会经济的发展对现代科学技术的要求和依赖达到了相当高的程度。当然，一定社会的政治、经济状况对教育的要求各不一致，教育要充分实现为社会经济发展服务的目的就必须立足于所在地区的社会经济发展的基础之上。面对国际化的发展趋势和现代普适性价值观念的推进，一方面各民族国家和地区在教育思想、制度和方法等方面走向某种趋同；另一方面，各民族国家和地区的独立性比以往任何时候都得到了强调。珍视民族优秀的文化传统以及保护和促进文化多样性的努力，不仅是各民族国家和地区的责任和义务，也成为国际社会的共同追求和职责。

因此，在知识经济时代的国际化发展浪潮中，少数民族地区的发展必须立足于当地的实际情况，以地方发展的实际需求为出发点，建立民族化、地方化的国际化发展模式。首先，充分利用

---

① 闵春发：《全球化背景下地方综合性大学教育创新探讨》，载《高等教育研究》2004年第3期。

国际化的优质教育资源加快教育改革开放的进程，引进国际上较为实用的管理理念和机制，进行教育管理体制的改革和制度创新，有效地缩小与经济发达国家和地区之间的差距。其次，以国际化的标准培养地区内所需的各类专业技术人才，使地区内的人力资本一方面具有地方社会经济独特发展所需要的实用性技术和知识；另一方面还具有应对国际化竞争要求的、与国际市场接轨的专业技术能力。第三，加大政策支持，多渠道引进资金和人才力量，快速发展少数民族地区的特色教育，大幅度地提升少数民族地区的人力资本存量和质量，从而为少数民族地区的社会经济发展提供充足而实用的人力资本存贮。

第三节　少数民族地区人力资本与经济社会发展前景

　　少数民族的发展是指少数民族和少数民族地区经济、教育、科学技术与文化卫生事业的发展。消除民族间事实上的不平等，促进各民族共同发展、共同繁荣，既是少数民族的根本利益，也是整个中华民族的利益。中国现代化进程中的少数民族发展，不仅要纵向看少数民族和少数民族地区发展的历史演进，而且还要横向与东部沿海经济发达地区（汉族聚居地区）进行比较。只有这样，才能全面、准确地认识少数民族和少数民族地区发展的实际情况，寻求促进全民族发展的有效对策和途径。2001 年的统计数据显示，与经济较发达的东部地区相比，西部少数民族地区发展缓慢，与东部地区的差距巨大。同时，西部各地区间也存在着极大的差距。从国内生产总值来看，最高的是四川省，达到4 421亿元，而宁夏回族自治区和西藏自治区仅为四川省的

6.75% 和 3.14%。从财政收入来看，四川省最高，达到 271.13 亿元，而宁夏回族自治区和西藏自治区分别仅为四川的 10.17% 和 2.25%。从高等院校数和在校学生数来看，四川省有高等院校 49 所，在校学生316 701 人；云南省有高等院校 28 所，在校学生119 039 人；而青海省只有高等院校 8 所，在校学生17 918 人；西藏自治区有高等院校 3 所，在校学生6 793 人。[①] 至 2008 年，情况也没有较大改观，甚至有些指标的差距还进一步扩大。从国内生产总值来看，西部地区最高还是四川12 506.3 亿元，云南为 5 700.10 亿元，仅为四川的 45.58%；宁夏回族自治区为1 098.1 亿元，西藏为 395.91 亿元，青海为 961.53 亿元，分别仅为四川的 8.78%、3.17%、7.69%。从财政收入来看，四川省财政收入为 561.53 亿元，云南省为 321.84 亿元，仅为四川的 57.3%；宁夏回族自治区 47.56 亿元，西藏自治区 9.81 亿元，仅为四川的 8.47% 和 1.75%。从高等院校数和在校学生数来看，四川省有普通高校 90 所，在校学生 99.11 万人，云南省有高等院校 61 所，在校学生 53.00 万人；青海省还是只有高等院校 8 所，在校学生 5.68 万人，西藏自治区有高等院校 6 所，在校学生 3.00 万人。少数民族地区发展缓慢且发展不平衡，这是中国现代化进程存在的客观现实，不容回避也无法回避。面对巨大的差距和多样性的地区特点，少数民族地区发展的首要任务是提高少数民族地区人力资本的存量，而有效人力资本的形成与具有地方特色的少数民族地区学校教育体系的建设和发展密不可分。

---

① 任维德：《中国现代化进程中的民族发展：现状、特点及对策》，载《内蒙古大学学报》（人文社会科学版）2003 年第 5 期。

一、少数民族地区学校教育前景

20 世纪末，我国实现了基本普及九年义务教育的宏伟目标，从根本上保障了广大儿童少年接受义务教育的权利。近年来，党中央、国务院把农村教育作为教育工作的重中之重，明确提出新增教育经费主要用于农村的要求，组织实施了国家西部地区"两基"攻坚计划、"农村中小学现代远程教育工程"和实行资助贫困家庭学生就学的"两免一补"政策，有力地促进了我国区域之间、城乡之间义务教育的均衡发展。各地也积极采取措施，努力缩小义务教育发展中的差距。由于我国仍处于社会主义初级阶段，各地经济社会发展不平衡，城乡二元结构矛盾突出，尽管近年来各地义务教育都有了新的发展，但城乡之间、地区之间、学校之间的差距依然存在，在一些地方和有些方面还有扩大的趋势，进一步推进义务教育均衡发展已成为义务教育发展中需要高度关注的问题。[①] 面对已然存在的教育发展不平衡的现实，为了有效抑制两极分化，有学者建议采取政策平衡、社会平衡、文化辅助平衡和税制平衡等多项措施来进行调节。政策平衡：建立政府财政投入的法律保障体系，以法律的形式出台教育经费投入占 GDP 的比例。要改变大、中、小学三级教育结构生均经费投入相差过大，分配不合理的现有格局；要保障国家教育经费向经济欠发达地区重点倾斜，减少经济发达地区的投入比率，甚至在同一地区，也要规定重点学校、非重点学校的教育经费占有率均衡；鼓励城乡非贵族化民间办学，在政策和经费上给予特殊照顾，以解决一般大众的受教育要求。社会平衡：广泛吸收社会资金，开

---

① 《全力推进义务教育均衡发展》，见教育部文件。

发社会资源，用社会的钱办全民的教育，并着重考虑西部落后地区、民族地区和贫困弱势群体，以期发挥平衡作用。文化辅助平衡：一是建立经常性的助学制度，设立专款使尽可能多的贫困学生享受到免费教育；二是推行支教和教师轮岗相结合的帮扶策略，拉长优秀教师到欠发达地区任教的周期，让优质教育资源用有所尽；三是利用远程教育网络，力求优势教育资源共享。税制平衡：提高享有优质教育资源的成本，向精英（贵族化）办学者征收一定的税金，同时减免大众化办学的税金，将收入用于更需要发展的贫困地区或学校。[①] 目前，从国家主管部门到社会各界都给予了教育不均衡问题大量的关注，如何加速少数民族地区学校教育的发展，扩大地区内适用型人力资本的形成和人力资本效率的提高，是新世纪教育发展的重中之重。

我国教育发展的地区不均衡既有经济社会的原因，也有历史的原因。面对地区间梯级存在的人力资本现状，一味地强调机械而绝对的公平是无法做到的。因此，教育公平的实现是与地方经济社会相协调、循序渐进的一个历史过程。首先，要保证各民族人口享有相对公平的受教育权利，确保适龄儿童获得免费义务教育，并以教育投入和教育资源供给等形式确保基础教育的质量，从而有效提高少数民族地区人力资本的存量，促进地方经济社会的发展。其次，根据地区发展需求和自身拥有的资源，不失时机地促进与国民经济和社会发展相称的地区性职业教育和高等教育的发展，为地方特殊性人力资本的形成和人力资本效率的提高，提供相应的孵化器。第三，建立制度优势，以优惠的政策吸引人

---

① 李健文：《多元平衡促进教育均衡发展》，载《光明日报》2004 年 9 月 30日。

才和留住人才，鼓励大学生到西部挂职或支教和原籍西部的大学生回归，提供相应的就业机制，减缓少数民族地区人力资本的流失。最后，采取多样化发展策略，根据各少数民族地区特殊的社会文化环境和经济发展需求，有计划、有步骤地进行教育配置和教育体制改革，从最初大力发展文化融合的基础教育，到有效扩大地区特殊需求型职业教育，最终实现地方化高等教育与国际化道路的接轨，使学校教育真正成为少数民族地区经济社会发展所需人力资本形成的摇篮，使少数民族地区人力资本与社会资源结合，实现高效推动经济社会进步，全民走向小康生活的长远目标。

二、多层次多元文化教育构想

有研究者指出，一方面，由于历史沿革，从 20 世纪 50 年代起，中国教育一直处在绝对垄断当中，不管是办学体制、管理体制，还是教育思想、教学内容都在严格控制之下；另一方面，由于财政来源多元化，使相对短缺的资源逐渐向特权阶层（或地区）倾斜，使国家教育离均衡的目标越来越远。[①]

现实数据表明，目前，东西部小学教育生均预算内教育事业费的差距从 1996 年的 3.5 倍扩大到 2002 年的 3.85 倍。普通初中教育生均教育事业费从 1996 年的 3 倍扩大到 2002 的 3.39 倍；高中教育生均预算内教育事业费从 1996 年的 2.8 倍扩大到 2002 年的 2.92 倍。由于高等院校分布密度为东高西低，在招生的指标安排上一般院校都对所在地生源有所倾斜，使东西部每百万人口中进入高校的人数相差甚大。2000 年普通高校在校生中少数

---

① 陈初越：《"教育公平改革"风雷隐动》，载《南风窗》2005 年第 8 期。

民族学生的比重为 5.71%，远低于少数民族人口所占全国总人口的比重；2000 年，城乡人口文盲率相差近 6 个百分点，就业人口受教育年限相差 3.35 年，相当于相差了 40—50 年的社会发展历程，同时还存在着较大的辍学率差距。统计数字显示，2002年全社会的各项教育投资是 5 800 多亿元，其中占总人口数不到40% 的城市使用了 77%，而占总人口数 60% 的农村人口只获得23% 的教育投资。面对历史条件下教育起点的不一致和现实存在的教育投入的不公平，经济基础较为薄弱，社会文化丰富多样的少数民族地区，如果依旧完全沿袭经济发达地区成功的教育模式和教学方法，在社会发展的道路中达到、赶超已发达地区的机会渺茫。

在我国，少数民族的分布呈现一种大杂居、小聚居的状态。例如，云南省德宏傣族景颇族自治州就有傣族、景颇族、阿昌族、德昂族、傈僳族五种主体少数民族，这五种少数民族占全州人口的 51.02%，其余是汉族。全州有小学 1 292 所，在校生119 002 人，少数民族学生 61 763 人，占学生总数的 52%；普通中学 68 所，在校学生 27 652 人，少数民族学生 14 031 人，占学生总数的 51%。在多民族聚居的少数民族地区将某一民族的教育与其他民族，特别是汉民族的文化教育截然分开的情况是无法存在的，[1] 只有采取多元文化教育的方式，在教育中融入地区内各民族的优秀文化，并加强文化间的交流与整合，才能真正实现教育发展的目标。因此，通过现实案例的分析和历史发展事实的佐证，我们不难看出，多元文化发展是中国少数民族地区的经济社

---

① 尹可丽：《国外多元文化教育对我国民族地区教育的启示》，载《广西民族研究》1999 年第 3 期。

会发展的必经之路。20 世纪以来，世界经济的发展，科技、交通、通信技术的进步，进一步加快了全球一体化的进程，如何理解、处理全球一体化和民族多元文化的冲突与和谐关系，如何处理多民族国家面临的"国家一体化"与"民族文化多元化"的冲突与和谐关系，是 21 世纪全人类和多民族国家不可回避的挑战。人类千百年以来创造的文化，具有丰富的多样性和差异性，在人类的物质世界和精神世界中，各民族文化存在着相对性和合理性的同时，还表现出一定的共同性。随着科学技术的发展和全球一体化的进程，现代化并不意味着人类文化的单一化，人类文化的多样性才是人类社会进步的象征，是人类生活得以丰富多彩、充满活力的保障。

作为文化的一个重要组成部分，教育一方面是人类文化传播与发展的媒介；另一方面还是为经济社会发展提供有效人力资本形成的温床。21 世纪初，中国经济社会发展的战略转移到西部，少数民族地区人力资源的开发与教育的发展成为整个战略的重要组成部分。少数民族教育在少数民族地区人力资本的形成和效率的提高及经济社会发展中的作用不容忽视。现实存在的种种因素，使在中国少数民族地区进行多元教育必须面对投入的不足、基础的薄弱、经济发展的迟缓、文化认同程度的多样性和自然地理环境的局限性，在如此复杂多变的情形中，选择单一的模式很难满足不同地区、不同人群获得发展的多样性需求。少数民族地区的教育应该以多层次多元文化体系为发展的基础，以制度为保障，以发展为目标，使整个教育体系真正符合少数民族地区发展的实际需要，有效地促进地方化人力资本的形成，不断提高人力资本的效率，从而在历史车轮的隆隆前行中，获得本民族独特发展的蹊径。因此，进行少数民族地区教育，首先，根据不同的文化体系进行分类，在汉族主流文化认同程度较高的地区，可以引入汉族地区较为成功的教育体系，在教育模式和教学方法上，根据地区性特殊需求做一定的改进，使学校教育在与国家一体化相接轨的同时具有地方特色，有利于克服少数民族地区学校教育先天不足的缺点，使学校培养的人力资本能迅速融入当地经济社会的生产活动之中。在汉族主流文化认同程度较低的地区，必须根据当地的实际情况，循序渐进地推进学校教育的发展步伐，在当地大部分价值观念允许的范围内，不断进行学校教育体制的改进和调整，使学校教育一步步成为当地人口提高生活水平的重要工具，逐渐成为地区内的人口主动选择和接受的文化体系。其次，根据地区经济社会发展水平进行必要的分层是少数民族地区提高人力资本的关键步骤。少数民族地区，特别是云南省的少数民族地区，地理环境和发展水平的多样性，使地区内产业结构和文化意识的差异性极大，一味地强求所有的地区进行同质教育是得不偿失的。因此，根据地区经济实力和发展需求，分层次、分步骤地开展学校教育，是少数民族地区真正获得快速发展的关键。对于经济基础薄弱，人口受教育意识较为淡漠的地区，学校教育的工作重点是加强普及九年义务教育的力度，在中央转移支付和社会资金的大力支持下，真正使每一个学龄儿童获得全面的受教育机会，在优质教育资源的保障下，让完成学校教育的人口获得足够面对当地生活环境的知识技能并成为具有相对创造能力的人力资本。对于经济发展到一定水平，已脱离完全的农业经济结构，二、三产业有所发展，人口对主流文化价值观念认同感一般的地区，学校教育的关键是巩固九年义务教育，加强高中和职业技术教育，在一定的中央和地方财政以及社会各类资金的有效帮助下，大量建立与地区经济社会发展相适应的高级中学和中等职业技术院校，使地区的发展突破人力资本缺乏的瓶颈，以足量高效的人力资本来支持地方经济的腾飞。对于经济发展水平较高，产业结构逐步趋于完善，人口文化认同程度较高的少数民族地区，在原有学校教育基础上，要加大地方化高等教育发展的力度，在社会各界和民间资金的共同参与下，建立一批与地方经济社会发展密切相关的高等院校和高等职业院校，大面积地培养高层次人才，加大地区内高层次人力资本的存量和有效地提高人力资本效率，使少数民族地区的人口在原住地内就能达到提高个人社会地位和生活水平的目的，在抑制人力资本外流的同时，为地区的发展打下有效的人力资本基础。

学校教育起步较晚和教育发展程度不足，使少数民族学校教育存在着局限性；在独特的历史文化环境条件下，独特的语言习惯和经济结构，使少数民族地区学校的教育需求存在着独特性和复杂性；全球经济一体化的浪潮和现代科学技术的传播，使少数民族地区的现代化发展刻不容缓，也进一步深化了少数民族地区学校教育的发展需求。因此，面对少数民族地区独特的发展需求和各异的经济基础，多层次多元文化教育是少数民族地区学校教育摆脱发展瓶颈，因地制宜地尽可能获得最大发展机会的一种不得已而为之的方式，也是尽快使少数民族地区摆脱发展过程中经济发展不足导致人力资本保有量上升缓慢而人力资本不足又进一步恶化经济发展能力的恶性循环陷阱的有效方式，更是少数民族地区获得独特发展道路，实现民族经济文化现代化变迁的蹊径。

三、少数民族地区人力资本的制度保障

中国少数民族人口占总人口的比例并不是很高，但绝对数却高达一亿多人，随着国民经济的不断增长，中国少数民族地区的

人口是否也获得同等的发展机会是非常值得人们关注的一个问题。有学者研究了 1988 年—1995 年中国少数民族与汉族居民的收入状况后发现,[①] 1988 年中国农村少数民族家庭平均收入是汉族的 90.5%,扣除少数民族农村家庭人口规模较大这一因素,少数民族人均收入比汉族低 19.2%。从 1988 年到 1995 年,少数民族和汉族的平均家庭收入都在增加,家庭规模也都在不断缩小,但总体上少数民族的收入增长相对缓慢,汉族人均收入增长率已达到 52.4%,而少数民族人均收入增长率仅达到 21.8%,少数民族与汉族农村人口的收入水平差距正在不断扩大。同时,样本数据的分析表明,不论是 1988 年还是 1995 年,少数民族农村大部分家庭的户主至多只受过小学教育,而汉族户主的文化程度有所提高。少数民族农村人口之所以与汉族农村人口的人均收入差距在不断加大,最主要的原因是地区内经济发展水半较低所引起的,即地区性差距。现代发展经济学理论认为,经济欠发达地区的快速发展必须以适合地区经济类型要求的足量人力资本作为发展的动力。因此,人力资本是少数民族地区人口是否能获得平等发展机会的关键。

大量培养经济社会发展所需的人力资本的基础是发展较为成熟的学校教育体系,而学校教育体系的形成必须以一定的法律制度为依据,根据少数民族地区经济社会发展的确实需求制定相关的教育法律法规,是少数民族地区学校教育得以发展成熟的关键制度因素。目前,我国少数民族教育立法还非常薄弱,在少数民族教育发展严重滞后的情况下,少数民族教育立法直接关系着少

---

① 李实、古斯塔夫森:《中国农村少数民族与汉族居民收入差距的分析》,载《中国人口科学》2002 年第 3 期。

数民族人口平等的受教育权利，更关系着少数民族地区未来经济社会的发展。随着社会主义市场经济体制的建立和发展，我国的少数民族教育立法现状已远不能满足少数民族教育发展的需要。① 第一，少数民族教育法规体系极不完善，法规层级过低。至今没有少数民族教育单项法，从而导致法规刚性不足，不仅影响了制度效力的发挥，更难起到应有的对少数民族教育的保障和促进作用。第二，少数民族教育立法指导思想有失偏颇。我国少数民族教育立法比较注重对少数民族受教育权，特别是进入主流社会的受教育权的保护，而忽视对少数民族教育在传承和发展少数民族文化中的作用和角色的规范。许多地区进行少数民族双语教学尝试的目的，主要是为母语非汉语的少数民族学生提供一个顺利转入全面汉语文化学习的中介，并未给予少数民族语言以充分的关注。而语言是文化的载体，民族语言文字的失传将导致少数民族文化的消失。同时，仅注重给予少数民族学生升学优待的教育立法，在忽略少数民族学生学业水平的同时，也造就了新的教育不平等。第三，少数民族教育立法内容不完善，重点不突出。文化传统各异，发展水平相异的不同少数民族地区经济社会的发展，对教育所培养的人力资本的要求是各不相同的。目前的少数民族教育发展中的几个重大问题，如政府在发展不同地区少数民族教育的职责、少数民族地区教育经费的具体来源、少数民族地区优质师资的进入和保留、少数民族高层次及特殊人才的培养和保留、少数民族教育科学研究等问题上都缺乏明确的规定。没有与少数民族地区经济社会发展和教育体制发展需求相协调的

---

① 陈立鹏：《对我国少数民族教育立法几个重要问题的探讨》，载《民族研究》2006年第1期。

教育立法，就没有较强的可操作性和适用性，制度优势就无法体现。第四，地方少数民族立法严重滞后。中国 154 个少数民族自治地方中，仅有十几个地方制定了少数民族教育法规，这既与中央教育立法的发展不相适应，也与少数民族教育快速发展的要求及在当地经济社会发展中的重要地位极不协调。第五，现行的少数民族教育法规还存在法律形式、法律语言不规范，少数民族教育立法理论研究亟待加强等问题。因此，针对中国少数民族教育立法的现状和问题，根据中国少数民族教育发展的实际需要，研究确定少数民族教育立法的内容，科学有序地推进少数民族教育的立法工作，是保障学校教育体系与地区经济社会发展人力资本需求相协调的关键因素。在关注少数民族地区人口受教育的平等权、少数民族的生存权和发展权的过程中，少数民族教育立法不仅让少数民族学校教育承担起少数民族人口获得主流文化科技知识的重担，而且还让少数民族学校教育担负着少数民族文化传承和民族现代化发展的重任。在充分考虑少数民族地区学校教育滞后性和特殊性的同时，以制度为保障，充分给予少数民族学生同等质量的学业支持。总之，少数民族地区教育制度与经济社会文化的协调变迁，不仅将有效保障学校教育体系的成熟发展，更能有效地促进大量地区内所急需的人力资本的形成，并在相适宜的经济结构中发挥极大的效率。

四、少数民族地区经济社会发展前景

中国人口众多、地域广阔、各地区经济文化发展极不平衡的实际国情，使中国成为世界上地区差异特征最为显著的国家之一。胡鞍钢等学者研究认为，20 世纪 90 年代中国的地区差异比发达国家历史上出现过的最大值还高。而且，"八五"期间出现了地区经

济发展的绝对差距和相对差距同时扩大的趋势：各地人均 GDP 绝对差距进一步扩大、最富地区与最穷地区人均 GDP 绝对差距扩大迅速。据国家统计局统计，中国城乡人均收入差距 1988 年为 2.2：1，1995 年为 2.5：1，2005 年则高达 3.22：1，2008 年扩大到 3.31：1。以地区差距论，1978 年城镇居民人均可支配收入，全国是 348 元，东部 372 元，中部 317 元，西部 346 元；东部比全国高 24 元，是 1.07 倍，比中部高 55 元，是 1.17 倍，比西部高 26 元，是 1.07 倍。2007 年城镇居民人均可支配收入全国是 13 786 元，东部 1 6974 元，中部 11 634 元，西部 11 309 元；东部比全国高 3 188 元，是 1.23 倍，比中部高 5 340 元，是 1.46 倍，比西部高 5 665 元，是 1.50 倍。无论是人均可支配收入的绝对值还是相对倍数都是呈逐步扩大趋势。城镇居民人均可支配收入的差异系数从 1978 年的 0.201 1 扩大到 2007 年的 0.324 9，加权差异系数从 1978 年的 0.145 7 扩大到 2007 年的 0.205 0，1978—2007 年城镇居民收入差异系数和加权差异系数分别上升了 61.6% 和 40.7%，从长期趋势看，1997 年后基本稳定在 0.318 0—0.358 6 的范围内（见表 7-3-1）。

表 7-3-1　1978—2007 年东中西部城镇居民收入差异系数[①]

年份	差异系数	加权差异系数
1978	0.201 1	0.145 7
1985	0.235 6	0.143 8
1992	0.237 8	0.145 4

----

① 李东：《我国区域间居民收入差距分析》，http：//www.cqtj.gov.cn/UploadFile/20090531104401421.pdf

续表

年份	差异系数	加权差异系数
1997	0.346 3	0.205 2
2002	0.318 0	0.200 1
2007	0.324 9	0.205 0

1978 年农村居民人均纯收入，全国是 150 元，东部 182 元，中部 134 元，西部 128 元；东部比全国高 32 元，是 1.21 倍，比中部高 48 元，是 1.36 倍，比西部高 54 元，是 1.42 倍。2007 年农村居民人均纯收入全国是 4 140 元，东部 5 855 元，中部 3 844 元，西部 3 028 元；东部比全国高 1 715 元，是 1.41 倍，比中部高 2 011 元，是 1.52 倍，比西部高 2 827 元，是 1.93 倍。无论是人均纯收入的绝对值还是相对倍数都呈逐步扩大趋势。东中西部农村居民人均纯收入的差异系数从 1978 年的 0.281 6 扩大到 2007 年的 0.558 5，加权差异系数从 1978 年的 0.159 4 扩大到 2007 年的 0.314 7；其中，全国农村居民收入差异系数在 2003 年达到最大值 0.632 2，加权差异系数在 2003 年也达到最大值 0.353 2，整个趋势呈现不明显的"倒 U 型"形状，收入差距扩大的趋势有所弱化。从时间序列数据分析，东中西部农村居民收入差距逐渐拉大，农村居民收入差异系数和加权差异系数分别上升了 98.4% 和 97.4%，东中西部农村居民收入差距扩大幅度比东中西部城镇居民收入差距扩大幅度更大（见表 7-3-2）。

表7－3－2　1978—2007年东中西部农村居民收入差异系数[①]

年份	差异系数	加权差异系数
1978	0.281 6	0.159 4
1985	0.316 1	0.177 7
1992	0.523 5	0.296 1
1997	0.584 9	0.333 7
2002	0.617 7	0.348 5
2007	0.558 5	0.314 7

　　在这一背景下，各地区各项指标中差异较大的一项为地区间教育差距，而且目前经济最发达地区和经济最贫困地区之间的差距仍在加大。以1998年我国"普九"的人口覆盖率为例，一片地区（东部）达到96.47%，二片地区（中部）达到81.87%，三片地区（西部）仅达到42.26%。当沿海地区已经基本普及初中教育时，西部地区仍有2/3的县未达到85%的普及初中标准，西部贫困的少数民族自治县则尚未普及初等教育。据对1 782个县的统计分析，小学生和初中生的生均经常性支出，东中部地区与西部地区之间和地区内县际之间都存在巨大差距；东中部地区与西部地区初中入学率差距比较突出，特别是少数民族自治县与非自治县的初中入学率差距明显。目前，西部少数民族地区农村学生的辍学率和流失率仍然较高，而且初中生的辍学率还呈现上升

　　① 李东：《我国区域间居民收入差距分析》，http：//www.cqtj.gov.cn/UploadFile/20090531104401421.pdf

的趋势，根据对许多地区的实际观察发现，少数民族地区农村学生的流失辍学率比统计数字要高出许多。[①] 到 2007 年年底，全国普及九年义务教育的人口覆盖率已经达到了 99.3%，实现"普九"的县数已占全国总县数的 98.1%，东部地区"普九"覆盖率几乎为 100%。但西部边远地区仍然有 42 个县，因为人口少、居住分散，没有实现"普九"。

逐步缩小东西部地区之间和城乡之间经济发展的差距，必须优先考虑逐步缩小地区间的教育发展差距。少数民族地区的经济社会发展，人力资本存量和效率的提高是关键。在新的历史时期，党中央明确提出了构建社会主义和谐社会的战略目标。

2003 年 12 月 30 日，温家宝总理主持召开国家科教领导小组会议，审议通过了教育部、国家发改委、财政部和国务院西开办制定的《国家西部地区"两基"攻坚计划（2004—2007 年)》（以下简称《攻坚计划》)。2004 年 2 月，国务院办公厅转发了《攻坚计划》。经过四年的努力，西部地区攻坚任务已如期完成，实现了在整个西部地区基本普及九年义务教育和基本扫除青壮年文盲的目标。到 2007 年底，410 个攻坚县中，368 个实现了"两基"目标，其余 42 个达到了"普六"标准。西部地区"两基"人口覆盖率将达到 98%，比 2003 年初的 77% 提高了 21 个百分点，超出计划目标（85%）13 个百分点。各省初中毛入学率超过规划提出的 90%。

为解决制约西部农村地区实现"两基"的"瓶颈"问题，中央投入 100 亿元，用于实施农村寄宿制学校建设工程（以下简

---

① 杨东平：《对我国教育公平问题的认识和思考》，见《云南教育改革参考资料》，云南省教育科学研究院编 2005 年版，第 173—187 页。

称"寄宿制工程"），从 2004 年起，用 4 年左右时间，新建、改扩建一批以农村初中为主的寄宿制学校。基本解决了西部农村地区学生"进得来"的问题。满足了 195.3 万新增学生的就学需求，其中初中生 150.5 万人，小学生 44.8 万人。满足了 207.3 万新增寄宿生的寄宿需求，其中初中生 165 万人，小学生 42.3 万人。"两免一补"和农村义务教育经费保障新机制为西部地区贫困家庭学生带来了新希望，从 2006 年春季学期开始，免除西部地区农村义务教育阶段学生学杂费，2007 年春季学期扩大至全国所有农村义务教育阶段学生。同时也继续对义务教育阶段家庭经济困难学生免费提供教科书，并补助寄宿生生活费。

为实施远程教育工程，国家共投入 111 亿元，其中中央投入 50 亿元，地方投入 61 亿元，建设农村中小学现代远程教育工程，农村中小学生得以共享优质教育资源，基本形成了适应农村中小学教学需要的资源体系。让 1 亿多的农村中小学生得以共享优质教育资源，基本形成了适应农村中小学教学需要的资源体系。

2006 年，经国务院同意，教育部、财政部、人事部、中编办启动了"农村义务教育阶段学校教师特设岗位计划"，中央财政设立专项资金，招募高校毕业生到西部"两基"攻坚县农村学校任教，及时缓解"两基"攻坚县教师不足、素质不高的问题。2007 年，全国招聘特岗教师约 1.7 万人。中央财政及时拨付特岗教师工资，2008 年又进一步提高了工资标准。两年内共招聘特岗教师 3.3 万名，覆盖 13 个省、395 个县、4 074 所农村中小学。探索解决偏远地区农村教师短缺问题，推动边远地区基础教育的发展。①

随着政府财政对教育投入的逐年增大，教育经费占 GDP 份额的不断增加，少数民族地区教育资源严重匮乏的状况将得到不断改善。随着国家相关少数民族教育法律法规的不断完善，少数民族教育体系的不断协调发展，在科学发展观的指导下，少数民族地区学校教育的前景令人乐观。学校教育的有效发展必将为地区的经济社会发展培养更多的有效人力资本，从而促进少数民族地区的现代化进程，向实现和谐社会的理想不断迈进。

① 摘自教育部网站（2008 年）。

参考文献

1. ［美］道格拉斯·C. 诺思等著，陈郁、罗华平等译：《经济史中的结构与变迁》，上海三联书店、上海人民出版社 2003 年版。

2. ［英］马尔萨斯著，朱泱等译：《人口原理》，商务印书馆 2004 年版。

3. ［美］阿瑟·刘易斯著，周师铭等译：《经济增长理论》，商务印书馆 2002 年版。

4. ［美］约瑟夫·熊彼特著，杨敬年译：《经济分析史》，商务印书馆 2004 年版。

5. ［英］安东尼·吉登斯著，田禾译、黄平校：《现代性的后果》，译林出版社 2002 年版。

6. 张跃主编：《跨世纪的思考——民族调查专题研究》，云南大学出版社 2001 年版。

7. 袁振国等：《我国转型期重大教育政策问题案例研究》，全国教育科学"十五"规划国家重点课题，2001 年。

8. 叶静怡编著：《发展经济学》，北京大学出版社 2001 年版。

9. 李竞能主编：《当代西方人口学说》，山西人民出版社 2001 年版。

10. 张天路编著：《民族人口学》，中国人口出版社 2001
年版。

11. 蔡昉、都阳、王美艳著：《劳动力流动的政治经济学》，
上海三联书店、上海人民出版社 2003 年版。

12. 郑真真、解振明主编：《人口流动与农村妇女发展》，社
会科学文献出版社 2004 年版。

13. 朱楚珠、彭希哲主编：《妇女参与的行程》，高等教育出
版社 1996 年版。

14. 陈庆德著：《经济人类学》，人民出版社 2001 年版。

15. 段纪宪著：《中国人口造势新论——中国历代人口社会
与文化发展》，中国人口出版社 2001 年版。

16. 高发元主编：《云南民族村寨调查丛书》，云南大学出版
社 2001 年版。

17. 刘家强主编：《人口经济学新论》，西南财经大学出版社
2002 年版。

18.《李岚清教育访谈录》，人民教育出版社 2003 年版。

19. 陈云生：《中国民族区域自治制度》，经济管理出版社
2001 年版。

20. 吴康宁：《教育社会学》，人民教育出版社 2001 年版。

21. 张利洁、赵泽斌：《试论西部少数民族地区的人力资源
开发》，载《甘肃教育学院学报》2001 年第 4 期。

22. 王锡宏：《发展地市高等教育应有战略眼光和有力举
措》，载《中国高等教育》2002 年第 19 期。

23. 郑长德：《论西部民族地区人力资源的开发与人力资本
的形成》，载《人口与经济》2001 年第 3 期。

24. 李具恒、马德山：《西部民族地区人力资本投资的制度

绩效——来自新疆、甘肃、宁夏的问卷调查分析》，载《西北民族研究》2001 年第 4 期。

25. 峻峰：《西部少数民族地区贫困问题与人力资本投资》，载《青海民族研究》2004 年第 2 期。

26. 朱乾宇、侯祖戎：《民族欠发达地区人力资本投资与剩余劳动力转移——兼论劳动力转移中的补偿机制》，载《经济问题探索》2004 年第 8 期。

27. 赵克彬：《论人力资本经营——兼论民族地区可持续发展问题》，载《民族研究》1999 年第 1 期。

28. 倪志远、李豫徽：《人力资本：不发达民族地区经济发展的根本动力》，载《学术探索》1999 年第 4 期。

29. 曹和平、林卫斌：《企业与市场关系新释：产业链与市场构造》，载《经济学动态》2004 年第 10 期。

30. 李小平、李建新等：《中国人口数量：究竟多少亿才合适？》，载《人口研究》2002 年第 4 期。

31. 魏建：《理性选择理论的"反常现象"》，载《经济科学》2001 年第 6 期。

32. 罗长海：《论社会发展的价值体系及其结构之选择》，载《上海第二工业大学学报》1997 年第 1 期。

33. 罗淳：《云南与周边国家人口状况对比分析》，载《中国西部开发与周边国家》。

34. 王鉴：《我国民族教育政策体系探讨》，载《民族研究》2003 年第 6 期。

35. 牟本理：《论我国民族地区跨越式发展》，载《民族研究》2003 年第 6 期。

36. 刘大立：《对人力资本理论的简要制度分析》，载《北大教育经济研究》第 2 卷第 1 期（总第 2 期）。

37. 袁同凯：《Ogbu 及其对弱势群体学校教育的研究》，载《西北民族研究》2004 年第 3 期。

38. 蒙神：《边疆少数民族贫困县基础教育课程改革的若干思考》，载《广西右江民族师专学报》2003 年第 3 期。

39. 陈庆德：《经济人类学视野中的"现代化"反思》，载《战略与管理》2000 年第 1 期。

40. 马春花：《从多元文化视角看我国少数民族教育问题》，载《内蒙古师范大学学报》2004 年第 9 期。

41. 王鉴：《多元文化教育：西方少数民族教育的实践及其启示》，载《广西民族研究》2004 年第 1 期。

42. 聂曲：《发展高职教育是边疆地区经济发展的迫切需要》，载《辽宁高职学报》2004 年第 3 期。

43. 敖俊梅：《关于少数民族女童教育特殊性的初步分析》，载《民族教育研究》2004 年第 3 期。

44. 吴红梅、王德清：《贵州少数民族地区经济发展与教育需求》，载《民族教育研究》2004 年第 3 期。

45. 李良品、崔莉：《略论乌江下游少数民族地区近代教育的发展》，载《中南民族大学学报》2004 年第 4 期。

46. 陈立鹏：《略述我国的地方少数民族教育立法》，载《贵州民族研究》1997 年第 3 期。

47. 桑国元：《民族地区家庭教育及其对女童发展的影响》，载《内蒙古师范大学学报》2004 年第 6 期。

48. 钱民辉：《民族教育三疑三议》，载《西北民族研究》2004 年第 3 期。

49. 彭亚华：《少数民族女童低学业成就的归因分析与对

策》，载《民族教育研究》2004 年第 1 期。

50. 陈其戬：《少数民族地区基础教育发展的困惑及出路》，载《当代教育论坛》2004 年第 10 期。

51. 丁月牙：《少数民族教育平等问题及政府的教育政策选择》，载《民族教育研究》2005 年第 2 期。

52. 尚晓玲：《少数民族教育立法的比较研究》，载《行政与法学论坛》2004 年第 3 期。

53. 李姗泽：《少数民族教育困境与对策思考——以沾益县炎方乡苗族学校教育为例》，载《中国教育学刊》2003 年第 9 期。

54. 潘运琛、欧以克：《试论民族学院在民族教育体系中的地位和作用》，载《广西民族学院学报》1997 年第 2 期。

55. 陈立鹏：《我国地方少数民族教育立法研究——以〈楚雄彝族自治州民族教育条例〉为个案》，载《民族研究》2005 年第 1 期。

56. 王鉴：《我国少数民族教育跨越式发展战略研究》，载《西北师范大学学报》2004 年第 1 期。

57. 郑新蓉、卓挺亚：《我国义务教育阶段少数民族文字教材调查研究》，载《广西民族学院学报》2004 年第 3 期。

58. 艾比布拉·胡贾：《西部大开发与民族高等教育》，载《中央民族大学学报》2004 年第 4 期。

59. 杨芬兰、严之山：《西部少数民族地区课程改革探微》，载《青海民族研究》2004 年第 2 期。

60. 谢志芳、邓黄玉、覃远生等：《象州县贯彻民族区域自治法情况调查》，载《广西民族学院学报》1997 年增刊。

61. 杨庆毓：《云南少数民族现代化发展的特殊性》，载《云南民族大学学报》2004年第5期。

62. 吴绍芬、董泽芳：《"高等教育区域化"概念辨析》，载《教育与经济》2001年第2期。

63. 王超、罗然然：《我国教育与经济增长的实证研究》，载《统计与信息论坛》，第19卷第4期。

64. 张阳：《我国高等教育的区域问题研究及其发展简述》，载《高教管理》2002年第3期。

65. 王兴华、张立富：《筛选理论的信息均衡模型》，载《经济学动态》1997年第9期。

66. 庄万禄、来仪：《民族地区教育现状与对策研究》，载《西南民族学院学报（哲学社会科学版)》总23卷第5期。

67. 安方明：《俄罗斯社会转型期教育改革中多元文化的体现》，载《民族教育研究》第3卷总第52期。

68. 程思进：《缩小收入差距　促进社会和谐》，载《四川师范大学学报》（社会科学版）2009年第1期第36卷。

69. 胡少维：《2009年我国区域经济发展格局分析》，show china看中国——国情报告网，http：//www. showchina. org/gqbg/2009/08/200903/t282200. htm。

70. 甄月桥、朱茹华：《"80后"大学生与"80后"农民工就业现象解读》，载《山西青年管理干部学院学报》，2009年5月第2期第22卷。

71. 《金融危机最关心：美国硕士、博士毕业生的工资》，http：//www. 51ibt. cn/abroad/usa/402. html。

72. 长沙理工大学发展规划办（院校研究中心）：《我国地方高校发展情况简析》，载《理工参考》2009年第4期（总第14期）。

73. 李东：《我国区域间居民收入差距分析》，http://www. cqtj. gov. cn/UploadFile/20090531104401421. pdf。

74.《云南民族自治地方"九五"经济社会发展文献》，云南省民族事务委员会、云南省统计局，2002 年。

75.《云南大学 2003 年全国 31 个少数民族村寨调查资料》。

76.《2000 年人口普查中国民族人口资料》，民族出版社 2003 年版。

77. 云南省教育厅：《云南省教育事业统计快报》、《云南省教育事业统计手册》，（2002 年、2003 年、2004 年、2005 年、2006 年、2007 年、2008 年）。

78. 西部 12 省区统计局网。

79. 国家统计局网和人民网。

80. Kuanets, *Economic Growth and Income Inequality*, American Economic Review, 1955, (1).

81. 教育部：《全国教育事业发展统计公报》（2008 年）。

82. 教育部网。

83.《中国教育年鉴》（2003 至 2008 年）。

84.《中国统计年鉴》（2003 至 2008 年）。

85.《云南年鉴》（2003 至 2008 年）。

附表一　西部省区教育主要指标

表1-A　基本省情比较(2003年)

	云南	内蒙古	广西	重庆	四川	贵州	西藏	陕西	甘肃	青海	宁夏	新疆
辖区人口(万人)	4376	2380	4857	3130	8700	3870	270	3690	2603	534	580	1934
地区生产总值(亿元)	2465.29	2150.41	2735.13	2250.56	5456.32	1356.11	184.5	2398.58	1304.6	390.21	385.34	1877.61
第二产业(工业、建筑业)生产总值(亿元)	1069.29	973.94	1007.96	977.3	2266.06	579.31	47.99	1133.56	607.62	184.26	192	796.84
第一产业生产总值(亿元)	502.84	420.1	652.28	336.36	1128.61	298.37	40.62	320.03	236.61	46.15	55.5	412.9
财政收入(万元)	2289992	1387157	2036578	1615618	3365917	1245552	81499	1773300	875561	240411	300310	1282218
财政支出(万元)	5873475	4472566	4436023	3415775	7322993	3323547	1459054	4182008	3000070	1220433	1057793	3684676
收支百分比(位次)	0.39(4)	0.31(7)	0.46(2)	0.47(1)	0.46(2)	0.37(5)	0.06(11)	0.42(3)	0.29(8)	0.2(10)	0.28(9)	0.35(6)
农村居民家庭人均纯收入(元)	1697.12	2267.65	2094.51	2214.55	2229.86	1564.66	1690.76	1675.66	1673.05	1794.13	2043.3	2106.19
15岁以上文盲率(%,位次)	21.5(3)	13.67(7)	8.85(10)	8.4(11)	11.73(9)	19.58(5)	54.86(1)	11.91(8)	20.33(4)	23.45(2)	17.57(6)	6.94(12)
预算内教育经费(亿元)	111.87	65.27	90.25	59.91	137.8	65.75	17.39	73.34	55.3	16.52	17.02	70.93
预算内教育经费较上年增长(%)	9.6	10.16	6.51	9.01	6.01	5.22	29.68	7.98	8.71	4.69	6.51	8.75

续表

	云南	内蒙古	广西	重庆	四川	贵州	西藏	陕西	甘肃	青海	宁夏	新疆
预算内教育经费(含城市附加)占财政支出(%)	19.05	14.59	20.34	17.54	18.82	19.78	11.92	17.54	18.43	13.54	16.09	19.25
预算内教育经费(含城市附加)占财政支出较上年增长(%)	-0.32	-0.46	0.16	-0.43	0.29	0.05	2.19	0.77	-0.14	0.25	2.14	1.19
国家财政性教育经费(千元)	11553580	7075986	9592545	6952875	16140521	6924109	1769694	10262795	6521458	1680229	1824636	8196259
地方所属各级学校基本建设投资(万元)	234354	145185	191725	222124	447756	148343	56916	456376	218590	28727	42835	165396
各地教学科研仪器设备(万元)	126658	75844	143333	142926	289900	86394		353392	105646	15700	28654	68645
人均国内生产总值(元,位次)	5647(10)	8734(2)	5964(9)	8075(3)	6418(8)	3601(12)	6874(5)	6480(7)	4984(11)	7276(4)	6685(6)	9686(1)
人均地区生产总值(元,位次)	5662(10)	8975(2)	5969(9)	7209(4)	6418(8)	3603(12)	6871(5)	6480(7)	5022(11)	7277(3)	6691(6)	9700(1)
人均预算内经费支出(元,位次)	255.67(6)	274.29(5)	185.81(10)	191.41(9)	158.38(12)	169.91(11)	643.67(1)	198.78(8)	212.42(7)	309.48(3)	293.3(4)	366.76(2)

续表

各级教育生均预算内教育事业费本比上年增长情况		云南	内蒙古	广西	重庆	四川	贵州	西藏	陕西	甘肃	青海	宁夏	新疆
普通小学	2003年(元)	1059.39	1231.79	774.89	608.17	661.82	544.17	1952.22	697.56	742.54	1296.64	815.51	1258.62
	增长率(%)	10.7	18.35	14.59	3.82	7.34	9.64	5.4	16.4	10.01	12.48	-15.39	9.37
普通初中	2003年(元)	1153.51	1187.35	825.65	797.29	726.05	670.93	2649.62	748.07	829.28	1459.9	1102.05	1381.82
	增长率(%)	5.97	11	5.6	3.22	0.69	15.59	-7.23	2.02	0.13	4.39	3.27	-2.54
普通高中	2003年(元)	2124.13	1444.29	1281.65	1116.84	1100.44	1171.78	4172.57	976.59	1360	1960.42	1401.84	1972.89
	增长率(%)	4.99	15.05	7.33	-1.02	-6.49	5.53	-7.28	3.86	-1.39	-6.9	9.45	-2.65
职业中学	2003年(元)	1806.18	1487.51	1651.35	1241.78	1243.49	1291.18		1112.5	1817.73	2578.2	1739.75	2174.85
	增长率(%)	-8.78	7.34	8.93	-5.27	-13.52	12.74		-6.25	9.76	21.8	7.58	-6.68
普通高校	2003年(元)	6375.39	3253.28	4269.11	4535.95	3526.36	3230.42	12810.96	6105.7	4734.6	4393.76	5249.35	2396.79
	增长率(%)	-6.84	-2.49	-9.19	-13.41	-11.5	0.9	-19.96	-12.18	-4.95	3.52	-22.64	-10.61
各级教育生均预算内公用经费本比上年增长情况													
普通小学	2003年(元)	85.61	112.97	27.97	59.41	53.24	35.86	236.41	36.49	60.91	149.22	79.92	86.26
	增长率(%)	19.38	11.59	4.13	48.08	37.96	54.04	42.33	10.04	21.19	18.79	-34.4	24.94
普通初中	2003年(元)	154.58	155.31	55.74	94.11	65.92	109.75	470.78	59.62	76.35	190.49	185.58	177.89
	增长率(%)	22.58	9.28	-27.93	33.09	34.72	20.82	38.99	0.47	-11.72	50.73	48.86	-12.42
普通高中	2003年(元)	417.68	258.42	95.73	149	137.66	130.53	871.12	101.93	147.46	187.93	229.57	314.69
	增长率(%)	18.73	38.89	11.5	17.29	13.31	32.71	7.4	12.32	22.6	5.54	55.5	27.39
职业中学	2003年(元)	272.88	180.46	182.93	180.21	138.33	210.24		71.72	194.34	316.54	242.2	52.96
	增长率(%)	5.51	10	41.67	38.98	-6.34	106.54		-28.81	9.81	-10	-19.44	-36.74
普通高校	2003年(元)	2951	969.65	1183.24	1942.22	878.73	822.66	3649.38	327.27	1116.59	1072.11	1284.35	286.57
	增长率(%)	2.63	177.3	-13.83	-15.22	-15.4	13.22	-3.6	-63.75	25.99	32.16	-49.29	-46.86

表 1 - B　基本省情比较（2007 年）

	云南	内蒙古	广西	重庆	四川	贵州	西藏	陕西	甘肃	青海	宁夏	新疆
辖区人口(万人)	4 514	2 405	4 768	2 816	8 127	3 762	284	3 748	2 617	552	610	2 095
地区生产总值(亿元)	4 741.31	6 091.12	5 955.65	4 122.51	10 505.30	2 741.90	342.19	5 465.79	2 702.40	783.61	889.20	3 523.16
第二产业(亿元)	43.3	51.8	40.7	45.9	44.2	41.9	28.8	54.2	47.3	53.3	50.8	46.8
第一产业(亿元)	17.7	12.5	20.8	11.7	19.3	16.3	16.0	10.8	14.3	10.6	11.0	17.8
财政收入(万元)	4 867 146	4 923 615	4 188 265	4 427 000	8 508 606	2 851 375	201 412	4 752 398	1 909 107	567 083	800 312	2 858 600
财政支出(万元)	11 352 175	108 223 054	9 859 433	7 683 886	17 591 304	7 953 990	2 753 682	10 539 665	6 753 372	2 821 993	2 418 545	7 951 540
农村居民家庭人均纯收入(元)	2 634.09	3 953.10	3 224.05	3 509.29	3 546.69	2 373.99	2 788.20	2 644.69	2 328.92	2 683.78	3 180.84	3 182.97
15岁以上文盲率(%)	16.13	8.23	5.82	8.00	10.62	16.59	36.77	8.89	19.33	18.40	13.80	4.29
预算内教育经费(不含教育费附加)(亿元)	217.50	159.59	200.65	146.72	340.83	163.31	40.60	180.55	133.19	40.13	52.43	151.57
预算内教育经费较上年增长(%)	20.33		30.29									
预算内教育拨款本年比上年增长(%)	20.11	38.97	30.85	40.68	51.21	41.04	54.63	29.78	32.97	21.55	69.11	27.33

续表

指标	云南	内蒙古	广西	重庆	四川	贵州	西藏	陕西	甘肃	青海	宁夏	新疆
国家财政性教育经费（亿元）	183.15	117.68	154.63	107.70	234.68	118.79	26.34	141.01	102.49	33.11	31.50	123.58
地方所属各级学校基本建设投资（亿元）			44.5			15.5						
人均地区生产总值（元）	10 540	25 393	12 555	14 660	12 893	6 915	12 109	14 607	10 346	14 257	14 649	16 999
人均预算内教育经费（不含教育费附加）（元）	481.13	663.56	420.83	521.02	419.38	410.79	1 428.82	481.72	508.91	727.52	859.16	723.42
教育基本建设投资完成情况（万元）	501 021	406 830	421 177	466 763	548 455	178 761	76 169	422 630	228 699	51 205	70 141	167 680
本年竣工建筑面积（万平方米）	288.20	262.27	351.49	297.60	432.35	174.58	51.20	328.91	203.97	38.71	38.97	145.65

表 2 - A   幼儿园基本情况比较（2003 年）

	云南	内蒙古	广西	重庆	四川	贵州	西藏	陕西	甘肃	青海	宁夏	新疆
园总数（所、位次）	1862(6)	1140(8)	2670(3)	3093(2)	8109(1)	1319(7)	41(12)	2288(4)	2276(5)	220(10)	167(11)	909(9)
在园幼儿总数（人）	706551	290612	843289	572538	1536444	620089	6901	231912	372225	74075	102217	246005
教职工数（人）	23857	15839	23374	19013	49451	13994	628	21020	14568	3243	3784	16793
专任教师数（人）	15279	9735	13702	12141	31243	8751	341	12689	9614	1825	2415	8927
班数（个）	24488	12881	31394	18840	51272	17532	204	8371	14834	2908	3267	8120
在园幼儿与专任教师比（位次）	46(5)	30(9)	62(2)	47(4)	49(3)	71(1)	20(11)	18(12)	39(8)	41(7)	42(6)	28(10)
平均每万人口拥有幼儿园数（所、位次）	0.43(8)	0.48(6)	0.55(5)	0.99(1)	0.93(2)	0.34(10)	0.15(12)	0.62(4)	0.87(3)	0.41(9)	0.29(11)	0.47(7)
平均每万人口中的在园幼儿人数（人、位次）	161(5)	122(10)	174(4)	183(1)	177(2)	160(6)	26(12)	63(11)	143(7)	139(8)	176(3)	127(9)

表 2 - B 幼儿园基本情况比较（2007 年）

	云南	内蒙古	广西	重庆	四川	贵州	西藏	陕西	甘肃	青海	宁夏	新疆
园总数(所、位次)	2 760	1 554	4 049	3 351	8 580				2 457	318	228	
在园幼儿总数(万人)	86.31	16.35	102.34	53.55	156.09	73.26		49.08	33.0	8.90	10.60	36.21
教职工数(万人)	3.38	2.04		2.34	6.47							
专任教师数(万人)	2.13	1.30	2.70	1.42	3.93					0.44		
班数(个)	28 413			16 863								
在园幼儿与专任教师比	40.6											
平均每万人口在园幼儿总数(人)	1 925	1 211	2 169	1 907	1 911	1 950	395	1 314	1 267	1 624	1 756	1 766
入园率(%)	47.45		55.66		62.69							

表 3 - A　小学基本情况比较（2003 年）

	云南	内蒙古	广西	重庆	四川	贵州	西藏	陕西	甘肃	青海	宁夏	新疆
小学总数（所）	20296	7763	16102	10966	24573	14504	892	24922	15635	2998	2816	5832
在校学生总数（人）	4418821	1733702	4918503	2779441	7554308	4768740	322060	4014754	3227592	506906	669503	2289066
毕业生数（人）	771499	388019	923669	456848	1324117	805694	45695	806239	481495	81467	96835	421443
招生数（人）	731132	294991	770795	444276	1223734	827264	58913	530089	572321	94559	128779	347619
占地总面积（平方米）	94914089	112116204	113672365	39213181	106435979	54278372	13780639	89177074	73338521	16010645	19078838	95868806
校舍建筑总面积（平方米）	24499754	9371884	29095032	13874378	34633548	14101134	1976002	19318315	11355483	2225578	2533293	8400430
危房面积（平方米）	4602975	1517525	2752130	1297897	2305474	577797	103631	2159029	1873274	162557	171140	881835
危房率（%）	18.79	16.19	9.46	9.35	6.66	4.10	5.24	11.18	16.50	7.30	6.76	10.50
教学点数（个、位次）	19154(1)	3687(6)	16362(2)	1016(10)	13194(3)	5324(4)	2020(8)	2103(7)	4004(5)	491(12)	493(11)	1090(9)
班数（个、位次）	153371(3)	65042(9)	165704(2)	71195(8)	201233(1)	126957(5)	12042(12)	135154(4)	99641(6)	17984(11)	20224(10)	72182(7)
班平均生数（人/班、位次）	28.81(9)	26.66(12)	29.68(8)	39.04(1)	37.54(3)	37.56(2)	26.74(11)	29.71(7)	32.39(5)	28.19(10)	33.10(4)	31.71(6)
入学率	96.14	99.4	98.93	99.9	99.2	98.2	91.8	98.59		96.14	97.5	98.3
女学生人数（人）	2066757	825517	2254979	1325437	3581127	2238724	150221	1873166	1531429	237117	318321	1099763
女学生所占比例（%）	46.77	47.62	45.85	47.69	47.41	46.95	46.64	46.66	47.45	46.78	47.55	48.04
教职工数（人）	235740	145166	235014	129140	350201	191695	13767	206447	131752	29692	35833	148598
专任教师数（人）	221589	127011	205142	115212	316029	179367	13026	190964	126740	28496	34531	132284
大学本科及以上教师（人）	2423	4727	1475	3207	6666	1541	87	3692	1776	966	794	5333

续表

	云南	内蒙古	广西	重庆	四川	贵州	西藏	陕西	甘肃	青海	宁夏	新疆
大专毕业教师数(人)	53217	44316	57545	55346	110874	36491	2074	71612	37051	12930	13123	60035
高中毕业教师数(人)	153475	74876	139058	53679	190153	27352	9823	109661	81643	13745	19816	64603
高中毕业以下教师数(人)	12474	3092	7064	2980	8336	13983	1042	5999	6270	855	798	2313
大本及以上教师占专任教师比(%)	1.09	3.72	0.72	2.78	2.11	0.86	0.67	1.93	1.40	3.39	2.30	4.03
大专毕业教师占专任教师比(%)	24.02	34.89	28.05	48.04	35.08	30.34	15.92	37.50	29.23	45.37	38.00	45.38
高中毕业教师占专任教师比(%)	69.26	58.95	67.79	46.59	60.17	71.00	75.41	57.42	64.42	48.23	57.39	48.84
高中毕业以下教师占专任教师比(%)	5.63	2.43	3.44	2.59	2.64	7.80	8.00	3.14	4.95	3.00	2.31	1.75
教师学历合格率(%)	94.37	97.57	96.56	97.41	97.36	92.2	92	96.86	95.05	97	97.69	98.25
学生与专任教师比	20	14	24	24	24	27	25	21	25	18	19	17
平均每万人口中拥有的小学数(所,位次)	4.64(5)	3.26(10)	3.32(8)	3.50(7)	2.82(12)	3.75(6)	3.30(9)	6.75(1)	6.01(2)	5.61(3)	4.86(4)	3.02(11)
平均每万人口中的在校小学生人数(人,位次)	1010(8)	728(12)	1013(7)	888(10)	868(11)	1232(2)	1193(3)	1088(6)	1240(1)	949(9)	1154(5)	1184(4)

教师学历合格率=(大学本科及以上学历教师数＋大专毕业教师数＋高中毕业教师数)/专任教师数×100%

表 3 - B　小学基本情况比较(2007 年)

	云南	内蒙古	广西	重庆	四川	贵州	西藏	陕西	甘肃	青海	宁夏	新疆
小学总数(所)	17 163	4 177	14 873	7 990	15 834	13 645	884	16 316	14 002	2 727	2 276	4 589
在校学生总数(人)	4 533 150	1 584 593	4 524 838	2 384 527	6 965 306	4 663 136	320 589	3 055 266	2 846 312	531 239	700 737	2 058 884
毕业生数(人)	714 598	251 506	779 536	462 753	1 247 914	751 878	52 238	652 625	478 740	70 580	96 452	361 921
招生数(人)	754 596	260 093	756 202	348 940	1 083 015	735 245	51 890	454 346	435 661	100 823	107 474	340 108
学龄儿童入学率(%)	97.59	99.73	99.08	99.96	99.50	98.57	98.2	99.38	98.94	97.2	99.60	99.3
教职工数(人)	235 153	138 691	241 987	131 335	334 156	202 413	18 450	198 058	141 716	28 393	33 763	149 286
专任教师数(人)	222 676	115 205	215 837	119 831	306 149	191 991	17 813	182 940	137 149	27 303	33 007	133 626
教师合格率(%)	97.34	99.30			98.92			98.85	97.65			
生师比(%)	20.36	13.75	20.96	19.90	22.75	24.29	18.00	16.70	20.75	19.46	21.23	15.41
平均每十万人口中在校小学生人数(人)	10 112	6 611	9 589	8 492	8 527	12 412	11 409	8 180	10 922	9 694	11 602	10 043

注:教师合格率=(大学本科以上学历教师+大专毕业教师+高中毕业教师)/专任教师×100%

表 4 - A 普通初中学校基本情况比较（2003 年）

	云南	内蒙古	广西	重庆	四川	贵州	西藏	陕西	甘肃	青海	宁夏	新疆
普通初中学校总数(所)	1854	1362	2471	1271	4215	2068	88	2090	1578	356	342	1432
占地总面积(平方米)	41971383	46182217	55385673	15499047	47213676	24738200	3931220	32680515	23318708	4708478	6927543	42122086
校舍建筑总面积(平方米)	10492853	5129934	15146533	6785241	17201536	6300833	708909	8861749	4144809	765979	1112344	4143212
危房面积(平方米)	1128508	741950	901928	403452	902927	180603	43249	753149	557239	77259	111691	419055
危房率(%)	10.76	14.46	5.95	5.95	5.25	2.87	6.10	8.50	13.44	10.09	10.04	10.11
普通初中学生数(人)	1921251	1123586	2449891	1255823	3679899	1959955	92060	2212732	1306024	214090	268948	1133353
普通初中招生数(人)	677495	353320	876348	445833	1288174	728959	37911	768009	453109	77540	91126	406824
普通初中毕业生数(人)	554903	299694	747437	400171	1098454	502251	15268	626847	367004	57795	82240	308445
班数(个)	34380	22503	42235	22792	65399	34094	1745	37123	23199	4245	4983	25889
班平均生数(人/班)	56	50	58	55	56	58	53	60	56	50	54	44
普通初中专任教师数(人)	98724	67463	115717	67999	188498	87899	4973	111614	65999	13253	15818	68356
普通初中学生与专任教师比	19	17	21	18	20	22	19	20	20	16	17	17
大学本科及以上教师(人)	16625	14429	11488	20674	35513	12898	1990	17911	8777	3245	4750	18275
大专毕业教师数(人)	74537	45970	93248	42810	133457	66759	2610	77624	49024	8895	10214	45716
高中毕业教师数(人)	7397	6792	10763	4379	19052	8958	340	15765	8038	1086	839	4254
高中毕业以下教师数(人)	165	172	218	136	476	284	33	314	160	27	15	111

续表

	云南	内蒙古	广西	重庆	四川	贵州	西藏	陕西	甘肃	青海	宁夏	新疆
大本及以上教师占专任教师比(%)	16.84	21.39	9.93	30.40	18.84	13.54	40.02	16.05	13.30	24.49	30.03	26.74
大专毕业教师占专任教师比(%)	75.50	68.14	80.58	62.96	70.80	75.95	52.48	69.55	74.28	67.12	64.57	66.88
高中毕业教师占专任教师比(%)	7.49	10.07	9.30	6.44	10.11	10.19	6.84	14.12	12.18	8.19	5.30	6.22
高中毕业以下教师占专任教师比(%)	0.17	0.25	0.19	0.20	0.25	0.32	0.66	0.28	0.24	0.20	0.09	0.16
普通初中教师学历合格率(%)	92.34	89.53	90.51	93.36	89.64	89.49	92.5	85.59	87.58	91.6	94.6	93.61
普通初中女学生数(人)	894689	542026	1144969	591941	1740068	880474	41648	1062273	601129	99276	125090	560697
普通初中女学生所占比例(%)	46.57	48.24	46.74	47.14	47.29	44.70	45.24	48.01	46.03	46.37	46.51	49.47
平均每万人口中的普通初中学生人数(人,位次)	439(8)	472(6)	504(4)	401(10)	423(9)	509(3)	341(11)	600(1)	502(5)	401(10)	464(7)	586(2)

注：普通初中包括初级中学和九年一贯制学校。
初中教师学历合格率＝（大学本科及以上学历教师数＋大专毕业教师数）/普通初中专任教师数×100%

表 4 - B　普通初中学校基本情况比较（2007 年）

	云南	内蒙古	广西	重庆	四川	贵州	西藏	陕西	甘肃	青海	宁夏	新疆
学校数（所）	1 816	1 040	2 142	1 099	4 287	2 189	94	2 001	1 637	354	294	1 376
在校生数（人）	1 941 244	918 851	2 219 760	1 316 698	3 632 702	2 014 110	135 995	2 037 632	1 422 734	219 542	283 505	1 115 640
毕业生数（人）	608 837	311 655	740 477	382 694	1 114 171	645 490	39 463	703 443	449 213	70 081	92 051	388 365
招生数（人）	682 622	245 540	760 312	463 035	1 260 043	709 794	50 707	650 442	473 759	73 590	91 534	36 3631
毛入学率（%）	99.63	94.16	104.33	108.3	95.06	97.46	90.70	98.47		92.30	104.45	93.9
专任教师数（人）	106 323	64 599	117 840	71 985	190 912	101 861	7 629	116 582	76 215	13 771	16 243	80 262
生师比（%）	17.91	14.19	18.84	18.29	19.05	19.75	17.91	17.48	18.67	15.96	17.61	13.90
教师合格率（%）	97.46	97.71						96.52	95.09			
平均每十万人口中在校初中生人数（人）	4 367	3 927	4 706	4 689	4 460	5 416	4 865	5 456	5 460	4 012	4 771	5 442

注：普通初中包括初级中学和九年一贯制学校。
初中专任教师合格率 =（大学本科毕业教师 + 大专学历以上于大专毕业教师）/ 普通初中专任教师 ×100%。

表 5 - A　普通高中学校基本情况比较（2003 年）

	云南	内蒙古	广西	重庆	四川	贵州	西藏	陕西	甘肃	青海	宁夏	新疆
普通高中学校总数(所)	421	381	519	293	785	420	17	624	453	148	104	500
占地总面积(平方米)	19024151	21770335	27008110	13444013	35164691	13448736	1222332	19638045	14661235	5468950	4704620	26185203
校舍建筑总面积(平方米)	6019559	4763580	8616598	6480405	15768729	4192839	293065	7431337	4409084	1157207	1278463	5049336
危房面积(平方米)	422996	241259	298796	153153	358360	100372	4051	288144	416172	72150	50024	329565
危房率(%)	7.03	5.06	3.47	2.36	2.27	2.39	1.38	3.88	9.44	6.23	3.91	6.53
普通高中学生数(人)	363368	420138	585085	407905	1130813	383052	22076	741229	427011	80310	107479	315178
普通高中招生数(人)	138369	165772	216817	157825	458577	156515	9024	273499	168181	32785	39063	126163
普通高中毕业生数(人)	84456	102500	140988	74895	201256	75141	6022	178276	89040	17626	26111	70824
班数(个)	6442	7447	9761	7118	18414	6724	416	12262	7074	1521	1877	6691
班平均生数(人/班)	56	56	60	57	61	57	53	60	60	53	57	47
普通高中专任教师数(人)	21497	22472	29258	21561	58600	19413	1488	36823	21754	5360	5907	20976
普通高中学生与专任教师比	17	19	20	19	19	20	15	20	20	15	18	15
大学本科及以上教师(人)	16300	15332	20019	15974	39400	14293	1117	25158	12505	3224	4485	14059
大专毕业教师数(人)	5081	6875	9068	5459	18880	4958	331	11356	9093	2087	1393	6715
高中毕业教师数(人)	113	260	166	123	307	144	38	302	154	49	29	191
高中毕业以下教师数(人)	3	5	5	5	13	18	2	7	2	0	0	11

续表

指标	云南	内蒙古	广西	重庆	四川	贵州	西藏	陕西	甘肃	青海	宁夏	新疆
大本及以上教师占专任教师比(%)	75.82	68.23	68.42	74.09	67.24	73.63	75.07	68.32	57.48	60.15	75.93	67.02
大专毕业教师占专任教师比(%)	23.64	30.59	30.99	25.32	32.22	25.54	22.24	30.84	41.80	38.94	23.58	32.01
高中毕业教师占专任教师比(%)	0.53	1.16	0.57	0.57	0.52	0.74	2.55	0.82	0.71	0.91	0.49	0.91
高中毕业以下教师占专任教师比(%)	0.01	0.02	0.02	0.02	0.02	0.09	0.13	0.02	0.01	0.00	0.00	0.05
普通高中教师学历合格率(%)	75.82	68.23	68.42	74.09	67.24	73.63	75.07	68.32	57.48	60.15	75.93	67.02
普通高中学生数(人)	168851	210927	270949	186447	506688	152596	11159	333440	167358	39731	50777	168414
普通高中女学生所占比例(%)	46.47	50.20	46.31	45.71	44.81	39.84	50.55	44.98	39.19	49.47	47.24	53.43
平均每万人口中的普通高中学生人数(人，位次)	83(10)	177(3)	120(8)	130(7)	130(7)	99(9)	82(11)	201(1)	164(4)	150(6)	185(2)	163(5)
高中在校生与大学在校生比(位次)	2.07(10)	2.67(3)	2.57(4)	1.70(11)	2.21(7)	2.36(5)	2.12(9)	1.49(12)	2.46(6)	3.07(1)	3.06(2)	2.13(8)

注：普通高中包括高级中学和完中。
高中教师学历合格率=大学本科及以上学历教师数/普通高中专任教师数×100%

表5-B 普通高中学校基本情况比较（2007年）

	云南	内蒙古	广西	重庆	四川	贵州	西藏	陕西	甘肃	青海	宁夏	新疆
学校数(所)	465	342	522	262	806	485	23	636	493	141	97	454
在校生数(人)	576 448	561 400	754 690	517 666	1 421 989	545 873	44 215	963 316	613 960	107 497	135 569	413 452
毕业生数(人)	153 311	170 116	223 144	144 197	439 911	149 254	12 332	313 222	179 335	31 802	42 520	127 129
招生数(人)	203 315	185 779	266 475	186 325	498 716	201 185	16 307	319 061	204 816	38 507	47 002	146 449
入学率(%)	45.71	79.62	56.52			42.00	42.96	65.49		51.30	68.45	
教职工数(人)	164 588	123 577	192 345	117 053	312 861	145 453	10 861	195 705	122 762	23 357	27 308	126 880
专任教师数(人)	36 788	29 892	39 865	27 822	79 055	29 226	2 404	49 758	33 979	7 267	7 688	27 970
生师比(%)	15.67	18.78	18.93	18.61	17.99	18.68	18.39	19.36	18.07	14.79	17.63	14.78
教师合格率(%)	91.21	87.31			86.57			86.86	77.43	79.36		
平均每十万人口中在校高中生人数(人)	2 218	3 567	2 935	3 523	3 103	2 435	2 248	4 532	3 515	3 319	3 527	3 131

注：普通高中包括高级中学和完全中学。
高中教师合格率＝大学本科以上学历教师/普通高中专任教师×100%

表 6 - A　职业初中基本情况比较（2003 年）

指标	云南	内蒙古	广西	重庆	四川	贵州	西藏	陕西	甘肃	青海	宁夏	新疆
学校总数(所,位次)	14(4)	190(1)	18(3)	3(8)	11(5)	8(2)	2(9)	11(5)	9(6)	2(9)	0(10)	8(7)
班数(个)	452	2288	223	10	144	65	57	79	40	21	55	697
占地总面积(平方米)	41971383	46182217	55385673	15499047	47213676	24238200	3931220	32680515	23318708	4708478	6927543	42122086
校舍建筑总面积(平方米)	10492853	5129934	15146533	6785241	17201536	6300833	708909	8861749	4144809	765979	1112344	4143212
危房面积(平方米)	1128508	741950	901928	403452	902927	140603	43249	753149	557239	77259	111691	419055
危房率(%)	10.76	14.46	5.95	5.95	5.25	2.87	6.10	8.50	13.44	10.09	10.04	10.11
在校学生数(人)	22116	104229	11740	308	7219	5493	2337	4676	2378	981	2950	30042
招生数(人)	9014	32199	3798	129	2393	15855	394	1882	85	468	1239	8172
毕业生数(人)	10264	25615	12664	191	2399	1583	335	1411	1453	304	849	11394
教职工数(人)	585	8880	692	53	458	2302	13	300	104	30	99	396
专任教师数(人)	515	6929	506	40	383	2078	10	270	100	22	99	348
学生与专任教师比	43	15	23	8	19	21	234	17	24	45	30	86
平均每万人口中的在校学生人数(人,位次)	5(6)	44(1)	2(7)	0(12)	1(11)	11(3)	9(4)	1(9)	1(10)	2(8)	5(5)	16(2)

表 6 - B　职业初中基本情况比较（2007 年）

	云南	内蒙古	广西	重庆	四川	贵州	西藏	陕西	甘肃	青海	宁夏	新疆
学校总数(所)	11	47	5		16	59	2		5	1		
在校生数(人)	16 558	22 366	1 021		10 339	28 331	714		45	289	4 679	
毕业生数(人)	7 957	10 503	792		1 618	1 2097	261		20	94	1 154	
招生数(人)	4 680	5 957	380		6 226	8 959	692		10	96	1 717	
教职工数(人)	470	2 397	80		404	1 680	2		9	4	137	
专任教师数(人)	414	1 729	60		347	1 572	2		7	3	121	

表7-A 中等职业学校基本情况比较(2003年)

	云南	内蒙古	广西	重庆	四川	贵州	西藏	陕西	甘肃	青海	宁夏	新疆
占地总面积(平方米)	15190775	12663832	23361936	7209447	14140816	7031283	2205284	12674193	11460618	2039027	2563258	17196727
学校产权建筑总面积(平方米)	4600401	2491919	6650944	4110076	8005843	2700478	208222	5798939	3655417	405121	547133	2714021
危房面积(平方米)	135778	96145	77709	47749	81889	32830	6608	87672	96783	18501	936	48176
危房率(%)	2.95	3.86	1.17	1.16	1.02	1.22	3.17	1.51	2.65	4.57	0.17	1.78
学校总数(所,位次)	418(4)	258(7)	424(3)	295(5)	619(1)	223(8)	10(12)	465(2)	287(6)	53(10)	39(11)	184(9)
在校学生数(人,位次)	270436(5)	174291(6)	324129(3)	287626(4)	504905(1)	164616(8)	6718(12)	378974(2)	171424(7)	17558(11)	45017(10)	94939(9)
招生数(人)	83647	64010	128236	122306	216172	59000	2203	163066	58659	5485	18014	34422
毕业生数(人)	85911	57099	97743	66548	133117	56261	1973	105283	51903	6835	14726	38943
教职工数(人)	25837	18956	30441	19402	38505	12763	1108	32365	18656	2400	2956	13904
专任教师数(人)	16464	12451	18084	12257	25011	8008	715	19504	11440	1624	1863	8320
学生与专任教师比	16	14	18	23	20	20	9	19	15	11	24	11
平均每万人口中的在校学生人数(人,位次)	62(7)	73(4)	67(5)	92(2)	58(8)	42(10)	25(12)	103(1)	66(6)	33(11)	78(3)	49(9)

注:中等职业学校包括普通中等专业学校、成人中等专业学校和职业高中学校。

表 7 - B　中等职业学校基本情况比较（不含技工学校）（2007 年）

	云南	内蒙古	广西	重庆	四川	贵州	西藏	陕西	甘肃	青海	宁夏	新疆
学校总数(所)	399	276			376							
在校生数(人)	372 249	264 987	540 551	389 803	979 883	333 383	18 958	551 114	271 813	54 566	67 138	193 084
毕业生数(人)	93 140	62 121	114 824	99 933	224 125	62 027	2197	159 520	61 882	9 175	18 464	37 123
招生数(人)	152 616	114 021	237 020	158 916	437 534	166 093	6 654	263 026	123 541	30 861	31 450	97 130
教职工数(人)	25 164	19 923	32 030	19 619	48 357	14 483	725	31 984	17 972	2 569	29 01	14 620
专任教师数(人)	17 497	13 765	20 249	13 407	33 018	9 954	507	20 915	12 481	1 906	1 946	9 758

注：中等职业学校包括普通中等专业学校、成人中等专业学校和职业高中学校。

表 8－A 普通高等学校基本情况比较（2003 年）

	云南	内蒙古	广西	重庆	四川	贵州	西藏	陕西	甘肃	青海	宁夏	新疆
占地总面积（平方米）	14149415	11396363	20565563	26005450	55208313	19891064	2729729	34276988	13754394	2974294	7677296	17795911
学校产权建筑总面积（平方米）	5593714	5085253	7740884	8745786	17586443	5828375	384454	19101602	5972543	1141757	1348792	5732455
学校总数（所）	34	27	45	34	62	34	4	57	31	12	12	26
在校研究生数（人）	6866	3838	5774	14758	31123	2796		39068	7660	224	594	3414
研究生招生数（人）	3090	1729	2643	6390	13214	1374		15279	3296	108	290	1569
研究生毕（结）业生数（人）	1079	622	886	2713	4964	419		6304	1171	19	90	485
在校生本专科学生数（人，位次）	175255(5)	157602(7)	227257(4)	240503(3)	512663(1)	149444(8)	10409(12)	499017(2)	173391(6)	26124(11)	35134(10)	147627(9)
平均每万人口中在校本专科生数（人，位次）	40(10)	66(5)	47(9)	77(2)	59(7)	39(11)	39(12)	135(1)	67(4)	49(8)	61(6)	76(3)
本专科招生数（人）	62176	59450	82537	85474	180308	53338	4279	168127	60069	9075	11237	43069
本专科毕（结）业生数（人）	31337	24919	40178	42653	74307	25352	1745	79785	29582	4771	5461	25264
教职工数（人）	23662	22592	24746	31070	62457	20400	1794	67527	23012	5589	6383	22393
专任教师数（人）	12236	12153	14106	16013	31372	11775	972	30696	12274	2769	3415	11237
正高级职称人数（人）	991	713	885	1353	2855	699	21	3491	846	102	223	521
正高级职称占专任教师的比例（%）	8.10	5.87	6.27	8.45	9.10	5.94	2.16	11.37	6.89	3.68	6.53	4.64

续表

	云南	内蒙古	广西	重庆	四川	贵州	西藏	陕西	甘肃	青海	宁夏	新疆
副高级职称人数(人)	3522	3591	3615	4700	9207	3061	162	8936	3003	702	1008	3151
副高级职称占专任教师的比例(%)	28.78	29.55	25.63	29.35	29.35	26.00	16.67	29.11	24.47	25.35	29.52	28.04
中级职称人数(人)	4449	4179	5661	6041	10353	4249	434	9729	4285	1231	1189	4648
中级职称人数占专任教师比例(%)	36.36	34.39	40.13	37.73	33.00	36.08	44.65	31.69	34.91	44.46	34.82	41.36
初级职称人数(人)	2284	2877	2894	3093	6583	2820	302	6300	3166	586	768	2282
初级职称人数占专任教师的比例(%)	18.67	23.67	20.52	19.32	20.98	23.95	31.07	20.52	25.79	21.16	22.49	20.31
无职称人数(人)	990	793	1051	826	2374	946	53	2240	974	148	227	635
无职称人数占专任教师的比例(%)	8.09	6.53	7.45	5.16	7.57	8.03	5.45	7.30	7.94	5.34	6.65	5.65

表 8 - B　普通高等学校基本情况比较（2007 年）

	云南	内蒙古	广西	重庆	四川	贵州	西藏	陕西	甘肃	青海	宁夏	新疆
学校总数（所）	51	36	56	38	76	37	6	76	34	11	13	32
在校研究生数（人）	18 358	9 888	15 133	32 145	60 965	8 366	441	70 722	20 034	1 401	2 157	9 623
研究生招生数（人）	6 549	3 536	5 469	11 312	20 381	3 017	180	22 855	7 117	538	801	3 491
研究生毕业生数（人）	4 255	2 243	3 589	7 483	14 812	2 080	85	16 986	4 831	295	504	2 244
在校本专科学生数（人）	311 111	284 057	434 347	413 655	918 438	241 692	26 767	776 516	295 992	37 665	62 411	216 389
本专科招生数（人）	93 550	93 169	147 907	128 423	278 185	75 493	8 046	237 454	94 328	11 142	19 213	61 441
本专科毕业生数（人）	73 039	67 204	103 165	89 962	228 028	61 743	4 346	195 450	63 315	9 547	14 076	46 128
毛入学率（%）	14.61	23		23	18.11	11.50	17.4		18	22.44	21.45	23
教职工数（人）	33 911	31 653	41 872	42 707	92 599	26 290	2 888	90 306	29 568	6 127	7 865	26 490
专任教师数（人）	21 233	19 483	25 088	26 089	55 903	16 964	1 755	50 741	17 439	3 156	4 563	15 096
生师比（%）	16.42	17.45	16.59	17.66	18.11	17.16	15.65	16.39	18.18	14.54	16.98	16.42

少数民族地区人力资本研究

续表

	云南	内蒙古	广西	重庆	四川	贵州	西藏	陕西	甘肃	青海	宁夏	新疆
正高级职称人数(人)	1 902	1 307	1 743	2 411	4 942	1 256	71	5 699	1 528	368	434	772
副高职称人数(人)	5 880	5 699	6 462	7 277	14 196	4 656	377	13 489	4 728	1 236	1 384	4221
中级职称人数(人)	7 407	6 193	8 999	10 128	19 857	6 373	641	17 922	6 053	1 035	1 462	6 569
初级职称人数(人)	4 800	4 820	5 423	5 123	13 787	3 608	480	11 078	4 143	403	1 061	2 528
无职称人数(人)	1 244	1 464	2 461	1 150	3 121	1 071	186	2 553	987	114	222	1 006
平均每十万人口中在校生数(人)	1 081	1 507	1 273	2 043	1 500	904	1 174	2 683	1 548	930	1 518	1 414

表 9 – A **特殊教育学校基本情况比较（2003 年）**

	云南	内蒙古	广西	重庆	四川	贵州	西藏	陕西	甘肃	青海	宁夏	新疆
学校总数（所，位次）	25(7)	31(5)	47(2)	41(3)	70(1)	38(4)	2(11)	28(6)	14(8)	8(9)	6(10)	8(9)
占地总面积（平方米）	221464	228208	147960	159353	267932	117828	33204	165253	70936	81393	47316	201918
校舍建筑总面积（平方米）	94025	60896	74884	97385	157502	51714	6215	65779	31733	17779	16796	39123
危房面积（平方米）	8170	6433	4653	3348	6099	1208	0	2419	0	321	1346	1527
危房率（%）	8.69	10.56	6.21	3.44	3.87	2.34	0.00	3.68	0.00	1.81	8.01	3.90
在校学生数（人）	17621	3037	15874	14483	15839	13812	162	2143	7673	2383	1246	1863
招生数（人）	2619	402	2918	1513	2550	2051	30	304	975	240	138	369
毕业生数（人）	1759	249	1579	1891	2090	1237	11	129	466	212	55	264
班数（个）	206	239	316	254	469	244	13	236	133	64	53	89
教职工数（人）	610	813	719	697	1278	675	39	662	394	153	149	351
专任教师数（人）	442	610	495	543	994	517	23	481	294	128	120	237
学生与专任教师比	40	5	32	27	16	27	7	4	26	19	10	8

表 9 - B 特殊教育学校基本情况比较（2007 年）

	云南	内蒙古	广西	重庆	四川	贵州	西藏	陕西	甘肃	青海	宁夏	新疆
学校总数(所)	25	27	58	43	88	40	1	32	17	9	6	9
在校生数(人)	24 092	3 943	13 767	11 773	39 900	15 867	268	8 968	11 606	2 696	1 370	6 369
毕业生数(人)	2 398	294	1 186	1 971	4 565	1 212	6	1 367	1 089	222	81	716
招生数(人)	4 747	552	2 046	1 884	6 169	2 331	78	1 388	1 614	327	160	1 158
教职工数(人)	738	918	1 052	785	1 703	774	33	733	463	144	172	385
专任教师数(人)	569	720	751	652	1 407	627	28	577	345	117	146	298

附表二 云南省民族自治州、县产业情况①

表1 云南省民族自治州、县第一产业情况

（按当年价格算）

单位：万元

年份 地区	1990年	1995年	1996年	1997年	1998年	1999年	2000年	10年增加值增长率%
全省合计	1 681 300	3 052 700	3 642 700	3 914 800	4 084 300	4 121 700	4 362 600	
民族自治地方合计	1 681 300	1 653 141	1 981 311	2 129 524	2 178 805	2 247 180	2 303 171	
一、自治州小计	770 839	1 273 196	1 542 781	1 664 964	1 695 181	1 750 852	1 784 736	
楚雄州	597 167	235 279	288 582	305 781	301 854	313 296	327 457	
红河州	101 392	282 958	330 346	343 279	350 532	360 273	368 648	
文山州	118 154	170 794	194 333	226 747	241 933	261 790	269 000	
西双版纳州	71 089	157 408	179 629	178 382	177 812	178 213	173 553	
大理州	133 569	273 560	366 384	∠15 711	426 015	453 785	458 481	
德宏州	49 327	104 140	128 351	137 869	137 731	122 069	122 939	
怒江州	12 634	24 692	26 984	28 674	30 135	31 245	32 343	

① 马泽、王子元等：《云南民族自治地方"九五"经济社会发展文献》，云南民族出版社2002年版。

续表

地区　年份	1990年	1995年	1996年	1997年	1998年	1999年	2000年	10年增加值增长率%
迪庆州	12123	24365	28172	28521	29169	30181	32315	
二、自治州以外自治县小计	173672	379945	438530	464560	483624	496328	518435	
石林县	11519	26091	30890	33876	31727	32193	34323	66.44
禄劝县	13224	35442	44934	39936	43583	49284	53211	75.15
寻甸县	12219	35768	40454	43607	41468	37600	42361	71.16
峨山县	7688	16509	18829	18575	18476	19440	20688	62.84
新平县	14636	22800	25806	27341	28416	28260	30680	52.29
元江县	11598	24672	27400	29283	29679	28960	30266	61.68
普洱县	6707	15695	16041	16992	17669	17686	18381	63.51
墨江县	8456	13605	14993	17289	18416	19863	20972	59.68
景东县	14854	29935	36044	41302	42830	43691	43923	66.18
景谷县	8992	15341	17304	19973	22698	23947	24674	63.56
镇沅县	8573	14247	15960	16260	15110	16161	16508	48.07
江城县	2967	7161	8032	9622	11467	11983	12674	76.59

续表

年 份 / 地 区	1990年	1995年	1996年	1997年	1998年	1999年	2000年	10年增加值增长率%
孟连县	3438	6595	7968	8224	8745	9033	9213	62.68
澜沧县	10296	22117	23911	25945	28295	28583	28657	64.07
西盟县	1127	2365	2438	2487	2831	3032	3039	62.92
丽江县	9788	26085	29033	27916	29787	31976	32925	70.27
宁蒗县	6160	10788	12594	16098	15772	16130	16322	62.26
双江县	5759	11568	12206	15489	18041	18456	18753	69.29
耿马县	11749	31393	36393	37787	41062	41897	42423	72.31
沧源县	3922	11768	17300	16558	17552	18153	18442	78.73

表2　云南省民族自治州、县第二产业情况

（按当年价格算）

单位：万元

年份 地区	1990年	1995年	1996年	1997年	1998年	1999年	2000年	10年增加值增长率%
全省合计	1578000	53661300	6728200	7500100	8283700	8251200	8432400	
民族自治地方合计	445693	1197923	1361587	1618491	1810736	1964213	2163236	
一、自治州小计	376727	999824	1134267	1356119	1529882	1687875	1831729	
楚雄州	92384	229423	279766	311942	358425	391502	410158	
红河州	135677	334056	410281	451910	503559	571823	627905	
文山州	16223	57171	74561	101936	133302	151321	176082	
西双版纳州	16325	49904	54056	64604	78394	80491	75451	
大理州	78051	219273	216838	297753	326759	356506	387053	
德宏州	19282	78129	59260	79976	79269	80884	93563	
怒江州	12171	16628	23716	26902	32998	39588	42114	
迪庆州	6614	15240	15789	21096	17176	15760	19403	
二、自治州以外自治县小计	68966	198099	227320	262372	280854	226338	331507	
石林县	4254	13351	15981	18895	20581	26022	31539	86.51

续表

地 区 \ 年 份	1990 年	1995 年	1996 年	1997 年	1998 年	1999 年	2000 年	10 年增加值增长率%
禄劝县	1793	5467	7299	14288	15461	15194	16963	89.43
寻甸县	2201	7946	11315	9222	12074	12871	13961	84.23
峨山县	4341	18799	20223	17285	23895	25022	23923	81.85
新平县	4827	11493	12898	15837	18329	19306	19610	75.39
元江县	4440	18835	18451	18909	19457	18144	21093	78.95
普洱县	5559	13868	14955	16920	19223	20957	22452	75.24
墨江县	2209	5954	6438	7647	8571	8259	30901	92.85
景东县	2817	11363	11393	14613	13157	12641	15674	82.03
景谷县	5806	19981	23504	28367	31505	31591	32957	82.38
镇沅县	1971	7223	6443	8665	8010	6758	5742	65.67
江城县	892	2938	2430	2654	2542	2432	4053	77.99
孟连县	2267	2817	3112	3907	4265	4427	5586	59.42
澜沧县	6954	11721	11331	13049	10049	5300	6857	-1.41
西盟县	1242	1286	1415	2105	2095	1952	1915	35.14

续表

年份 地区	1990年	1995年	1996年	1997年	1998年	1999年	2000年	10年增加值增长率%
丽江县	6965	19 522	28 018	36 614	37 071	32 377	36 197	80.76
宁蒗县	1769	2986	5995	6767	6460	7129	8126	78.23
双江县	1669	3913	3099	2536	301	1969	3434	51.40
耿马县	5724	15 567	19 508	18 837	22 458	19 399	22 698	74.78
沧源县	1266	3069	3512	5255	5350	4588	7826	83.82

表3　云南省民族自治州、县第二产业情况

（按当年价格算）

单位：万元

年　份 地　区	1990 年	1995 年	1996 年	1997 年	1998 年	1999 年	2000 年	10 年增加 值增长率%
全省合计	1257400	3647800	4545300	5027400	5571000	6184500	6755900	
民族自治地方合计	434894	1134406	1453844	1682735	1902884	2134632	2409371	
自治州小计	355341	930671	1196287	1380779	1552785	1733166	1964651	
楚雄州	52829	169008	202046	235210	264950	288401	317808	
红河州	107847	230595	290714	341419	367305	401246	441025	
文山州	34559	86492	108993	141568	174800	211800	262500	
西双版纳州	30091	94754	117333	138096	163903	182856	213559	
大理州	76425	219881	324435	357438	393738	437104	501123	
德宏州	35231	97493	112528	121984	133810	144124	151465	
怒江州	9666	17695	21181	22154	26904	32156	36584	
迪庆州	8693	14753	19057	22910	27375	35479	40587	
自治州外自治县小计	79553	203735	257557	301956	350099	401466	444720	
石林县	6085	17274	20905	23817	25735	33254	34205	82.21

续表

地区 \ 年份	1990年	1995年	1996年	1997年	1998年	1999年	2000年	10年增加值增长率%
禄劝县	4039	15500	21096	24624	24294	27080	29734	86.42
寻甸县	5479	13615	21925	27763	34442	34358	38685	85.84
峨山县	4425	14538	20328	24218	24557	25684	30475	85.48
新平县	4247	7852	9765	11886	15401	17616	19277	77.97
元江县	3745	10593	15124	20225	23416	23665	25541	85.34
普洱县	4653	10999	14081	16168	18877	18903	21578	78.44
墨江县	2940	9014	11465	11392	13675	16554	19237	84.72
景东县	4531	10203	12683	15279	18226	21255	23410	80.65
景谷县	4570	13691	16699	18776	21306	24196	27469	83.36
镇沅县	3426	8261	8727	9479	10151	12299	13428	74.49
江城县	1986	3151	3838	4674	5678	7085	8233	75.88
孟连县	3161	4226	4859	5716	6239	6825	7372	57.12
澜沧县	3845	8376	10051	11056	13258	19224	21146	81.82
西盟县	1473	2924	3093	3362	3736	4241	4652	68.34

续表

地 区 \ 年 份	1990 年	1995 年	1996 年	1997 年	1998 年	1999 年	2000 年	10 年增加值增长率%
丽江县	9 606	26 347	31 864	38 113	52 057	64 267	69 649	86. 21
宁蒗县	3 220	6 544	6 796	7 215	7 465	8 561	9 982	67. 74
双江县	2 048	4 843	5 766	6 017	6 789	6 984	8 281	75. 27
耿马县	4 055	9 079	11 225	13 267	15 396	18 164	20 816	80. 52
沧源县	2 019	6 705	7 268	8 909	9 401	11 251	11 550	82. 52

后　记

　　十多年从事教育工作的经历，使我对云南省少数民族地区教育发展的现状和面临的困难有了一定的认识。长期以来，寻找少数民族地区教育问题根源和解决问题的有效途径这一想法一直萦绕着我，但苦于没有系统的理论基础知识来剥开表象背后的真源。云南大学发展研究院少数民族经济专业三年（2003—2006）的学习，让我系统地掌握了经济欠发达地区发展问题研究的理论和方法，也让我毅然选择少数民族地区人力资本和学校教育的关系作为我的研究题目。少数民族地区教育发展的问题，其实就是少数民族地区人力资本能否顺利形成并在地区的发展过程中发挥效用的问题，人力资本对经济发展的推动作用毋庸置疑，但在少数民族地区特殊的历史、文化和政治、经济条件下，对人力资本种类、层次和数量需要的特殊性，使少数民族地区的教育在发展过程中，一方面要充分考虑各地区的特殊性需求；另一方面还要充分利用有限的教育资源。百年大计，教育为本。教育发展是地方经济社会发展的基础，而行之有效的制度才是教育发展的关键。本书借用文化人类学和制度经济学的分析模式，把教育、人力资本、制度和地区经济社会发展串联在一起，立足于不断变迁的现代社会体系，以认识少数民族地区人口获得公平受教育权利与地区现代化发展的关系。

　　由衷地感谢我博士学习时的恩师吕昭河教授对我的研究所给予的全力支持和悉心指导，三年多的学习之路上，先生在学业和人品上的教诲使我受益匪浅，感激之情难以言表，是他的亲切关爱使我得以顺利完成本书的调研和写作。还要特别感谢的是云南大学发展研究院院长杨先明教授，他将我视为自己的学生，无私地给予支持和指导，使我顺利地制服了研究过程中的一个个拦路虎。另外，还要感谢云南大学的陈庆德教授、伏润民教授、崔运武教授、罗淳教授和施惟达教授等，他们提出的富有建设性的评论和意见对于我文章的修订起到了关键的作用。而云南教育科学研究院、云南省教育厅督导室和计财处所提供的各类数据是我进行研究分析的基础。在此，还要感谢发展研究院人口所的戴波、徐晓勇和陈瑛老师，杨云、余泳、阮世祝等同门师兄弟，云南省教育厅的高明磊、成文章、李晓南、邱林、于达林、李建福、马光宇、谢冰、唐家华、李丽萍、王珏等多位老师，以及云南教育科学研究院的李慧勤老师和云南师范大学的邹平教授，他们的扶持和帮助是我完成研究的动力。

　　此书的完成凝聚了我的父母和兄弟多年来对我的支持。共同求学的默契，使我、丈夫吴剑明和儿子吴郡雨充分分享到了学习的无穷乐趣。充满亲情的家庭氛围给我创造了完成研究的良好环境。

　　这部书稿的完成是我新的追求的起点，我将带着大家的关爱更加努力地走下去。

刘寒雁

2006 年 10 月于昆明

再版后记

　　《少数民族地区人力资本研究——兼论云南省少数民族教育问题》付梓两年多来，得到了广大读者的支持和鼓励，使我获添许多继续从事少数民族地区教育问题研究的动力。

　　鉴于两年来许多的相关数据不断出笼，教育政策、热点问题和发展态势有所变化，故而进行再版的改写时，我将重点放在数据的更新和相关论据的补充，以便更加突出本书运用型研究的时效性。云南师范大学硕士生甘岸献，为本书的再版完成了大量的数据收集和整理工作，特在此表示感谢！

　　人力资本研究不是空洞的理论思辨，必须正视当前的问题，展望将来的发展。因此，立足于真实的数据，通过深入的分析寻找其中的关联和趋势，是我开展教育问题研究的主要方法。

　　岁月如歌，我将以我的执著，不辍于辛勤的笔耕。

刘寒雁

2009 年 9 月于昆明